U0361905

普通高等教育规划教材

金融数学与金融工程

叶振军　著

南开大学出版社

天　津

图书在版编目(CIP)数据

金融数学与金融工程 / 叶振军著. —天津 : 南开
大学出版社, 2019.12
普通高等教育规划教材
ISBN 978-7-310-05855-6

Ⅰ.①金… Ⅱ.①叶… Ⅲ.①金融－经济数学－高等
学校－教材②金融工程－高等学校－教材 Ⅳ.①F830

中国版本图书馆 CIP 数据核字(2019)第 168207 号

南开大学出版社出版发行
出版人:陈 敬
地址:天津市南开区卫津路 94 号 邮政编码:300071
营销部电话:(022)23508339 23500755
营销部传真:(022)23508542 邮购部电话:(022)23502200
＊
天津泰宇印务有限公司印刷
全国各地新华书店经销
＊
2019 年 12 月第 1 版 2019 年 12 月第 1 次印刷
260×185 毫米 16 开本 13.5 印张 2 插页 309 千字
定价:42.00 元

如遇图书印装质量问题,请与本社营销部联系调换,电话:(022)23507125

序　言

　　直接给金融数学或金融工程下一个准确的定义都不是一件很容易的事。每一个金融学者或从业人员对金融数学和金融工程都可能因为自身知识结构的限制而有着不同的理解，这一点相对于传统的学科有着明显的差异。本书关于金融数学和金融工程的观点是：金融数学是现代金融学标志性成果的数学表达，是现代金融学的数学案例；它的主要任务是为资产定价和风险度量提供数量化理论基础。金融工程则是现代金融学基本原理在工程化思想下的一种实现。二者共同构成现代金融学的一类开放性课题。它们对于现代金融学体系的对应关系而言是一致的，这一点可以从现代金融学的发展历程中窥见一斑。

　　现代金融学发展的雏形最早可以追溯到 1900 年法国学者路易斯・巴舍利耶（Louis Bachelier）在其论文《投机理论》中关于布朗运动的应用和关于期权定价模型的探索。但遗憾的是，巴舍利耶的工作在长达 50 年之久的时间里并没有得到金融学界的重视。

　　20 世纪 50 年代初，保罗・萨缪尔森（Paul A. Samuelson）通过统计学家萨维奇（L. J. Savage）重新发现了巴舍利耶的工作，之后大量现代金融学的研究成果得以呈现：1952 年，马柯维茨（H. Markowit）发表了《资产组合选择的均值方差理论》一文，在这篇论文中马柯维茨第一次从风险的收益率和风险之间的关系出发，讨论了不确定经济环境中最优资产组合的选择问题。这也常常被描述为现代金融学的第一次革命的开端。1958 年，莫迪利亚尼（F. Modigliani）和莫顿・米勒（M. H. Miller）发表《资本成本、公司财务与投资理论》一文，提出了现代企业金融资本结构理论的基石——MM 定理（即 Modigliani-Miller-Theorem）。这一理论同样构成现代金融理论的一个重要支柱。同时，他们还提出了无套利分析方法，该方法已成为现代金融分析的基本方法之一。

　　20 世纪 60 年代，马柯维茨的学生威廉・夏普（William Sharp）提出了马柯维茨模型的简化方法——单指数模型，并与简・莫森（Jan Mossin）和约翰・林特纳（John Lintner）一起创造了资本资产定价模型（Capital Asset Pricing Model，简称 CAPM）。1976 年美国学者斯蒂芬・罗斯发表了"资本资产定价的套利理论"一文，建立了比 CAPM 假设条件更少、更合理的套利定价理论（Arbitrage Pricing Theory，简称 APT）。这一理论标志着现代金融理论开始走向成熟。在这一时期，另一项有着显著影响的工作是 1965 年萨缪尔森和法马（E. Fama）提出的有效市场假说（Efficient Market Hypothesis），这本质上是对于市场完备性的某种描述。他们证明，在一个运作正常的市场中，资产价格过程是一个（下）鞅，即未来的收益状况实际上是不可预测的。这项工作也就为现代金融学的第二次革命做了铺垫。现代金融学的第二次革命以 1973 年费希尔・布莱克（F. Black）和迈伦·斯科尔斯（M. Scholes）发现的期权定价公式为标志,而罗伯特·莫顿（Robert Merton）对布莱克-斯科尔斯期权定价模型基于套利理论的证明,以及将该方法应用于衍生产品定价的探索则使得该成果对这一时期的金融理论和金融实践都产生了巨大的影响,并因此该模型亦称为布莱克-斯科尔斯-莫顿期权定价模型（简称 B-S-M 模型）。B-S-M 模型的一个极具影响力的简化即 1979 年考克斯（Cox）、罗斯（Ross）和鲁宾斯坦因（Rubinstein）提出的二叉树模型（简称 CRR 模型）。默顿之于这一时期的另一重大贡献在于其首创了连续时间金融模型,并对最佳证券组合消费政策进行动态规划和解析求解,这也就为其1973 年另一个里程碑式的贡献——证券价格的一般均衡模型奠定了良好的基础。在连续时间模型中,一个典型的例子即考克斯-英格索斯-罗斯（Cox-Ingersoll-Ross）利率期限结构模型,这个成果也被看作那个年代的主要理论突破之一。而在离散时间金融方面,利罗伊（Leroy, 1973）、鲁宾斯坦因（Rubinstein, 1976）以及卢卡斯（Lucas, 1978）把 CAPM 模型推广到了多期情形。这一时期哈里森（Harrison）和克里普斯（Kreps）提出多时段的鞅方法;哈里森（Harrison）和普里斯卡（Pliska）提出了等价鞅测度的概念。这些成果基本上构成了现代金融学体系的一个轮廓。

基于上述分析,可以认为现代金融学发展历程中的这些关键成果形成了金融数学的基本框架,这些成果的应用过程则构成了金融工程的主要内容。但就课程而言,如果将这些内容在一门课程中实现是相当困难的,单就用到的数学知识而言,其范围之广、跨度之大也不是在一个阶段可以完成的。为此,我们将“金融数学与金融工程”定位为走向金融经济学或是走向金融工程学划分前的一种铺垫。这种铺垫一方面是技术层面的,或者说是数学的处理层面的,它可以将数学的难度在两个阶段进行分解;另一方面则是课程层面的,它于金融经济学还没有形成对金融市场的系统性认知,于金融工程学它还缺乏对金融市场具体细节的考量。所以说,它是现代金融学高层次认知过程中的一个初级阶段。这一阶段是理性认知基础上的片面观察和局部认识,但这种片面观察和局部认识又是全面观察和系统认知的必要步骤,是一个可行的起点。本书的内容体系就是在这一思考下实现的。

我们将全书分为五篇、十四章:第一篇属于全书的铺垫性内容:其中第一章介绍无风险证券、简单金融市场框架和无套利原理;第二章介绍股票价格运动,并在此基础上导出了效用函数和风险厌恶的概念。这两章共同构成了基础证券的简单描述。第二篇以第一次华尔街革命为背景,主要介绍投资组合理论:其中第三章讲述马柯维茨均值-方差投资组合理论;第四章介绍资本资产定价模型;第五章介绍因素模型和套利定价理论。第三篇介绍两种基本的衍生产品,其中第六章介绍远期,第七章介绍期权。第四篇以第二次华尔街革命为背景,主要介绍衍生产品定价理论,其中第八章介绍复杂金融市场中的随机过程和金融市场的一般刻画,第九章以直观的方式给出欧式衍生产品定价的二叉树模型,第十章介绍深入剖析衍生证券定价原理所需的条件期望、鞅和马尔科夫过程,第十一章介绍美式衍生产品定价的二叉树模型,第十二章介绍 Black-Scholes 连续时间定价模型。第五篇介绍利率期限结构与固定收益产品定价理论,其中第十三章介绍利率期限结构的基本概念和静态利率期限结构模型,第十四章介绍结合固定收益证券定价介绍动态利率期限结构建模的一般方法。

全书对数学的要求限定在本科非数学专业所具备的数学知识和相应思维能力，未学过部分基本都做了零基础的处理（Black-Scholes 模型除外），而金融学的知识则基本实现自封。为了描述上的顺畅，书中对于其他文献的参考和引入不在正文中予以点注，而是将所有参考文献悉数列出。在此，向所有参考文献的作者致敬，如有遗漏，亦表示深深的歉意，并希望作者能予以告知，以便在日后的修订中予以补正。

本书的使用建议为：本科一学期内容为第 1、2、3、4、5、6、7、9、13 章，金融数学和金融工程专业两学期则可讲授全书。研究生则宜结合本科所学知识重点讲述除上述章节之外的其他章节。

本书的出版受到教务处专项资金的资助，南开大学出版社的各位编辑做了大量耐心、细致的工作，在此表示诚挚的谢意，并特别感谢教务处肖兴辉老师和出版社周敏编辑。鉴于作者水平有限，书中不当之处在所难免，恳请专家、读者不吝指正。

目　录

第一篇　简单金融市场概述

　　金融数学与金融工程以金融产品价格和风险为主要研究对象，但现实金融市场中金融产品之多、自身结构之复杂，都使得我们的分析不可能直接从现实金融市场入手，这既会大大增加初学者的学习难度，也不利于形成对研究对象本质的认识。所以，本书将对所有问题的讨论限定在一个简易的模型框架下：假定只有两种可交易的基础金融产品——一种是无风险证券，主要指银行存款或由政府和金融机构发行的债券；另一种是风险证券，主要指股票，也可能是外汇或黄金等。其他金融产品则由这两种基础产品派生或再派生而成。而作为与产品定价和风险度量密切相关的基础概念——套利、效用和投资者风险态度等，将随着对两种基础资产的分析而逐步引入其中。本篇共分两章：第一章为无风险证券，首先介绍货币的时间价值，然后介绍两种无风险债券及其贴现因子、到期收益率、即期利率、远期利率等概念，最后给出单时段金融市场模型，并介绍套利定义及无套利原理；第二章为股票价格运动及投资者风险态度，首先介绍股票价格运动的二叉树模型，它是本书股票价格运动的主要模型，然后基于无风险证券和风险证券的选择问题，引出效用函数和投资者风险态度的定义。无套利原理和效用理论则构成本书建模的两个主要分析框架。

第一章 无风险证券与无套利原理

无风险证券作为金融数学分析中的度量基准，是资产组合分析和衍生产品定价中的一个关键要素。作为无风险证券的典型例子，本章将在给出货币时间价值的概念基础上，依次介绍零息债券、附息债券、银行账户过程，并依据银行账户过程进一步给出风险证券的贴现价格过程，最后利用上述概念给出了套利机会的定义并进而介绍了金融市场分析的一个基本原理——无套利原理。

第一节 货币的时间价值

如果我们将资金锁在柜子里，这无论如何也不会增值。也就是说，今天的 100 元和一年后的 100 元是不等值的。这是因为，如果今天将 100 元存入银行，在利息率为 10% 的情况下，一年以后将会得到 110 元，多出的 10 元利息就是 100 元经过一年时间的投资所增加了的价值，即货币的时间价值。之所以存在货币时间价值，是因为在资金使用权和所有权分离的市场环境中，一方面，资金所有者让渡资金使用权会要求获得一部分报酬；另一方面，资金使用者因获得使用权而需要支付给资金所有者一部分成本。

由于不同时间的资金价值是不同的，所以在进行价值大小对比时，必须将不同时点的资金折算为同一时点后，才能进行大小的比较。为此，我们有必要了解一下货币时间价值的计算。计算货币的时间价值，实质上就是不同时点上资金价值的换算，具体包括两方面的内容：一方面，计算现在拥有的一定数额的资金，在未来某个时点将是多少数额，这是终值计算问题；另一方面，计算未来时点上一定数额的资金，相当于现在多少数额的资金，这是现值计算问题。严格来说，现值是指资金现在的价值；而终值是指资金经过若干时期后得到的包括本金和时间价值在内的未来价值。货币时间价值的计算有两种方法：一是只就本金计算利息的单利法；二是不仅本金要计算利息，利息也能生利，即俗称"利上加利"的复利法。为此，下面我们将依据单利和复利的分类来分别考察终值和现值计算问题。

1.1.1 单利终值与现值

单利是指只对借贷的原始金额或本金支付（收取）的利息。现在我们假设将一定数量的资金（即本金，用 P 来表示）存入银行账户，即当前价值为 $V(0)=P$；如果利率是 r（$r>0$，是一个常值），则一年后将得到利息 rP，从而使得年末终值为

$$V(1) = P + rP = P(1+r)，$$

相应的两年后的终值为

$$V(2) = P + rP + rP = P + 2rP = P(1+2r)，$$

三年后的终值为

$$V(3) = P + rP + rP + rP = P + 3rP = P(1+3r)。$$

依此类推，n 年后的终值为 $V(n) = P + nrP = P(1+nr)$。当然，持有期未必是整年，也可能是几天、几个月，这时我们需要将天数换算为年，如 m 天，按一年 365 天计，则为 $\dfrac{m}{365}$ 年，相应的终值为

$$V\left(\frac{m}{365}\right) = P + \frac{m}{365}rP = P\left(1 + \frac{m}{365}r\right)。$$

将上述分析过程一般化，则得到如下的单利计算公式（在时点 t 的投资价值用 $V(t)$ 表示）

$$V(t) = P + trP = P(1+tr) = V(0)(1+tr) \tag{1.1.1}$$

（其中时间 t 以年为单位，可以是任意的非负实数）我们称之为相对于初始投资 $V(0)$ 在时点 t 的终值。并且将 $1+tr$ 称为增长因子。若投资时点不在 0 点（设为时点 s），则时点 t 的终值 $V(t)$ 为

$$V(t) = P + (t-s)rP = P[1+(t-s)r] = V((t-s)r)。$$

注意，单利情况下，终值仅与初始投资额、利率和时间段有关，而与时间起点无关。现在来考虑从时点 s 到时点 t 的收益率（用 $Y(s,t)$ 或 Y_s^t 来表示），则有

$$Y(s,t) = \frac{V(t)-V(s)}{V(s)}，$$

在单利情况下为

$$Y(s,t) = \frac{V(t)-V(s)}{V(s)} = \frac{V(s)[1+(t-s)r]-V(s)}{V(s)} = (t-s)r。$$

由此可见，单利下的收益率具有时间上的可加性，即

$$Y(t_1,t_3) = Y(t_1,t_2) + Y(t_2,t_3)，\quad 0 < t_1 < t_2 < t_3。$$

现在我们以逆向思维来考虑上述问题，即给定时点 t 的投资价值 $V(t)$，如何求初始价值 $V(0)$ 呢，显然由（1.1.1）式，有

$$V(0) = V(t)(1+tr)^{-1} \tag{1.1.2}$$

我们称之为相对于时点 t 的投资价值 $V(t)$ 在 0 时刻的现值，在不至于混淆的情况下，就简单称之为现值。而 $(1+tr)^{-1}$ 相应称之为贴（折）现因子。

例 1　两个月（按 61 天计）前将 10000 元存入银行，按单利得到了 10050 元，求单利 r 和收益率。

解：由 $10000\left(1+\dfrac{61}{365}r\right) = 10050$，得 $r \approx 0.0299$。由 $Y\left(0, \dfrac{61}{365}\right) = \dfrac{10050}{10000} = 1.005$，得收益率 $Y = 1.005$。

1.1.2　离散复利的终值与现值

与单利的终值和现值不同，离散复利下的终值与现值计算中，不仅本金产生利息，利息也产生利息。通常情况下，这些利息是定期地加入本金的。我们依然沿用上面的符号，现在来考虑每月支付一次利息的情形：

在按月计算的情况下，第一次支付是在一个月之后，得到的利息为 $\dfrac{r}{12}P$，加上初始本金为 $P\left(1+\dfrac{r}{12}\right)$，并将此作为下个月投资的新的本金；这样在下个月（即第二月末）的终值为 $P\left(1+\dfrac{r}{12}\right)\left(1+\dfrac{r}{12}\right) = P\left(1+\dfrac{r}{12}\right)^2$，$n$ 个月后的终值将变为 $P\left(1+\dfrac{r}{12}\right)^n$，对应 1 年后的终值将变为 $P\left(1+\dfrac{r}{12}\right)^{12}$，而 t 年后的终值将变为 $P\left(1+\dfrac{r}{12}\right)^{12t}$。

我们将上述过程一般化，设每年支付 m 次利息，这样两次支付之间的时间间隔按年计算则为 $\dfrac{1}{m}$，假设利率不变，则 t 年后的终值将变为 $P\left(1+\dfrac{r}{m}\right)^{mt}$，即相应的计算公式为：

$$V(t) = P\left(1+\dfrac{r}{m}\right)^{mt} \tag{1.1.3}$$

这里 t 要求为 m 的整数倍。$\left(1+\dfrac{r}{m}\right)^{mt}$ 则称为增长因子。与单利情形一样，若给定某段时

间的终值来求其初始价值（即 0 时点的现值），则有 $V(0) = V(t)\left(1 + \dfrac{r}{m}\right)^{-mt}$，这里 $\left(1 + \dfrac{r}{m}\right)^{-mt}$ 称为贴现因子。

更一般的，若求时点 s 的投资价值（即 s 时点的现值），则有

$$V(s) = V(t)\left(1 + \frac{r}{m}\right)^{-m(t-s)}, \quad 0 < s < t \tag{1.1.4}$$

相应的收益率

$$Y(s,t) = \left(1 + \frac{r}{m}\right)^{m(t-s)} - 1 \tag{1.1.5}$$

注意，这时收益率不再具有时间上的可加性。

例 2　两个月（按 61 天计）前将 10000 元存入银行，按复利得到了 10050 元，求（1）按月计的复利 r；（2）按天计的复利 r。

解：（1）若按月利率计算，由 $10000\left(1 + \dfrac{1}{12}r\right)^{2} = 10050$，得 $r \approx 0.0300$。

（2）由 $10000\left(1 + \dfrac{1}{365}r\right)^{61} = 10050$，得 $r \approx 0.0298$。

由此可以看出，对于相同时段内的相同的现值与终值，按月计比按天计算得的复利更大；反过来看，如果相同的现值、相同的时段、相同的复利，按天计比按月计得到的终值要大。再比较例 1 可以看到，同样是按天计，对于相同时段内的相同现值与终值，按复利比按单利计算得的利率更小；或者反过来说，如果相同的现值、相同的时段、相同的利率，按复利比按单利得到的终值要大。

1.1.3　连续复利的终值与现值

因为连续函数往往具有较好的分析性质，所以在很多金融数学模型当中经常用到连续复利，它是离散复利中 $m \to \infty$ 的情形。

$$V(t) = \lim_{m \to \infty}\left(1 + \frac{r}{m}\right)^{tm} P = \lim_{m \to \infty}\left[\left(1 + \frac{r}{m}\right)^{\frac{m}{r}}\right]^{tr} P = \mathrm{e}^{tr} V(0) \tag{1.1.6}$$

这里 e^{tr} 称为增长因子，相应的，e^{-tr} 称为贴现因子。

更一般地，若求时点 s 的投资价值（即 s 时点的现值），则有

$$V(s) = \mathrm{e}^{-(t-s)r} V(t), \quad 0 < s < t \tag{1.1.7}$$

相应的收益率

$$Y(s,t) = e^{(t-s)r} - 1 \qquad (1.1.8)$$

注意，这时收益率同样不再具有时间上的可加性。有时为了应用上的方便，进一步引入对数收益率

$$y(s,t) = \ln\frac{V(t)}{V(s)} \qquad (1.1.9)$$

可以证明，对数收益率具有时间上的可加性。

例 3　两个月（按 61 天）将 10000 元存入银行，按连续复利得到了 10050 元，求连续复利 r。

解：由 $10000e^{\frac{61}{365}r} = 10050$，得 $r \approx 0.0298$（读者不妨再与前两例进行比较）。

下面我们就用终值-现值关系来分析金融市场中的一类重要证券——无风险证券。

第二节　无风险债券与货币账户

债券是一个可交易的贷款协议，是发行人出售的一个向持有人承诺按事先确定的支付计划还本付息的合同。本章基于建模的需要，只介绍两种无风险债券——零息债券和附息债券。

1.2.1 零息债券与附息债券

零息债券，又称贴现债券，是一种以低于面值的贴现方式发行，不支付利息，到期按债券面值偿还的债券，债券发行价格与面值之间的差额就是投资者的利息收入。与零息债券不同，附息债券有多个支付日（一般情况下这些支付日之间的时间间隔相同），每一次支付的数额由债券的面值、息票率以及债券的分期偿还原则来决定。债券的面值也被称为票面价值或本金，息票率也被称为票面利率。大多数附息债券在最终支付之前的单次支付都等于债券面值与息票率的乘积，而到期日的最后一笔支付则等于同一利息支付加上面值。这类附息债券通常又被称作子弹型债券或纯粹附息债券，后面所提到的附息债券均指这类债券。接下来我们将介绍这两种产品中与货币时间价值相关的几个基本概念。

1. 到期收益率

考察到期收益率有一个基本的前提，就是假设发行的债券是无违约风险的。到期收益率是一个全期利率，它是使得所购债券未来现金流的现值等于债券当前市场价格的贴现率（一般以年为单位计算）。下面我们通过一个例子来了解到期收益率的计算。

例 4 假设有三种债券，分别记为 A、B、C。债券 A 是面值为 100 元的零息债券，一年后到期；债券 B 是面值为 100 元的零息债券，两年后到期；债券 C 是面值为 100 元的附息债券，息票率为 2.25%，两年后到期。三种债券的当前价格分别为 97.55 元、94.5 元和 98.82 元。求三种债券的到期收益率。

解：现在设三种债券的到期收益率分别为 y_A，y_B 和 y_C。于是有

$$97.55 \times (1+y_A) = 100 ，\quad 94.5 \times (1+y_B)^2 = 100 ，$$

$$\left[98.82 \times (1+y_C) - 2.25\right] \times (1+y_C) = 100$$

以上是以增长因子的形式来表示的，还可以以贴现因子形式表示为

$$97.55 = \frac{100}{1+y_A} ，\quad 94.5 = \frac{100}{(1+y_B)^2} ，\quad 98.82 = \frac{2.25}{1+y_C} + \frac{100}{(1+y_C)^2}$$

从而可以解得 $y_A = 2.5\%$，$y_B = 2.87\%$ 和 $y_C = 2.865\%$。

2. 即期利率

即期利率是指某一时点上零息债券的到期收益率（一般用 r 来表示）。根据该定义，例 4 中两种零息债券 A、B 的即期利率分别为 $r_1 = y_A = 2.5\%$，$r_2 = y_B = 2.87\%$。也就是说，如果市场上存在 A、B 这样两种债券，我们就可以分别得到 1 年期和 2 年期即期利率。表示成一般形式为：

$$P_t = \frac{F}{(1+r_t)^t} \tag{1.2.1}$$

其中 P_t 表示当前债券价格，r_t 为 t 期的即期利率，F 为债券的面值（下同）。

那么，如果市场上仅有债券 A 和 C，又该如何计算 2 年期即期利率呢？我们可以按如下方式计算：

$$98.82 = \frac{2.25}{1+0.025} + \frac{100}{(1+r_2)^2}$$

从而解得 $r_2 = 2.87\%$。表示为一般形式，则有：

$$P_t = \sum_{i=1}^{t-1} \frac{C}{(1+r_i)^i} + \frac{F}{(1+r_t)^t} \tag{1.2.2}$$

同时我们注意到，由债券 A 和 C 计算得到的 r_2 与直接由债券 B 得到的 r_2 是相同的。实际上，如果二者计算出的 r_2 不同，则可以买入收益高的，卖出收益低的而获取无风险利润，这也就是套利（关于套利的正式定义将在本章的最后予以介绍）。

3. 折现因子

在确定了一系列的即期利率 $r_1, r_2, \cdots$ 之后，依据现值与终值的概念，就可以确定即期

利率与折现因子之间的关系。我们以 D_t 表示零息债券在时刻 t 的折现因子，于是有

$$D_t = \frac{1}{\left(1+r_t\right)^t}, \quad t = 1, 2, \cdots \quad (1.2.3)$$

仍以零息债券 A、B 为例，则有 $D_1 = \frac{1}{1+0.025} = 0.9756$，$D_2 = \frac{1}{\left(1+0.0287\right)^2} = 0.9450$。

　　有时为了建模的需要，也常常引入单位零息债券的概念，即规定零息债券的面值为1。由于债券可以在到期日之前的任何时间以市场价格卖出，因此我们记时点 t 的价格为 $B(t, T)$（特别地，记时点 0 的价格为 $B(0, T)$，时点 T 的价格为 $B(T, T) = 1$，有时也简记为 B_t^T，在第五篇我们采用这种记法），则联系第一节中终值和现值的概念可知，实际上 $B(t, T)$ 就是零息债券从时刻 T 贴现到时刻 t 的贴现因子。

　　4. 远期利率

　　仍然考虑例 4 中的情形，由于一年期即期利率为 $r_1 = 2.5\%$，即一年后支付 1 元的现值为 $D_1 = 0.9756$；两年期即期利率为 $r_2 = 2.87\%$，即两年后支付 1 元的现值为 $D_2 = 0.9450$。我们现在考虑将两年后的 1 元分两步折现到现在，即先将两年后的 1 元折现到一年后，再将这个结果折现到现在。为此，我们设 $r_{1,2}$ 为一年后基于当时时刻的投资期限为一年（即两年后到期）的即期利率，则有

$$D_2 = \frac{\dfrac{1}{1+r_{1,2}}}{1+r_1} = \frac{1}{1+r_{1,2}} \cdot D_1$$

于上式代入 $D_1 = 0.9756$，$D_2 = 0.9450$，得 $r_{1,2} = 3.24\%$，它是从现在看基于一年后那个时点的一年期即期利率，我们将其称为基于当前时刻的一年后的一年期远期利率，并记为 $f_{1,2}$。因此，我们还可以从终值的角度将其表示为：

$$\left(1+r_2\right)^2 = \left(1+r_1\right)\left(1+f_{1,2}\right)$$

将其推广到更一般的形式，即有

$$\left(1+r_t\right)^t = \left(1+r_s\right)^s \left(1+f_{s,t}\right)^{t-s} \quad (1.2.4)$$

并将 $f_{s,t}$ 称为基于当前时刻的 s 年后的 $t-s$ 期的远期利率，有时也简单地称为 s 时刻的远期利率。

1.2.2 银行账户过程

　　虽然零息债券和附息债券可以作为无风险证券提供衡量货币时间价值的尺度，但这两种产品都受到到期日的制约，为此，我们常常使用一个更为简单的概念来表征无风险条件下货币的时间价值，即银行账户过程。

　　考虑一个在到期日之前终止的零息票债券投资。设投资于货币市场的初始金额为

$A(0)$，那么这笔资金就可以买入 $\dfrac{A(0)}{B(0,T)}$ 份债券。由于在时点 t 的每份债券的价值为

$$B(t,T) = \mathrm{e}^{-(T-t)r} = \mathrm{e}^{rt}\mathrm{e}^{-Tr} = \mathrm{e}^{rt}B(0,T) \tag{1.2.5}$$

因此在时点 t（$t < T$），这项投资的价值为

$$A(t) = \frac{A(0)}{B(0,T)}B(t,T) = A(0)e^{rt} \tag{1.2.6}$$

在债券上的投资具有有限的时间界限，它将在债券的到期日 T，以 $A(T) = A(0)e^{rT}$ 终止。为了扩展超过到期日 T 的货币市场头寸，可以总额为 $A(T)$ 的资金重新投资于时点 T 发行的债券，新债券的到期日 $T' > T$。则对于 $T < t' < T'$，有

$$A(t') = A(T)\mathrm{e}^{r(t'-T)} = A(0)\mathrm{e}^{rt'}$$

重复该过程，可以得到一个金融数学建模中非常重要的结论：在货币市场上的投资时间可以延长到所需的任何长度，并且有

$$A(t) = A(0)\mathrm{e}^{rt} \tag{1.2.7}$$

其次，再来考虑将附息债券作为货币市场投资的工具。假设第一个息票 C 是在时点 t 得到的，在时点 0 的买入 $\dfrac{A(0)}{V(0)}$ 份附息债券。在时点 t 我们兑换息票并以价格 $V(t)$ 卖出债券，得到总金额为 $V(t) + C = V(0)\mathrm{e}^{rt}$ 的现金。因为利率是常数，所以这笔钱是确定的。于是，用这种方法我们已经有效地构造了一个面值为 $V(0)\mathrm{e}^{rt}$、在时点 t 到期的零息债券。这意味着上面得到的关于零息债券的方法也可用于附息债券，并且对于 $A(t)$ 有：

$$A(t) = \frac{A(0)}{V(0)}\big[V(t) + C\big] = \frac{A(0)}{V(0)}V(0)\mathrm{e}^{rt} = A(0)\mathrm{e}^{rt}$$

而任何两次息票支付日之间都可看作这样一个过程，于是可得与式（1.2.7）一样的结论。

由此我们可以看到，在利率不变的假设之下，函数 $A(t)$ 不依赖于货币市场账户的构建方法，即它不依赖于投资债券类型的选择，也不依赖于超过债券到期日的延长投资的方法。所以在有关货币时间价值的模型中货币账户 $A(t)$ 是一个不错的选择。

第三节 贴现价格过程

这里我们仅考虑单期离散模型，即整个投资过程只有两个时点（分别设为 $t=0$ 和 $t=1$）。其要素如下：（1）定义 $t=1$ 时的样本空间 $\Omega=\{\omega_1,\omega_2,\cdots,\omega_m\}$，其中 $\omega_i\in\Omega$（$i=1,2,\cdots,m$）称为一个样本点或一个状态，具体哪一个 ω_i 会出现，在 $t=0$ 时刻是未知的，而在 $t=1$ 时刻则变为已知的。（2）设 $\mathbf{F}$ 为 Ω 的子集全体构成的集合（$\mathbf{F}=\{A:A\subset\Omega\}$），则称 $(\Omega,\mathbf{F})$ 为一个可测空间。若存在一个函数 $P(\cdot)$，满足① $P(\varnothing)=0$；② $0\leqslant P(A)\leqslant 1$，$\forall A\in\mathbf{F}$；③ $\mathbf{F}$ 中任一列互斥的 $A_1,A_2,\cdots$，有 $P\left(\sum_{n=1}^{\infty}A_n\right)=\sum_{n=1}^{\infty}P(A_n)$，则称 P 为可测空间 $(\Omega,\mathbf{F})$ 上的一个测度（概率测度），并称 $(\Omega,\mathbf{F},P)$ 为一个测度空间（概率空间）。（3）定义银行账户过程 $\mathbf{A}=\{A(t):t=0,1\}$，其中 $A(0)=1$，而 $A(1)$ 则可以是一个随机变量，也可以是一个常量，通常情况下，为了简单常把 $A(1)$ 作为常量处理，这时它代表的是无风险证券。事实上，大多数情况下是将 $A(1)$ 看作 1 单位货币在 $t=0$ 时存入银行，在 $t=1$ 时银行账户的价值，而相应地将 $r\equiv A(1)-1\geqslant 0$ 称之为利率，所以通常情况下认为 $A(1)\geqslant 1$。银行账户一般与其他证券相区别，实际上相当于起到了一个基准的作用。（4）价格过程 $\mathbf{S}=\{\mathbf{S}(t):t=0,1\}$，其中 $\mathbf{S}(t)=(S_1(t,\omega),S_2(t,\omega),\cdots,S_n(t,\omega))$，其中 n 表示证券的个数，$S_j(t,\omega)$（$j=1,2,\cdots,n$）表示第 j 只证券在 t 时刻的 ω 状态下的价格，它是风险证券的代表，本书中大多数情况下指股票。这种风险证券在 $t=0$ 时是已知的，在 $t=1$ 时的价格是非负随机变量。特别情况下，当 $n=1$ 时，t 时刻的价格简单地表示为 S_t，同样的，t 时刻的组合价值简单地记为 V_t。当上述的这些要素 $(\Omega,\mathbf{F},P),A(\cdot),\mathbf{S}(\cdot)$ 全部给定时，我们称一个单时段金融市场被给定。并记为

$$M\equiv\{(\Omega,\mathbf{F},P),A(\cdot),\mathbf{S}(\cdot)\} \tag{1.3.1}$$

有时为了与多时段金融市场以及连续时间金融市场相区别，也称之为简单金融市场。在本章中我们假定上述的单时段市场是给定的。

有了单时期金融市场模型基本要素的描述，下面我们结合贴现价格过程对单时期模型做一个较为详细的刻画，以形成对金融市场结构和基本定价原理的一个初步认识。这些概念和基本原理都可以比较方便地引入更复杂的金融市场模型中。

定义 1.3.1 交易策略 $\mathbf{H}=(h_0,h_1,\cdots,h_n)$ 是指投资者从 $t=0$ 到 $t=1$ 持有的投资组合（或者说组合中各种证券的数量），其中 h_0 是指投资于货币账户上的数量，h_i（$j=1,\cdots,n$）是指第 j 只风险证券的数量。

定义 1.3.2 价值过程 $\mathbf{V}=\{V(t):t=0,1\}$ 是指投资组合在每一时刻的总价值。即

$$V(t)\equiv h_0 A(t)+\sum_{j=1}^{n}h_j S_j(t),t=0,1 \tag{1.3.2}$$

定义 1.3.3 增益过程 G 用以描述投资组合在时刻 $t=0$ 和时刻 $t=1$ 之间所产生的总损益。即

$$G \equiv h_0 r + \sum_{j=1}^{n} h_j \Delta S_j \qquad (1.3.3)$$

其中 $\Delta S_j \equiv S_j(1) - S_j(0)$。不难验证 $V_1 = V_0 + G$。

上面这一分析过程是基于证券的绝对价格做出的，我们还可以从相对于银行账户的证券价格来进行分析，这种做法有时会使认识更为深刻。举一个简单的例子，假如你将 100000 元投资于股票市场，一年后所投资股票的市值变为 102000，则该投资者获利 2000 元，看起来是一次"成功"的投资。但如果银行的存款利率为 3%，则将这 100000 元存入银行的收益为 3000 元。实际上这项投资算不得"成功"。当然，我们引入相对于银行账户的证券价格过程的意义远不止于此。

定义 1.3.4 称 $\mathbf{S}^*(t) \equiv (S_1^*(t), S_2^*(t), \cdots, S_n^*(t)(t))$（其中 $S_j^*(t) = S_j(t)/A(t)^①$，$j=1,\cdots,n$）为贴现价格过程，并有 $\mathbf{S}^* = \{\mathbf{S}^*(t): t=0,1\}$；定义 $V^*(t) \equiv h_0 + \sum_{j=1}^{n} h_j S_j^*(t), t=0,1$ 为贴现价值过程，并有 $\mathbf{V}^* = \{V^*(t): t=0,1\}$；定义 $G^* \equiv \sum_{j=1}^{n} h_j \Delta S_j^*$（其中 $\Delta S_j^* = S_j^*(1) - S_j^*(0)$）为贴现增益过程。从而有 $V^*(t) = V(t)/A(t), t=0,1$，$V_1^* = V_0^* + G^*$。

例 5 这里我们假设 $m=2$，$n=1$，即整个样本空间包含两种状态，风险证券只有一个；并设无风险利率 $r = \frac{1}{4}$，$S_0 = 4$，$S_1(\omega) = 2$，$S_2(\omega) = 8$；交易策略为 $\mathbf{H} = (12, 20)$。在这种情况下，求其贴现价格过程、贴现价值过程和贴现增益过程，并验证它们之间的关系。

解： 由无风险利率 $r = \frac{1}{4}$，可以得到 $A(1) = 1 + r = \frac{5}{4}$，则 $V_0 = 12 + 20S_0 = 92$，

$$G(\omega_1) = 12r + 20(S_1(\omega_1) - S_0) = -37 \qquad G(\omega_2) = 12r + 20(S_1(\omega_2) - S_0) = 83,$$

$$V_1(\omega_1) = 12A(1) + 20S_1(\omega_1) = 55 \qquad V_1(\omega_2) = 12A(1) + 20S_1(\omega_2) = 175。$$

显然，$V_1(\omega_1) = V_0 + G(\omega_1) = 92 - 37 = 55$ 和 $V_1(\omega_2) = V_0 + G(\omega_2) = 92 + 83 = 175$ 成立。下面再来考察贴现过程：由 $S_1^*(\omega_1) = \frac{S_1(\omega_1)}{A(1)} = \frac{8}{5}$，$S_1^*(\omega_2) = \frac{S_1(\omega_2)}{A(1)} = 10$，有

$$G^*(\omega_1) = 20(S_1^*(\omega_1) - S_0^*) = -48, \quad G^*(\omega_2) = 20(S_1^*(\omega_2) - S_0^*) = 120, \text{ 这里 } S_0^* = S_0。$$

而 $V_0^* = V_0 = 92$，$V_1^*(\omega_1) = 12 + 20S_1^*(\omega_1) = 44$，$V_1^*(\omega_2) = 12 + 20S_1^*(\omega_2) = 212$。

① 这里的 $S_j^*(t)$ 实为 $S_j^*(t,\omega)$，由于这里随机变量之间的关系都是针对相同的 ω 而言的，故省略参数 ω。

显然 $V_1^*(\omega_1)=V_0^*+G^*(\omega_1)=92-48=44$、$V_1^*(\omega_2)=V_0^*+G^*(\omega_2)=92+120=212$ 成立。

有了上述概念，我们就可以给出金融产品定价中的一个基本概念——套利的正式定义。

定义 1.3.5 （**套利机会或套利策略**） 套利机会是指存在某一交易策略 **H** 使得① $V_0=0$，② $V_1\geqslant 0$ 且 $EV_1>0$。这里 EV_1 是随机变量 V_1 的数学期望。

由于 $A(t)>0$，因此可以得到关于套利机会的另一个等价定义，即定义 1.3.6。

定义 1.3.6 （**套利机会或套利策略**） 套利机会是指存在某一交易策略 **H** 使得① $V_0^*=0$，② $V_1^*\geqslant 0$ 且 $EV_1^*>0$。这里 EV_1^* 是随机变量 V_1^* 的数学期望。

所谓的无套利原理就是指金融市场中不存在任何套利机会。事实上，我们从定义可以看出，套利机会是一种获得收益的无风险方法，它相当于一个投资者在没有任何初始投资的情况下就可以取得正的收益，显然这样的市场是不合理的。要使我们的金融市场模型是符合实际的，就必须不存在套利机会，这也正是无套利原理作为金融市场定价的一个基本原理的合理性所在。

习 题

1. 现在将 10000 元存入银行账户，假如 5 年期单利为 4.5%，求 5 年后的终值。如果将单利改为离散复利或连续复利，则 5 年后的终值又是多少？并求三种情况下的增长因子和收益率。

2. 假如有一笔银行存款，期初的投入为 9000 元，5 年后的本息共计 10000 元，分别求其对应的单利、离散复利和连续复利，并求三种情况下的贴现因子。

3. 证明对数收益率具有时间上的可加性。

4. 设有面值为 100 元的三种零息票债券，到期期限分别为 1 年、2 年和 3 年，价格分别为 95 元、92 元和 90 元。试分别求出 1 年、2 年和 3 年期的即期利率和贴现因子。

5. 假设一个由四种债券构成的市场，分别记为 A、B、C、D。债券 A、B、C 分别为第 4 题中的三种债券，另一债券 D 是面值为 100 元的附息债券，息票率为 3%，3 年后到期，价格为 98 元。试问：（1）该定价是否合理，如果不合理你认为它的合理价格是多少，说明其依据。（2）该市场是否存在套利机会，如果存在，请说明你的套利策略。

6. 证明按年支付息票的债券，当且仅当债券的价格等于它的面值时，附息率等于年复合利率。

7. 假设 $m=2$，$n=1$，$r=\dfrac{1}{3}$，$S_0=3$，$S_1(\omega)=6$，$S_2(\omega)=1$；交易策略为 $\mathbf{H}=(9,21)$。在这种情况下，求其贴现价格过程、贴现价值过程和贴现增益过程，并验证它们之间的关系。

8. 证明套利机会定义的等价性。

第二章　股票价格行为与投资者风险态度

在上一章我们讨论了无风险证券，并给出了套利存在的等价条件。本章再来讨论构成简单金融市场的另一种风险证券——股票。它作为一种风险证券，其价格自然表现出一定程度的不确定性。但这种不确定性又受到金融市场规范的制约，这种规范反映在金融资产定价领域则是无套利原理。本章我们将依据无套利定价原理，讨论单时段股票价格运动的特征，最后我们基于投资者在初始时刻的投资选择，进一步引出金融市场分析中两个重要概念——效用函数和风险偏好。

第一节　股票价格运动的二叉树模型

股票代表着对一家公司所有权的份额，它的价值反映出投资者对可能的股利支付、未来利润以及公司控制资源的观点和预测。显然这种未来的不确定性将带来股票价值的随机特征，所以就数学的观点而言，它是一个随机变量。先考虑一个单时段股票价格运动，为简单起见，这里采用二叉树结构（如图 2.1 所示）。现在假设股票在初始时刻的价格为 S_0，并记当前时刻为时刻 0；下一个阶段到达时刻 1，并记该时刻的股票价格为 S_1；显然 S_1 有两个可能的取值，分别设为 uS_0 和 dS_0，所以我们可以将 S_1 看作一个服从两点分布的随机变量。为了描述上的方便，我们同时给出 S_1 所对应的概率空间的描述：

针对随机变量 S_1，将 u 和 d 分别看作空间的两种状态，于是可以构造样本空间 $\Omega = \{\omega\} = \{u, d\}$，则有

$$S_1(\omega) = \begin{cases} S_1(u) = uS_0, \omega_1 = u \\ S_1(d) = dS_0, \omega_2 = d \end{cases}$$

记样本空间中的所有子集构成的集合为 $\mathbf{F}$，即 $\mathbf{F} = \{\varnothing, \{u\}, \{d\}, \Omega\}$，我们称之为域。然后在 $\mathbf{F}$ 上定义概率测度 P：

$$P(\omega = u) = p, \quad P(\omega = d) = 1 - p, \quad 0 < p < 1$$

这样我们就得到了一个描述股票价格运动的单期二叉树模型所对应的概率空间 $(\Omega, \mathbf{F}, P)$。

那么，这里的 u 和 d 又当满足什么条件呢？我们基于无套利原理来分析它们的取值。

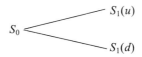

图 2.1　股票价格的单阶段二叉树模型

这里的 $S_1(u) = uS_0$，$S_1(d) = dS_0$。

首先，假设 $\dfrac{S_1(d)}{S_0} \geqslant \dfrac{A(1)}{A(0)}$。

在这种情况下，可以通过借入金额为 S_0 的无风险资产并将其转换为现金，同时用这笔现金买入 1 只股票。显然，此时（即 0 时刻）的资产组合价值为 $\Pi_0 = 0$，其中两种资产的数量分别为：股票（1 只）和无风险资产 $\left(-\dfrac{S_0}{A(0)}\right)$。而到 T 时刻，资产组合的价值变为

$$\Pi_1(\omega) = \begin{cases} S_1(u) - \dfrac{S_0}{A(0)} A(1), \omega = u \\ S_1(d) - \dfrac{S_0}{A(0)} A(1), \omega = d \end{cases}。$$

而 $S_1(u) - \dfrac{S_0}{A(0)} A(1) \geqslant S_1(d) - \dfrac{S_0}{A(0)} A(1) \geqslant S_1(d) - \dfrac{S_0}{S_0} S_1(d) = 0$，即 $\Pi_1(\omega)$ 为非负随机变量，且以大于 0 的概率取正值。显然存在套利，违背无套利原则。

其次，假设 $\dfrac{S_1(u)}{S_0} \leqslant \dfrac{A(1)}{A(0)}$。

在这种情况下，可以卖空 1 只股票，将所得数额为 S_0 的现金购买无风险资产（数量为 $\dfrac{S_0}{A(0)}$）。显然，此时（即 0 时刻）的资产组合价值为 $\Pi_0 = 0$。而到 1 时刻，资产组合的价值变为

$$\Pi_1(\omega) = \begin{cases} -S_1(u) + \dfrac{S_0}{A(0)} A(1), \omega = u \\ -S_1(d) + \dfrac{S_0}{A(0)} A(1), \omega = d \end{cases}。$$

而 $-S_1(d) + \dfrac{S_0}{A(0)} A(1) \geqslant -S_1(u) + \dfrac{S_0}{A(0)} A(1) \geqslant -S_1(u) + \dfrac{S_0}{S_0} S_1(u) = 0$，即 $\Pi_1(\omega)$ 为非负随机变量，且以大于 0 的概率取正值。同样存在套利，违背无套利原则。

综合上述分析我们可以得到如下结论：

定理 2.1.1 在股票价格的单期二叉树模型中，无套利的条件为

$$\frac{S_1(d)}{S_0} < \frac{A(1)}{A(0)} < \frac{S_1(u)}{S_0} \tag{2.1.1}$$

又由于股票价格严格大于 0，故 $0 < d < 1+r$；而且股票价格也不会无限大，故 $1+r < u < \infty$。于是有 $0 < d < 1+r < u < \infty$，它是单阶段二叉树模型中股票价格应该满足的无套利条件。现在假设每个阶段股票的运动模式保持不变，则可将模型推进到多期的情形，以三期为例，其结构如图 2.2 所示。

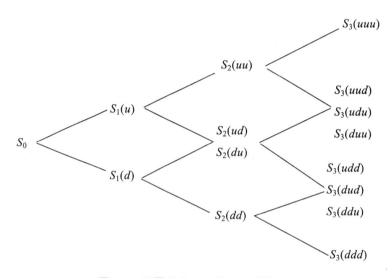

图 2.2 股票价格三阶段二叉树模型

这类模型的假设看起来过于简单，但当我们假设该模型为一个 N 阶段模型，并且 $N \to \infty$ 时，对 N 时刻而言，该股票有着 $N+1$ 种可能的取值，这就将更加接近于现实。重要的是，这种简单的结构能够帮助我们揭开众多资产定价问题的本质，特别对于多阶段定价过程的分析，它有效地降低了初学者学习的难度，因而不失为一种良好的分析工具。关于多阶段股票价格运动二叉树模型的概率属性，我们将在第四篇予以讨论。所以，对于只有两个阶段的金融模型，其主要目的是以最简单的方式来阐明模型背后的机理，并形成对多期复杂模型的铺垫。

第二节　投资者偏好与效用函数

我们仍然从股票二叉树模型入手来做进一步的讨论。在第二节我们把 1 时刻的股票价格描述为随机变量 S_1，并得到其满足的概率分布

$$P(\omega = u) = p , \quad P(\omega = d) = 1 - p \equiv q , \quad 0 < p < 1$$

于是我们可以求出 S_1 在时刻 1 的期望

$$E(S_1) = p \cdot uS_0 + qdS_0$$

如果我们计算 $\dfrac{E(S_1)}{S_0} - 1$，将得到从时刻 0 到时刻 1 的预期收益率。由于股票收益风险的存在，一般情况下投资者倾向于要求相较于无风险利率更高的收益率，所以这个值一般要比无风险收益率高。那么，进一步的问题是，一个投资者在 0 时刻是选择投资于债券市场获取无风险收益呢，还是投资于股票获得风险收益呢？虽然一般情况下投资于股票相较投资于债券能够得到更高的收益率，但从上述无套利条件的证明中可以看出，当股票价格下降时，其实际收益低于无风险收益；而当股票价格上升时，其实际收益又高于无风险收益。所以投资者在 0 时刻的选择将取决于他对效用的理解和其自然的风险偏好。下面我们就分别讨论效用函数和投资者风险偏好。

2.2.1 效用函数

如果投资者依据 $\dfrac{E(S_1)}{S_0} - 1 > r_f$ 做出投资股票的选择，显然他是以投资的未来支付均值的比较为参考的，那么这种标准是否可取呢？让我们先来看一个游戏。

这是一个掷硬币的游戏，游戏的规则如下：参与游戏者如果第一次投掷出正面，则得奖金 1 元，游戏结束；如果第一次掷出反面，则继续投掷，如果第二次掷出正面，得奖金 2 元，游戏结束；否则继续投掷。如果第三次才掷出正面，得奖金 4 元；如果第四次才掷出正面，得奖金 8 元；依此类推。也就是说投出正面所需的次数每增加一次，支付就翻一倍，直到投掷出第一次正面为止。这样，游戏者如果到第 n 次才投掷成功，将得到奖金 2^{n-1} 元，游戏结束。

现在来计算该游戏的期望回报：我们假设硬币是均匀的，则到第 n 次投掷币时才首次出现正面的概率为 2^{-n}，这样可以根据期望的定义计算期望回报为 $\sum\limits_{n=1}^{\infty} \left(2^{-n} \cdot 2^{n-1} \right)$。但该值为"无穷大"，即按照该期望回报准则，游戏参与者为了获得参与这个游戏的机会，他会愿意支付任意多的钱。显然，这是不可能的。

这就是有名的"圣彼得堡悖论"，它于 18 世纪由瑞士数学家尼古拉斯·伯努力（Nicholas Bernoulli）提出。1738 年，Nicholas Bernoulli 的堂弟丹尼尔·伯努力（Daniel Bernoulli）发表文章对"圣彼得堡悖论"进行了说明，并认为投资者收到支付而获得的"幸福感"有别于获得支付的数量，并将这种"幸福感"用效用函数来表示，从而用期望效用代替了期望支付。那么，定义"幸福感"的效用函数又该如何定义呢？

Daniel Bernoulli 认为，人们关心的是财富的效用而非财富本身的数量，这是因为，虽然对任何一个理性的投资者而言都是财富越多越好，但对于一个众多财富的拥有者来说,增加 1 个单位的财富对其满意程度的增量远远小于对一个财富匮乏的人产生的增量,即效用具有边际递减特征。于是,可以将效用函数的自变量定义为财富,而且使其具有边际递减性。

假定用 $U(x)$ 来表示自变量为财富 x 的效用函数,则有

$$\begin{cases} U(x_2) > U(x_1) \\ \dfrac{U(x_2+\Delta x)-U(x_2)}{\Delta x} \leqslant \dfrac{U(x_1+\Delta x)-U(x_1)}{\Delta x} \end{cases} \tag{2.2.1}$$

假定函数 $U(\cdot)$ 是光滑的,则称 $U'(x)$ 为投资者的财富额为 x 时的边际效用,且有

$$U'(x) \geqslant 0, \ U''(x) \leqslant 0, \ x \in [0,\infty) \tag{2.2.2}$$

从而使得 $U(x)$ 满足

$$U(\lambda x+(1-\lambda)y) \geqslant \lambda U(x)+(1-\lambda)U(y), \quad x,y \in [0,\infty), \lambda \in [0,1] \tag{2.2.3}$$

即 $U(x)$ 是一个单调递增的凹函数。

下面我们来考察当年 Daniel Bernoulli 提出的效用函数,并用其考察"圣彼得堡游戏"。Daniel Bernoulli 提出的效用函数具有如下形式:

$$U(x)=b\ln\left(\frac{x}{a}\right), x>0 \tag{2.2.4}$$

其中 $a,b>0$ 为常数。我们称式(2.2.4)为一个对数效用函数。其边际效用函数为

$$U'(x)=\frac{b}{x}, x>0 \tag{2.2.5}$$

显然它是关于 x 单调递减的。现在我们用它来考察"圣彼得堡游戏"问题,取效用函数为式(2.2.4),考察

$$\begin{aligned} E[U(x)] &= \sum_{n=1}^{\infty} b\ln\left(\frac{2^{n-1}}{a}\right)\cdot\left(\frac{1}{2}\right)^n \\ &= b\sum_{n=1}^{\infty}\left(\frac{n-1}{2^n}\right)\ln 2 - b\sum_{n=1}^{\infty}\left(\frac{1}{2^n}\right)\ln a = b\ln\frac{2}{a}=U(2)。 \end{aligned}$$

该式表明,参与游戏所能获得收益的期望效用等于 2 元钱带来的效用,也就是说,具有对数效用函数的投资者最多愿意付 2 元钱来参与游戏。

2.2.2 投资者的风险偏好及其效用函数

一般来说,不同的人对财富拥有量的满意程度是不同的,即不同的人有不同的效用函数。另一方面,收益和风险是紧密相关的,要获取高额回报就必须承担较高的风险。因此,效用函数也可以用来刻画人们对风险的"厌恶程度"。这里的风险厌恶是指投资者

不会接受一个收益期望值为零的风险投资。

现在我们仍以两阶段股票二叉树模型为例来进行分析。我们已经知道，对于时刻 1 的支付 S_1 满足

$$S_1(\omega_1) = \begin{cases} S_1(u) = uS_0, & \omega_1 = u \\ S_1(d) = dS_0, & \omega_2 = d \end{cases}$$

因而股票在两种状态下的超额收益（超过无风险投资的收益）可以表示为

$$\varepsilon(\omega_1) = \begin{cases} S_1(u) - (1+r_f)S_0 = (u - r_f - 1)S_0, & \omega_1 = u \\ S_1(d) - (1+r_f)S_0 = (d - r_f - 1)S_0, & \omega_2 = d \end{cases}$$

现在我们来考虑这样一种情形：该股票投资能获取的期望收益率为无风险利率 r_f，也就是说，投资于该股票从平均意义上说，其收益等同于投资于无风险债券带来的收益，但相较于债券投资这种投资是有风险的。假设这种情况下的分布律为：

$$P(\omega = u) = \tilde{p}, \quad P(\omega = d) = 1 - \tilde{p} \equiv \tilde{q}, \quad 0 < \tilde{p} < 1.$$

则由 $E(\varepsilon) = \tilde{p}(u - r_f - 1)S_0 + (1 - \tilde{p})(d - r_f - 1)S_0 = 0$，得

$$\tilde{p} = \frac{1 + r_f - d}{u - d}.$$

现在假设一个投资者的效用函数为 $U(\cdot)$，他的初始财富为 W，那么，面对这样一种股票投资，他是否愿意参与呢？或者换句话说，他是否认为这项投资具有正的价值呢？显然，如果他愿意参与，则其期望效用为 $E[U(W + \varepsilon)]$，如果不参与，则其期望效用为 $E[U(W)] = U(W)$。那么，如果该投资者拒绝这项投资就意味着：

$$U(W) > E[U(W + \varepsilon)] = \tilde{p}U[W + (u - r_f - 1)S_0] + (1 - \tilde{p})U[W + (d - r_f - 1)S_0].$$

考虑到 $\tilde{p}(u - r_f - 1)S_0 + (1 - \tilde{p})(d - r_f - 1)S_0 = 0$，则有

$$U(W + \tilde{p}(u - r_f - 1)S_0 + (1 - \tilde{p})(d - r_f - 1)S_0)$$
$$= U(\tilde{p}(W + (u - r_f - 1)S_0) + (1 - \tilde{p})(W + (d - r_f - 1)S_0))$$
$$> \tilde{p}U[W + (u - r_f - 1)S_0] + (1 - \tilde{p})U[W + (d - r_f - 1)S_0].$$

而该式则意味着 $U(\cdot)$ 是一个凹函数。

下面我们进一步证明效用函数为凹函数时意味着投资者是厌恶风险的。

由詹森（Jensen）不等式，对于凹（凸）函数和给定随机变量 X，有

$$E[U(X)] < U(EX) \text{（凸函数时为 } E[U(X)] > U(EX)\text{）}.$$

于是，对随机变量 $W + \varepsilon$ 有

$$E\big[U(W+\varepsilon)\big] < U\big(E[W+\varepsilon]\big)。$$

考虑到 W 为常数和 $E[\varepsilon]=0$，有

$$E\big[U(W+\varepsilon)\big] < U(W)。$$

该式表明投资者是风险厌恶的。

相反，如果该投资者非常愿意接受这项投资，则意味着上述不等式均反号，即 $U(\cdot)$ 是一个凸函数。这时的投资者是偏好风险的，我们称之为风险偏好者。当然，如果投资者对该项投资采取无所谓的态度，则上述不等式中的大于号应改为等号，这种投资者我们称之为风险中性投资者。

至此，我们还得到一个非常重要的结论：风险中性投资者的效用函数是线性的（见图 2.3）。值得说明的是，虽然上述结论是在一个特殊的股票价格二叉树模型上得到的，但这些结论都是一般性的。

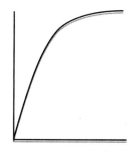 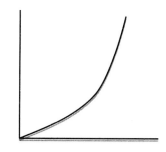 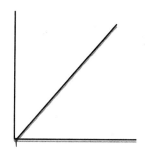

风险厌恶者的凹效用函数　　　风险偏好者的凸效用函数　　　风险中性投资者的效用函数

图 2.3　效用函数类型

第三节　风险厌恶测度

在上一节我们讨论了不同风险厌恶程度的投资者的效用函数性质，但仅仅知道效用函数的性质在金融资产的定量分析中是不够的。为此，本节进一步讨论投资者风险厌恶测度。为了度量风险厌恶程度，我们引入风险溢价的概念。风险溢价有两种典型的表述：一种是帕拉特（John W. Pratt）提出的风险溢价，它是指投资者为了回避风险而愿意支付的货币数量；另一种是阿罗（Kenneth Arrow）提出的风险溢价，它是指扣除无风险收益率那部分收益率的期望值。实际上，上一章基于股票价格单期二叉树模型的推导就隐含地使用了这一概念。由于前者更容易理解，故这里我们只采用帕拉特风险溢价（实际上可以证明二者的结论是一致的）。为了表述上的简单，也为了更具一般性，我们将上一章的股票价格单期二叉树模型变为更一般的博彩模型来进行分析。

一种公平的博彩方式可以看作一个支付期望值为 0 的随机变量，我们将其定义如下：

为了和上一章的符号一致，我们仍假设该随机变量为 ε，其概率分布为

$$P\left(\varepsilon = e_1\right) = p, P\left(\varepsilon = e_2\right) = 1 - p$$

如果该博彩是公平的，则

$$E\left[\varepsilon\right] = pe_1 + \left(1 - p\right)e_2 = 0$$

从而，有

$$p = \frac{e_2}{e_2 - e_1}$$

又因为 $0 < p < 1$，所以 e_1 和 e_2 反号。

由于帕拉特的风险溢价定义更容易理解，所以我们基于这一定义来推导风险厌恶测度。令 m 为投资者进行一次博彩所愿意支付的风险溢价。根据帕拉特风险溢价的定义，有

$$U\left(W - m\right) = E\left[U\left(W + \varepsilon\right)\right] \tag{2.3.1}$$

上式的含义为：如果一个投资者是风险厌恶的，那么他宁愿先支付一笔钱 m（即风险溢价，或者说保险金），使得到时的损益变为一个确定性的变量。由于效用函数是关于财富的递增凹函数，因此在公平赌博的条件下，由詹森不等式得

$$U\left(W - m\right) = E\left[U\left(W + \varepsilon\right)\right] < U\left(E\left[W + \varepsilon\right]\right) = U\left(W\right)，即 U\left(W - m\right) < U\left(W\right)。$$

其中 m 必须取正值。所以该式又可以进一步解释为：如果博彩能够避免的话，那么投资者愿意接受比进行博彩后财富期望值更低的财富水平。正因如此，我们又常把 $W - m$ 称作博彩 ε 的财富确定性等价水平。

现在将式（2.3.1）的左、右两端分别在 $m = 0$ 处和 $\varepsilon = 0$ 处做泰勒展开，得

$$U\left(W - m\right) \approx U\left(W\right) - mU'\left(W\right)$$

$$E\left[U\left(W + \varepsilon\right)\right] \approx E\left[U\left(W\right) + \varepsilon U'\left(W\right) + \frac{1}{2}\varepsilon^2 U''\left(W\right)\right] = U\left(W\right) + \frac{1}{2}\sigma^2 U''\left(W\right)$$

其中 $\sigma^2 \equiv \mathrm{var}\left(\varepsilon\right) = E\left[\varepsilon^2\right]$。两式联立得，

$$m = -\frac{1}{2}\sigma^2 \frac{U''\left(W\right)}{U'\left(W\right)} \equiv \frac{1}{2}\sigma^2 R\left(W\right) \tag{2.3.2}$$

其中 $R\left(W\right) = -\dfrac{U''\left(W\right)}{U'\left(W\right)}$ 就是 Pratt-Arrow 绝对风险厌恶测度。

由式（2.3.2）可以看出，风险溢价 m 一方面与风险资产的不确定性（σ^2）有关，另

一方面又与 Pratt-Arrow 绝对风险厌恶测度 $R(W)$ 有关。并且由 $\sigma^2 > 0$、$U'(W) > 0$ 和 $U''(W) < 0$ 再次可以看出，m 必须取正值。

与绝对风险厌恶测度相对应，还有一个经常用于度量风险厌恶的指标就是相对风险厌恶测度。它与绝对风险厌恶测度的关系为：

$$R_r(W) = WR(W)$$

在金融经济学的应用中，经常假设投资者对于不同财富水平的相对风险厌恶系数是一个常数，这一假设意味着投资者的绝对风险厌恶测度 $R(W)$ 随着其财富的增加而减少。下一节我们给出一些常用的效用函数，并计算它们的风险厌恶测度。

第四节　效用函数的具体形式

下面这些效用函数，都是在下一篇的投资组合选择和资产定价模型中常用到的。

2.4.1　幂函数形式的效用函数

形式如下：

$$对于 \gamma \in (0,1)，定义 U(W,\gamma) = \begin{cases} \dfrac{1}{\gamma}W^\gamma, & W \geq 0 \\ -\infty, & W < 0 \end{cases};$$

$$对于 \gamma \in (-\infty,0)，定义 U(W,\gamma) = \begin{cases} \dfrac{1}{\gamma}W^\gamma, & W > 0 \\ -\infty, & W \leq 0 \end{cases}。$$

（2.4.1）

则绝对风险厌恶测度和相对风险厌恶测度分别为：

$$R(W) = -\frac{(\gamma-1)W^{\gamma-2}}{W^{\gamma-1}} = \frac{1-\gamma}{W}, \quad R_r(W) = \frac{1-\gamma}{W} \cdot W = 1-\gamma。$$

注意到 $R_r(W) = 1-\gamma$ 是一个常量，故这种形式的效用函数也称为"常数相对风险厌恶"效用函数。

而对于 $\gamma = 0$，则定义 $U(W,\gamma) = \begin{cases} \ln W, & W > 0 \\ -\infty, & W \leq 0 \end{cases}$，这时也称为对数效用函数，它是幂函数效用函数的极限形式。这是因为：

如果将式（2.4.1）中的 $\dfrac{1}{\gamma}W^\gamma$ 改写为 $\dfrac{1}{\gamma}W^\gamma - \dfrac{1}{\gamma} = \dfrac{W^\gamma - 1}{\gamma}$ 并在 $\gamma \to 0$ 条件下取极限，

$$\lim_{\gamma \to 0} \frac{W^\gamma - 1}{\gamma} = \lim_{\gamma \to 0} \frac{e^{\gamma \ln W} - 1}{\gamma} = \lim_{\gamma \to 0} \frac{W^\gamma \ln W}{1} = \ln W。$$

这时 $R(W) = -\dfrac{W^{-2}}{W^{-1}} = \dfrac{1}{W}$, $R_r(W) = \dfrac{1}{W} \cdot W = 1$ 。注意到 $R_r(W) = 1$ 这一事实，对数效用函数又称为单位相对风险厌恶系数的幂函数效用函数。

2.4.2 二次效用函数

形式如下：

$$U(W) = W - \frac{b}{2}W^2 , \quad 0 < b < \frac{1}{W} \tag{2.4.2}$$

之所以参数 b 取 $0 < b < \dfrac{1}{W}$ ，是因为该效用函数对应的边际效用函数 $U'(W) = 1 - bW$ ，而效用函数是递增凹函数，故必须有 $U'(W) = 1 - bW > 0$ ，从而 $W > \dfrac{1}{b}$ ，即 $b < \dfrac{1}{W}$ ；$U''(W) = -b < 0$ ，从而有 $b > 0$ 。则绝对风险厌恶测度和相对风险厌恶测度分别为：$R(W) = \dfrac{b}{1 - bW}$ ，$R_r(W) = \dfrac{bW}{1 - bW}$ 。

2.4.3 双曲绝对风险厌恶效用函数（也称 HARA 效用函数）

其形式为：

$$U(W) = \frac{1-\gamma}{\gamma}\left(\frac{\alpha W}{1-\gamma} + \beta\right)^{\gamma} \tag{2.4.3}$$

其中 $\gamma \neq 1$ ，$\alpha > 0$ ，$\dfrac{\alpha W}{1-\gamma} + \beta > 0$ ，以及当 $\gamma \to -\infty$ 时，有 $\beta = 1$ 。则绝对风险厌恶测度和相对风险厌恶测度分别为：

$$R(W) = \left(\frac{W}{1-\gamma} + \frac{\beta}{\alpha}\right)^{-1} , \quad R_r(W) = W\left(\frac{W}{1-\gamma} + \frac{\beta}{\alpha}\right)^{-1} 。$$

值得注意的是，当 $\gamma = -\infty$ 、$\beta = 1$ 时，HARA 效用函数可以看作常数绝对风险厌恶效用函数；当 $\gamma < 1$ 、$\beta = 0$ 时，可以看作常数相对风险厌恶效用函数；而当 $\gamma = 2$ 时，可以看作二次效用函数。所以该函数可以看作前两种效用函数的扩展形式。

至此，我们借助两个最基本的金融资产完成了构建资产定价模型所需的最基本要素的刻画。事实上，我们构建资产定价模型的最主要目的就在于概括金融资产的均衡价格特征。如果金融资产的当前价格能够使其市场出清（即供需平衡），那么在给定投资者风险偏好和预算约束的情况下，这个价格就相当于使得每一个投资都选择了最优的交易策略，这时的金融市场将处于均衡状态。而套利意味着无风险利润的存在，如果投资者能够捕捉到套利机会，那他一定会改变当前的交易策略，这样市场均衡就会被打破。所以，当我们构建资产定价模型以寻求均衡价格时，就可以将模型置于无套利原则之下。后面的章节都将在这一框架下展开。

习 题

1. 设 $S_0 = 8$，$u = 2$ 和 $d = 1/2$，试画出一个三阶段股票运动二叉树模型。

2. 著名学者克拉默提出的效用函数为 $u(x) = \sqrt{x}$, $x > 0$，试用该效用函数求解圣彼得堡问题。

3. 求指数效用函数 $U(W) = \begin{cases} \dfrac{e^{\gamma W}}{\gamma}, & \gamma \in (-\infty, 0) \\ W, & \gamma = 0 \end{cases}$ 的绝对风险厌恶测度和相对风险厌恶测度。

第二篇 投资组合理论与资产定价模型

　　本篇将在单期市场框架下讨论第一种派生方式——投资组合。投资组合理论最早由马柯维茨在其 1952 年发表的"资产组合选择"一文中提出，这一成果直接开启了现代金融学的第一次革命。该文中所构建的均值-方差模型，是现代投资组合理论最基础的内容，它与资本资产定价模型（CAPM）、套利定价理论（APT）一起奠定了现代投资组合理论最初的分析框架。故本篇分为三章：第一章为最优投资组合选择理论，主要介绍无差异曲线和均值-方差选择标准；第二章为资本资产定价模型，主要在最优组合选择理论的基础上，回答为什么不同证券具有不同预期回报率的问题，从而得到与预期回报率相联系的、衡量该资产风险的一个尺度——贝塔值；第三章为因素模型与套利定价理论，与 CAPM 不同，该理论不再试图构建均值-方差有效组合，而是认为预期回报率与一定数量的因素相联系，并且每一个投资者都会利用不增加风险的情况下增加组合回报率的机会，利用这种机会的具体做法则是套利组合。这三章分别构成了本书的第三、四、五章的内容。

第三章　最优投资组合选择理论

我们可以把马柯维茨的资产组合选择问题描述为一个单期模型：在该模型中，假设投资者在时刻 0 有一笔初始资金，他要在该时刻做出每种特定的证券购买多少的决定，然后将其持有到时刻 1，这段时间也就构成了该投资者对这些证券的持有期。这个在 0 时刻做出的决策就相当于在所有可能的组合中选择一个最优的组合，这也就是所谓的投资组合选择问题。

第一节　投资组合的预期收益率和标准差

按照马氏理论，投资者在 0 时刻的选择是按照"预期回报（收益）率最大、不确定性（风险）最小"这一标准做出的。在第一篇的第一章我们已经给出了单个资产的预期收益率的计算方法：

$$Y(s,t) = \frac{V(t) - V(s)}{V(s)} \text{。}$$

即，收益率由期末财富与期初财富的差值除以期初财富得到，那么对于投资组合而言，其收益率亦应按此计算。不妨设投资者的期初财富为 W_0、期末财富为 W_1，相应的收益率为 r_p，则有

$$r_p = \frac{W_1 - W_0}{W_0} \tag{3.1.1}$$

但是对于大多数的组合，投资者在 0 时刻并不知道其 1 时刻的 W_1 会是多少，因而也就无法确切知道 r_p 是多少。根据马柯维茨的假设，所有被考虑的资产都是有风险的，即投资者持有的所有资产组合在持有期内都具有不确定的收益率。因此应将 r_p 看作一个统计学意义下的随机变量，组合的回报强度和风险则可以用 r_p 的期望和标准差来进行测度。

先考虑由两个风险证券构成的投资组合：设有风险证券 A 和 B，0 时刻它们在投资组合中的价值权重分别为 w_A 和 w_B，到时点 1 的预期收益率分别为 r_A 和 r_B；由这两种证券组成的投资组合 P 的收益率为 r_p。下面以 μ_i 来表示证券 i 的预期收益率 r_i 的期望，以 σ_i^2 来表示证券 i 的收益率 r_i 的方差（以 σ_i 来表示证券 i 的收益率 r_i 的标准差），以 σ_{ij} 来表示证

券 i 的收益率 r_i 与的证券 j 的收益率 r_j 之间的协方差 $Cov(r_i, r_j)$，以 ρ_{ij} 来表示 r_i 与 r_j 之间的相关系数。于是有：

$$r_P = w_A r_A + w_B r_B，\quad 其中\ w_A + w_B = 1 \tag{3.1.2}$$

$$\mu_P = w_A \mu_A + w_B \mu_B \tag{3.1.3}$$

$$\sigma_P^2 = w_A^2 \sigma_A^2 + w_B^2 \sigma_B^2 + 2 w_A w_B \sigma_{AB} \tag{3.1.4}$$

由上述分析可见，投资组合的预期收益率是各资产预期收益率的一种线性组合。

例 1 （两个风险证券的情形）表 3.1 是风险资产 A、B 的收益率信息，假设某投资者对 A、B 的投资比例分别为 40%、60%，计算两风险资产组合的预期收益率及风险。

表 3.1　风险资产 A、B 的收益率

项目	证券 A		证券 B	
收益率（%）	6	12	12	8
概率（%）	0.5	0.5	0.5	0.5

（1）计算两风险资产投资组合预期收益率

首先计算单个风险资产期望值（%）：

$$E(r_A) = 6 \times 0.5 + 12 \times 0.5 = 9$$
$$E(r_B) = 12 \times 0.5 + 8 \times 0.5 = 10$$

投资组合的期望收益率（%）为：

$$E(r_P) = 9 \times 0.4 + 10 \times 0.6 = 9.6。$$

（2）计算两风险资产组合风险

首先计算单个风险资产标准差（%）：

$$\sigma_A = \sqrt{\frac{1}{2}\left[(6-9)^2 + (12-9)^2\right]} = 3$$

$$\sigma_B = \sqrt{\frac{1}{2}\left[(12-10)^2 + (8-10)^2\right]} = 2$$

其次计算两风险资产投资组合的协方差与相关系数（%）：

$$Cov(R_A, R_B) = \frac{1}{2}\left[(6-9.6)(12-9.6) + (12-9.6)(8-9.6)\right] = -6.24。$$

最后计算两风险资产投资组合标准差（%）：

$$\sigma_P = \sqrt{(0.4)^2 \times 3^2 + (0.6)^2 \times 2^2 + 2 \times (0.4) \times (0.6) \times (-6.24)} = 2.42。$$

我们再来考察由三个风险证券构成的投资组合。设有三个证券分别为 A、B 和 C，0 时刻它们在投资组合中的价值权重分别为 w_A、w_B 和 w_C。到时点 1 的收益率分别为 r_A、r_B

和 r_C，由这三种证券组成的投资组合 P 的收益率为 r_p。则由收益率的定义可知：

$$r_P = w_A r_A + w_B r_B + w_C r_C，\quad 其中 \ w_A + w_B + w_C = 1$$

该组合收益率 r_p 的期望和方差分别为：

$$\mu_P = w_A \mu_A + w_B \mu_B + w_C \mu_C \tag{3.1.5}$$

$$\sigma_P^2 = w_A^2 \sigma_A^2 + w_B^2 \sigma_B^2 + w_C^2 \sigma_C^2 + 2 w_A w_B \sigma_{AB} + 2 w_A w_C \sigma_{AC} + 2 w_B w_C \sigma_{BC}$$

$$= w_A^2 \sigma_A^2 + w_B^2 \sigma_B^2 + w_C^2 \sigma_C^2 + 2 w_A w_B \rho_{AB} \sigma_A \sigma_B + 2 w_A w_C \rho_{AC} \sigma_A \sigma_C + 2 w_B w_C \rho_{BC} \sigma_B \sigma_C \tag{3.1.6}$$

或 $\quad \sigma_P^2 = \mathbf{w} \mathbf{\Sigma} \mathbf{w}^T$，其中，$\mathbf{\Sigma} = \left(\sigma_{ij}\right)_{3\times3} = \begin{bmatrix} \sigma_{11} & \sigma_{12} & \sigma_{13} \\ \sigma_{21} & \sigma_{22} & \sigma_{23} \\ \sigma_{31} & \sigma_{32} & \sigma_{33} \end{bmatrix}$，$\mathbf{w} = (w_A, w_B, w_C)$。 (3.1.7)

例 2 （三个风险证券的情形）根据表 3.2、表 3.3 中数据计算证券组合的预期收益率及风险。

表 3.2　证券 A、B、C 的期初投资价值、预期期末投资值和权重

证券	期初投资价值（元）	预期期末投资值（元）	权重（%）
A	1000	1300	50
B	2000	2100	20
C	1500	1650	30

表 3.3　证券 A、B、C 预期收益率之间的协方差

	证券 A	证券 B	证券 C
证券 A	80	150	−200
证券 B	150	50	120
证券 C	−200	120	90

（1）计算投资组合预期收益率

首先计算单个证券预期收益率：

$$E\left(r_A\right) = \frac{1300 - 1000}{1000} = 30\%，$$

$$E\left(r_B\right) = \frac{2100 - 2000}{2000} = 5\%，$$

$$E\left(r_c\right) = \frac{1650 - 1500}{1500} = 10\%。$$

计算投资组合预期收益率（%）：

$$E\left(r_P\right) = 0.5 \times 30 + 0.2 \times 5 + 0.3 \times 10 = 19\%。$$

（2）计算投资组合风险

由表 3.2 和表 3.3 可知：

$$\sigma_A^2 = 80, \sigma_B^2 = 50, \sigma_C^2 = 90, \sigma_{AB} = 150, \sigma_{AC} = -200, \sigma_{BC} = 120，$$

$$\sigma_P^2 = (0.5)^2 \times 80 + (0.2)^2 \times 50 + (0.3)^2 \times 90 + 2 \times (0.5) \times (0.2) \times 150$$

$$+2 \times (0.5) \times (0.3) \times (-200) + 2 \times (0.2) \times (0.3) \times 120 = 14.5$$

$$\sigma_P = \sqrt{14.5} \approx 3.8$$

或者用矩阵计算：

$$\sigma_P^2 = \begin{pmatrix} 0.5 & 0.2 & 0.3 \end{pmatrix} \begin{pmatrix} 80 & 150 & -200 \\ 150 & 50 & 120 \\ -200 & 120 & 90 \end{pmatrix} \begin{pmatrix} 0.5 \\ 0.2 \\ 0.3 \end{pmatrix} = 14.5 ,$$

$$\sigma_P = \sqrt{14.5} \approx 3.8 。$$

有了对两个风险证券和三个风险证券的分析，现在可以直接将其推广到 n 个风险证券的情形。设 0 时刻 n 个风险证券在投资组合中的价值权重分别为 w_1，w_2，…，w_n。到时点 1 的收益率分别为 r_1，r_2，…，r_n；由这 n 种证券组成的投资组合 P 的收益率为 r_P。则由收益率的定义可知：

$$r_P = \sum_{i=1}^{n} w_i r_i , \quad 其中 \sum_{i=1}^{n} w_i = 1 。$$

该组合收益率 r_P 的期望和方差分别为：

$$\mu_P = \sum_{i=1}^{n} w_i \mu_i , \quad \sigma_P^2 = \sum_{i=1}^{n} \sum_{j=1}^{n} w_i w_j \sigma_{ij} \qquad (3.1.8)$$

或

$$\sigma_P^2 = \mathbf{w} \mathbf{\Sigma} \mathbf{w}^T \qquad (3.1.9)$$

其中　$\mathbf{\Sigma} = (\sigma_{ij})_{n \times n} = \begin{bmatrix} \sigma_{11} & \cdots & \sigma_{1n} \\ \vdots & \cdots & \vdots \\ \sigma_{n1} & \cdots & \sigma_{nn} \end{bmatrix}$，　$\mathbf{w} = (w_1, \cdots, w_n)$。

第二节　投资组合的可行域

对于给定的 n 种证券，不同的权重分配将会得到不同的收益-方差组合，在二维坐标系下，所有这些可能的收益-方差组合构成的区域，就称为可行域。下面我们就来考察考虑这些可行域的具体特征。为简单起见，仍然从两个证券确定的可行域开始。

由第一节关于两个证券构成的投资组合的预期收益率和标准差，可知

$$\mu_P = w_A \mu_A + w_B \mu_B,$$

$$\sigma_P^2 = w_A^2 \sigma_A^2 + w_B^2 \sigma_B^2 + 2 w_A w_B c_{AB} \text{ 或 } \sigma_P^2 = w_A^2 \sigma_A^2 + w_B^2 \sigma_B^2 + 2 w_A w_B \rho_{AB} \sigma_A \sigma_B。$$

$$w_A + w_B = 1, \quad w_A、\quad w_B \text{ 为任意实数。}$$

由于 $w_A + w_B = 1$，上面关系还可以表示为：

$$\mu_P = w_A \mu_A + (1 - w_A) \mu_B \qquad (3.2.1)$$

$$\sigma_P^2 = w_A^2 \sigma_A^2 + (1 - w_A)^2 \sigma_B^2 + 2 w_A (1 - w_A) c_{AB} \qquad (3.2.2)$$

由式（3.2.1）可得， $$w_A = \frac{\mu_P - \mu_B}{\mu_A - \mu_B} \qquad (3.2.3)$$

将式（3.2.3）代入式（3.2.2）可得，

$$\sigma_P^2 - A^2 (\mu_P - \mu_0)^2 = \sigma_0^2, \quad \text{其中}$$

$$\mu_0 = \frac{\mu_A \sigma_A^2 + \mu_B \sigma_B^2 - (\mu_A + \mu_B) c_{AB}}{\sigma_A^2 + \sigma_B^2 - 2 c_{AB}}, \quad \sigma_0^2 = \frac{\sigma_A^2 \sigma_B^2 - c_{AB}}{\sigma_A^2 + \sigma_B^2 - 2 c_{AB}} \qquad (3.2.4)$$

显然，在 $\mu_A \neq \mu_B$ 且 $-1 < \rho_{AB} < 1$ 的条件下， $\sigma_P^2 - A^2 (\mu_P - \mu_0)^2 = \sigma_0^2$ 是一条双曲线（如图 3.1 所示）。这条双曲线就构成了该条件下的可行域。并且可以证明 (μ_0, σ_0) 所对应的投资组合为全局最小方差组合。现在我们再来考虑 $\rho_{AB} = 1$ 和 $\rho_{AB} = -1$ 的情形。

当 $\rho_{AB} = 1$ 时， $\sigma_P^2 = w_A^2 \sigma_P^2 + w_B^2 \sigma_P^2 + 2 w_A w_B \sigma_A \sigma_B = (w_A \sigma_A + w_B \sigma_B)^2$ ，即相当于

$$\sigma_P = |w_A \sigma_A + w_B \sigma_B| = |w_A \sigma_A + (1 - w_A) \sigma_B| \qquad (3.2.5)$$

相应的 $\mu_P = w_A \mu_A + (1 - w_A) \mu_B$ ，考虑 (μ_P, σ_P) 、 (μ_A, σ_A) 、 (μ_B, σ_B) 之间的关系可以发现，三者在几何意义上可以表述为： (μ_P, σ_P) 的运动轨迹为连接 (μ_A, σ_A) 与 (μ_B, σ_B)（即 A 点和 B 点）的直线段。就实际意义而言，这种多样化投资是无效的，因为这时无论两种证券的投资比例如何，组合收益率的均值与标准差都只是二者的简单加权平均。而只要 $\rho < 1$ ，组合的标准差就必然小于组合中所有证券的标准差的加权平均，即，只要相关系数不等于 1，多样化投资就是有意义的。

当 $\rho_{AB} = -1$ 时， $\sigma_P^2 = w_A^2 \sigma_P^2 + w_B^2 \sigma_P^2 - 2 w_A w_B \sigma_A \sigma_B = (w_A \sigma_A - w_B \sigma_B)^2$ ，即相当于

$$\sigma_P = |w_A \sigma_A - w_B \sigma_B| = |w_A \sigma_A - (1 - w_A) \sigma_B| \qquad (3.2.6)$$

相应的 $\mu_P = w_A \mu_A + (1 - w_A) \mu_B$ ，考虑 (μ_P, σ_P) 、 (μ_A, σ_A) 、 (μ_B, σ_B) 之间的关系可以发现，三者在几何意义上可以表述为： (μ_P, σ_P) 的运动轨迹为如图 3.1 所示的、连接 (μ_A, σ_A) 与 (μ_B, σ_B) 的折线 AEB。此时存在一个投资比例使投资组合的标准差为 0，令 $\sigma_P = 0$ ，可

得

$$w_A = \frac{\sigma_B}{\sigma_A + \sigma_B}, \quad w_B = \frac{\sigma_A}{\sigma_A + \sigma_B}。$$

即按上述比例进行投资，就可以使组合的风险降为 0。

以上三种情况所决定的区域合并在一起，就构成了由 A、B 两种风险证券所决定的可行域的所有情况（如图 3.1 所示）。

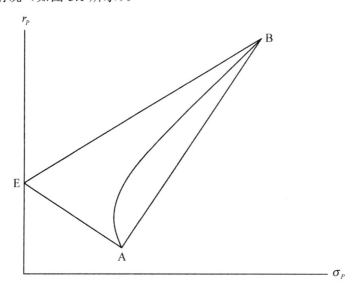

图 3.1　两个证券构成的投资组合的可行域

下面我们再来分析三个证券的情形。设三个风险证券分别为 A、B、C（如图 3.2 所示），则由两个风险证券组合的分析结果可知，通过 A、B 两点的曲线表示 A、B 这两种证券的任意比例所构成的投资组合的风险-收益关系；类似的，通过 B、C 两点的曲线则表示由 B、C 这两种证券的任意比例所构成的投资组合的风险-收益关系。现分别取 AB 曲线上的点 D 和 BC 曲线上的点 F，则 D 和 F 相当于两个新的风险证券，那么连接 D、F 两个点的曲线则代表由 E、F 这两个投资组合的任意比例所构成的新的投资组合的风险-收益关系；同时这个新的组合又可以看作由 A、B、C 三个风险证券所构成的投资组合。我们可以发现，DF 曲线将原有投资组合曲线向西北方向（更小标准差、更大期望的方向）延伸，而这恰恰是投资者所愿意看到的。同样的道理，我们可以从这三条曲线上再取其他的点，那么由这些点所构成的新的投资组合曲线将继续向西北方向延伸。这时 A、B、C 三个点将全部被"由相同预期收益水平下标准差最小的点所连成曲线"包围。我们称这条曲线为最小方差曲线（Minimum Variance Line，简称 MVL），由所有这些曲线构成的区域即为可行域。

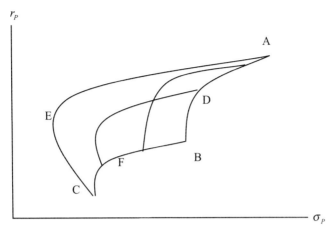

图 3.2　三个证券构成的可行域

基于这一方法我们我可以得到由 n 个风险证券确定的可行域（如图 3.3 所示），图中曲线 AEC 即为最小方差曲线，而 E 点所确定的组合即为全局最小方差组合。那么可行域作为所有可行的投资组合，投资者在进行投资决策时是否要考虑整个区域呢？回答是否定的，因为投资者在进行投资决策时的依据为：①对每一风险水平提供最大预期回报率；②对每一预期回报率水平提供最小的风险。我们把满足这两个条件的组合所确定的区域称为有效集或有效边界。显然，对于图 3.3 来说，这里的有效边界就是曲线 AEC。

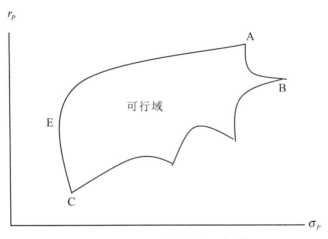

图 3.3　三个证券构成的可行域

那么，有效边界有没有可能是向下凹的呢？（如图 3.4 所示）事实上这是不可能的，因为投资者可以通过把一部分资金投资于 F 所代表的组合，剩余资金投资于 G 所代表的组合，由两个证券确定的可行域可知，这一新的组合必定位于 H 的左上方，所以 FHG 不可能成为有效边界。从而我们可以得到结论：有效边界一定是上凸的。

虽然由可行域投资者可以确定组合选择所需的有效边界，但面对有效边界上的无穷多种投资组合，投资者又该如何选择呢？这就再次涉及投资者满意度的问题。在第一篇的第二章我们曾经用效用函数来度量投资者的满意度，并拓展这一概念得到描述投资者风险偏好的风险厌恶测度，这里我们将再次引入一个新的概念，即描述投资者对风险和收益偏好的无差异曲线。

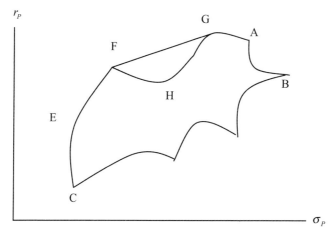

图 3.4　多个证券构成的可行域

第三节　无差异曲线与最优组合选择

无差异曲线代表给投资者带来同样满足程度的预期收益率和风险的所有组合（如图 3.5 所示）。它有如下四个方面的主要特征：

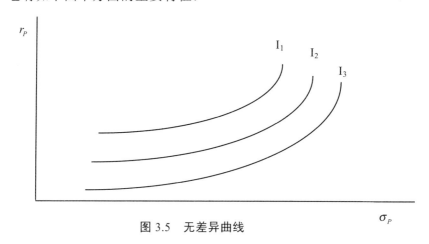

图 3.5　无差异曲线

（1）由于假设投资者是风险厌恶的，所以风险带给投资者的是负效用，而收益带给投资者的是正效用，因此对于相同的满足程度，高风险的投资必须具有高的预期收益率。所以，无差异曲线的斜率必须是正的，这是无差异曲线的第一个特征。

（2）由于效用具有边际递减规律，即对于相同的风险增量，投资者要求的预期收益率越来越高。这也就使得无差异曲线必须是凹的，这是无差异曲线的第二个特征。

（3）无差异曲线的第三个特征是，每位投资者都有无数多条无差异曲线。这是因为对于任意两个风险-收益组合，投资者都必须能够依其偏好程度进行比较。而且，对收益的不满足性和对风险的厌恶将使投资者尽量选择位于左上方无差异曲线上的组合。

（4）无差异曲线的第四个特征是，同一投资者在面对同一次选择时所用的任何两条无差异曲线都不相交。

这里需要进一步说明的是，对于不同的投资者，无差异曲线一般是不同的，因为相同的风险-收益组合带给不同投资者的满意程度很可能是不同的。一般来说，投资者越是厌恶风险，他的无差异曲线就越陡（如图 3.6 所示）。

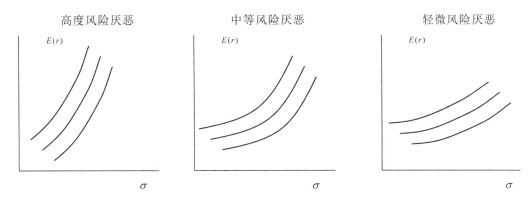

图 3.6 不同风险偏好的投资者的无差异曲线

有了无差异曲线，投资者就可以根据投资组合的预期收益率和标准差，并通过无差异曲线来对每个投资组合进行评价了。显然，对于风险厌恶型的投资者，将选择最左上方（最西北方向上）无差异曲线上的组合进行投资。而可行域则告诉我们（如图 3.7），最优投资组合的选择在有效边界上进行。基于这两点，我们只需选择无差异曲线和有效边界的切点（无差异曲线是下凹的，有效边界是上凸的，这就保证了二者只能相切于一点）。

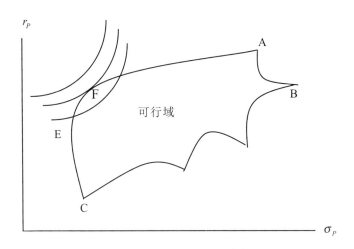

图 3.7 最优投资组合确定

到目前为止，我们已经完成了马柯维茨经典假设下的最优投资组合选择过程。这一过程的本质在于，假设投资者具有一定的初始财富，在不能引入外部资金的情况下，将这笔财富在一个给定的时期内进行投资，而投资面对的是一个全部为风险证券的集合。投资者所要做的是将自己的初始财富按照不同的权重分配于这个集合中的各个风险证券，而权重分配的依据则是寻找某一条无差异曲线与有效边界相切的那一点。这一个过程看上去是完美的，但这里隐含了两个假设：一个是不允许有资金借贷，二是投资组合中没有无风险证券。下面我们将去掉这两个限制来拓展马柯维茨的投资组合选择理论。

第四节　含无风险证券的最优组合选择

关于这一情形的分析可以借助于与前述过程（只含风险证券的情形）的比较来完成。我们先来看一下由一个风险证券和一个无风险证券构成投资组合的情形。这里我们假设该投资组合由上面的风险证券 A 和一个无风险证券 F 组成，无风险证券 F 的收益率设为 r_f，二者权重分别为 w_A 和 w_F。由无风险证券的定义知，$\sigma_F = 0$，$Cov(r_A, r_f) = 0$。于是，该组合收益率 r_P 的期望和方差分别为：

$$\mu_P = w_A \mu_A + (1 - w_A)\mu_F = w_A \mu_A + (1 - w_A)r_f，\quad \sigma_P^2 = w_A^2 \sigma_A^2。$$

上面两式还可以表达为：

$$\mu_P - \mu_F = w_A(\mu_A - r_f)$$

$$\sigma_P = w_A \sigma_A \tag{3.4.1}$$

由这两个式子可进一步得到

$$\mu_P = \mu_F + \frac{\mu_A - r_f}{\sigma_A}\sigma_P \tag{3.4.2}$$

从这一表达式中不难看出，由一个风险证券和一个无风险证券构成投资组合的情形中，组合的预期收益率与标准差呈线性关系。故其可行域本身是一条直线，当然有效边界也自然是一条直线。这时所有的投资组合都相当于在无风险证券和风险证券之间的权重分配，所以这条线又被称为资本分配（配置）线。

再来考虑一个无风险证券 F 和两个风险证券 A、B 的情形。我们已经知道两个风险证券的所有组合以及一个风险证券与一个无风险证券所构成组合的风险收益特征。这时 A、B 两个风险证券的所有组合都是一个风险证券，而任何一个风险证券与一个无风险证券的组合都是一条直线，所以这种情况下的有效边界仍为一条直线（如图 3.8 所示）。这一分析同样适用于一个无风险证券和 $n-1$ 个风险证券的情形。因此，可以认为由"无风险资产与风险资产组合"构成的组合与由"无风险资产与单个风险证券"构成的组合之间没有任何差别。在这两种情况下，最终投资组合的预期回报率和标准差都将落在如

图 3.8 所示的连接两个端点的直线上（如线段 FC 和 FT）。而投资者的最优投资组合 O 则位于线段 FT 上，它是无差异曲线和有效边界的切点。这也就意味着，最优投资组合 O 将被分解为两个部分：一部分是对无风险证券 F 的投资，另一部分是对风险组合 T 的投资。并且风险厌恶程度越高，其最优投资组合就越接近 F，风险厌恶程度越低，就越接近 T。线段 FT 则构成这种情况下的资本分配线。

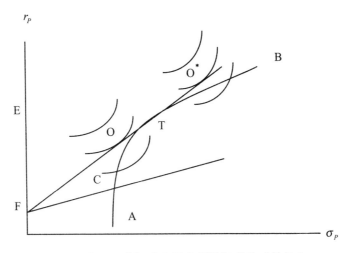

图 3.8　一个无风险证券和两个风险证券构成的组合

对无风险证券的投资又称为"无风险贷出"，因为这样的投资意味着将资金贷给无风险证券的发行方。而如果允许投资者借入资金，则意味着投资不再受初始财富的限制，只是他必须为这笔借款付出利息。由于利率是已知的，而且偿还贷款也没有任何不确定性，故投资者的这种行为又常被称为"无风险借入"。上面已经完成了对"无风险贷出"的分析，那么"无风险借入"又会对最优投资组合带来什么样的影响呢？如果投资者借入资金以更多地投资于风险证券组合，那么这时分配于风险证券组合的权重将大于 1，而分配于无风险证券的权重则小于零，这时的最优投资组合将位于 O* 上，即这种情况下的最优投资组合一定位于从无风险证券 F 出发、与风险组合 T 连线的延长线上。上述两种情况又可以概括为同时具有"无风险贷出"和"无风险借入"的情况：当"无风险贷出"大于"无风险借入"时，将位于无风险证券 F 和风险组合 T 连成的线段上，而当"无风险贷出"小于"无风险借入"时，将位于从无风险证券 F 出发、与风险组合 T 连线的延长线上。下面我们以规范分析的方式对包含"无风险贷出"和"无风险借入"情况下的最优投资组合问题进行讨论。

第五节　风险借贷情况下最优组合选择的规范性分析

为了表述上的方便，在讨论之前，这里先引入几个基本概念：

定义 3.5.1 对于两个证券（可以是单个证券，也可以投资组合）A、B，如果

$$\mu_A \geq \mu_B，且 \sigma_A \leq \sigma_B，$$

则称证券 A 优于证券 B，或称证券 B 被证券 A 占优。

定义 3.5.2 一个证券组合，如果除其本身之外，不存在优于它的其他组合，则称该证券组合是有效的。可行集中所有的有效组合全体构成的集合称为有效集或有效边界。处于有效边界上的投资组合称为有效组合。

定义 3.5.3 对于给定的 μ，可行集中所有预期收益率等于 μ 的资产组合构成的集合，在 μ、σ 构成的坐标系内呈现为一条直线段，称为等期望线。在等期望线上，如果组合 P 的标准差 σ_P 最小，则称组合 P 为该等期望线上的最优投资组合。

定义 3.5.4 在可行集中，由所有等期望线上的最优投资组合构成的集合，在 μ、σ 构成的坐标系内呈现为一条曲线，称为最小方差曲线。

我们可以将无风险借贷情况下的分析分解为三个部分：首先，从风险证券构成的投资组合中寻找可行的风险-收益关系，即寻找风险证券组合的可行域（在此过程中将会得到最小方差曲线 MVL）；其次，引入无风险证券，寻找最陡峭的资本分配线来确定最优的投资组合；最后，根据投资者的风险厌恶特征（借助无差异曲线）选择由最优风险组合与无风险证券所构成的最恰当的投资组合整体。

第一步，我们先来构建风险资产的有效边界。显然，有效边界是由最小方差曲线上所有"期望不小于全局最小方差组合的期望"的那些点所形成的曲线。由此，有效边界问题转化为求全局最小方差组合和最小方差曲线的问题。

设 n 个证券组成的投资组合中，证券 i 的权重为 w_i，则所有这些权重构成权重向量

$$\mathbf{w} = \left(w_1, w_2, \cdots, w_n \right)，$$

其中 $w_1 + w_2 + \cdots + w_n = 1$。令 $\mathbf{u} = (1,1,\cdots,1)$，则有 $\mathbf{wu}^T = 1$。$\mathbf{w}$ 的所有可能取值所对应的投资组合全体构成可行域。现在设证券 i 的预期收益率的期望为 μ_i，这些 μ_i 构成向量

$$\boldsymbol{\mu} = \left(\mu_1, \mu_2, \cdots, \mu_n \right)，$$

证券 i 与证券 j 的预期收益率的协方差为 c_{ij}。这里令

$$\boldsymbol{\Sigma} = \left(c_{ij} \right)_{n \times n} = \begin{bmatrix} c_{11} & c_{12} & \cdots & c_{1n} \\ c_{21} & c_{22} & \cdots & c_{2n} \\ \vdots & \vdots & \ddots & \vdots \\ c_{n1} & c_{n2} & \cdots & c_{nn} \end{bmatrix}$$

则这 n 个证券所构成的投资组合 P 的收益率的期望和方差分别为：

$$\mu_P = \mathbf{w}\boldsymbol{\mu}^T，\quad \sigma_P^2 = \mathbf{w}\boldsymbol{\Sigma}\mathbf{w}^T。$$

这样，全局最小方差组合可由下面最优化模型所决定：

$$\min \mathbf{w}\boldsymbol{\Sigma}\mathbf{w}^T$$
$$\mathbf{wu}^T = 1 \tag{3.5.1}$$

该模型所求出的 $\mathbf{w}$ 对应的一个投资组合，该组合即为全局最小方差组合。

而整个最小方差曲线则由

$$\min \mathbf{w\Sigma w}^T$$

$$\begin{cases} \mathbf{wu}^T = 1 \\ \mathbf{w\mu}^T = \mu \end{cases}$$

（3.5.2）

所决定。即对 $\mu \in R$，通过该模型求出的所有 $\mathbf{w}$ 所对应的投资组合全体构成的集合，就是最小方差曲线。有时，为了求解上的方便，上述模型也常常写为

$$\min \frac{1}{2} \mathbf{w\Sigma w}^T$$

$$\begin{cases} \mathbf{wu}^T = 1 \\ \mathbf{w\mu}^T = \mu \end{cases}$$

（3.5.3）

这是一个纯粹的数学技巧，上述两个模型是同解的。

对于上述两个最优化问题，可以通过拉格朗日乘数法来进行求解。首先求解

$$\min \mathbf{w\Sigma w}^T$$

$$\mathbf{wu}^T = 1$$

先构造拉格朗日函数

$$L = \mathbf{w\Sigma w}^T - \lambda \left(\mathbf{wu}^T - 1 \right)。$$

由函数极值的一阶必要条件 $\dfrac{\partial L}{\partial \mathbf{w}} = 0$，有

$$2\mathbf{w\Sigma} - \lambda \mathbf{u} = 0，\quad 得 \mathbf{w}^* = \frac{\lambda}{2} \mathbf{u\Sigma}^{-1}。$$

将其代入约束条件 $\mathbf{wu}^T = 1$，得 $\dfrac{\lambda}{2} \mathbf{u\Sigma}^{-1}\mathbf{u}^T = 1$。这里设 $\det \mathbf{\Sigma} \neq 0$，则 $\mathbf{\Sigma}$ 和 $\mathbf{\Sigma}^{-1}$ 均正定，于是有 $\lambda = \dfrac{2}{\mathbf{u\Sigma}^{-1}\mathbf{u}^T}$，将其代入 $\mathbf{w}^* = \dfrac{\lambda}{2} \mathbf{u\Sigma}^{-1}$ 得，

$$\mathbf{w}^* = \frac{\mathbf{u\Sigma}^{-1}}{\mathbf{u\Sigma}^{-1}\mathbf{u}^T}$$

（3.5.4）

$\mathbf{w}^*$ 所对应的投资组合即全局最小方差组合。

下面再来求解

$$\min \frac{1}{2} \mathbf{w\Sigma w}^T$$

$$\begin{cases} \mathbf{wu}^T = 1 \\ \mathbf{w\mu}^T = \mu \end{cases}$$

首先构造拉格朗日函数

$$L = \mathbf{w\Sigma w}^T - \lambda \left(\mathbf{wu}^T - 1 \right) - \gamma \left(\mathbf{w\mu}^T - \mu \right)。$$

由函数极值的一阶必要条件，有

$$\frac{\partial L}{\partial \mathbf{w}} = \mathbf{w}\boldsymbol{\Sigma} - \lambda\mathbf{u} - \gamma\boldsymbol{\mu} = \mathbf{0}$$

于是求得

$$\mathbf{w}^* = \lambda\mathbf{u}\boldsymbol{\Sigma}^{-1} + \gamma\boldsymbol{\mu}\boldsymbol{\Sigma}^{-1}$$

将 $\mathbf{w}^*$ 代入模型的约束条件得，

$$\lambda = \frac{C - \mu B}{\Delta}, \quad \gamma = \frac{\mu A - B}{\Delta}$$

$A = \mathbf{u}\boldsymbol{\Sigma}^{-1}\mathbf{u}^T$，$B = \mathbf{u}\boldsymbol{\Sigma}^{-1}\boldsymbol{\mu}^T$，$C = \boldsymbol{\mu}\boldsymbol{\Sigma}^{-1}\boldsymbol{\mu}^T$，$\Delta = AC - B^2$。由此可得最小方差组合满足的方程：

$$\sigma_{MVL}^2 = \mathbf{w}^*\boldsymbol{\Sigma}\left(\mathbf{w}^*\right)^T = \mathbf{w}^*\boldsymbol{\Sigma}\left(\lambda\boldsymbol{\Sigma}^{-1}\mathbf{u}^T + \gamma\boldsymbol{\Sigma}^{-1}\boldsymbol{\mu}^T\right)$$

$$= \lambda\mathbf{w}^*\mathbf{u}^T + \gamma\mathbf{w}^*\boldsymbol{\mu}^T = \frac{A\mu^2 - 2B\mu + C}{\Delta},$$

变形得，

$$\frac{\sigma_{MVL}^2}{\dfrac{1}{A}} - \frac{\left(\mu - \dfrac{B}{A}\right)}{\dfrac{\Delta}{A^2}} = 1 \tag{3.5.5}$$

显然这在 $\left(\sigma^2, \mu\right)$ 平面内是一条抛物线，而在 $\left(\sigma, \mu\right)$ 内是一条双曲线，该曲线的中心在 $\left(0, \dfrac{B}{A}\right)$，对称轴为 $\sigma = 0$ 和 $\mu = \dfrac{B}{A}$。考虑到 $\sigma > 0$，故只取第一象限内的那一支。

再来仔细分析 $\mathbf{w}^* = \lambda\mathbf{u}\boldsymbol{\Sigma}^{-1} + \gamma\boldsymbol{\mu}\boldsymbol{\Sigma}^{-1}$，$\lambda = \dfrac{C - \mu B}{\Delta}$，$\gamma = \dfrac{\mu A - B}{\Delta}$。由于 $\mathbf{w}^*$ 是在期望为 μ 时的最小方差，为了分析上的方便，我们将其记为 $\mathbf{w}_\mu$。取 $\mathbf{w}_g = \dfrac{\mathbf{u}\boldsymbol{\Sigma}^{-1}}{\mathbf{u}\boldsymbol{\Sigma}^{-1}\mathbf{u}^T}$，即 $\mathbf{w}_g$ 为全局最小方差组合，这里 $g = \dfrac{B}{A}$；取 $\mathbf{w}_d = \dfrac{\boldsymbol{\mu}\boldsymbol{\Sigma}^{-1}}{\mathbf{u}\boldsymbol{\Sigma}^{-1}\boldsymbol{\mu}^T}$，其中 $d = \dfrac{\boldsymbol{\mu}\boldsymbol{\Sigma}^{-1}\boldsymbol{\mu}^T}{\mathbf{u}\boldsymbol{\Sigma}^{-1}\boldsymbol{\mu}^T} = \dfrac{C}{B}$。则可以将 $\mathbf{w}^*$ 变形为：

$$\mathbf{w}^* = \left(\lambda A\right)\mathbf{w}_g + \left(\gamma B\right)\mathbf{w}_d \tag{3.5.6}$$

显然，$\mathbf{w}_g$ 即全局最小方差组合，$\mathbf{w}_d$ 亦为双曲线上一点。并且 $B > 0$ 时，$\mathbf{w}_d$ 将位于双曲线的上半枝。

由于 $\lambda A + \gamma B = 1$，故 $\mathbf{w}^*$ 为不仅是 $\mathbf{w}_g$ 和 $\mathbf{w}_d$ 的线性组合，而且还是 $\mathbf{w}_g$ 和 $\mathbf{w}_d$ 的凸组合。进一步我们可以证明 $\mathbf{w}_g$ 和 $\mathbf{w}_d$ 线性无关。

命题 1 在 $\mathbf{w}^* = (\lambda A)\mathbf{w}_g + (\gamma B)\mathbf{w}_d$ 中，$\mathbf{w}_g$ 和 $\mathbf{w}_d$ 线性无关。

证明：用反证法。假设 $\mathbf{w}_g$ 和 $\mathbf{w}_d$ 线性相关，于是存在常数 k 使得 $\mathbf{w}_d = k\mathbf{w}_g$。这样，

$$\text{cov}\left(\mathbf{w}_d\mathbf{r}^T, \mathbf{w}_g\mathbf{r}^T\right) = \text{cov}\left(k\mathbf{w}_g\mathbf{r}^T, \mathbf{w}_g\mathbf{r}^T\right) = k\,\text{cov}\left(\mathbf{w}_g\mathbf{r}^T, \mathbf{w}_g\mathbf{r}^T\right) = k\frac{1}{A}。$$

又因为 $g = \dfrac{B}{A}$

$$\text{cov}\left(\mathbf{w}_d\mathbf{r}^T, \mathbf{w}_g\mathbf{r}^T\right) = E\left[\left(\mathbf{w}_d\mathbf{r}^T - E\left(\mathbf{w}_d\mathbf{r}^T\right)\right)\left(\mathbf{w}_g\mathbf{r}^T - E\left(\mathbf{w}_g\mathbf{r}^T\right)\right)\right] = \mathbf{w}_d\boldsymbol{\Sigma}\mathbf{w}_g^T$$

$$= \mathbf{w}_d\frac{C - dB}{\Delta}\mathbf{u}^T + \mathbf{w}_g\frac{gA - B}{\Delta}\boldsymbol{\mu}^T = \frac{A}{\Delta}\left(dg + \frac{C}{A} - d\frac{B}{A} - g\frac{B}{A}\right) = \frac{A}{\Delta}\left(d - \frac{B}{A}\right)\left(g - \frac{B}{A}\right) + \frac{1}{A} = \frac{1}{A}。$$

故 $k = 1$。这与 $\mathbf{w}_g$ 和 $\mathbf{w}_d$ 是两个预期收益率不同的组合相矛盾。故 $\mathbf{w}_g$ 和 $\mathbf{w}_d$ 线性无关。

于是我们可以得出这样的结论：有效集中的任意一个投资组合都可以由 $\mathbf{w}_g$ 和 $\mathbf{w}_d$ 线性表示。由此可以得到更一般的结论，即有效集中的任意一个投资组合都可以表示为有效集中任意两个线性无关的投资组合的线性组合。这就是著名的两基金分离定理。

两基金分离定理的意义在于，在有效集上对任意资产组合的投资都可以通过将财富按适当比例投资于两个不同的投资基金（两个不同的投资组合）来实现，而非投资于各个资产上，这样就可以大大降低交易成本。

有了有效边界，第二步则是引入无风险证券，寻找最陡峭的资本分配线来确定最优的投资组合。

存在无风险证券的组合与风险证券不同，在风险证券组合最优化模型中约束 $\mathbf{w}\mathbf{u}^T = 1$ 将不再起作用。这是因为当进行风险投资后还有财富剩余时，这些剩余财富就可以投资于无风险证券；如果财富不足以进行所希望的风险投资，就可以在无风险证券市场上进行融资。此外，为了分析无风险证券的引入带来的影响，将期望收益率的约束相应变为超额收益率形式，这样对于最优化问题的求解自然就将无风险证券（收益率用 r_f 表示）引入其中。此时相应的最优化模型变为：

$$\min \frac{1}{2}\mathbf{w}\boldsymbol{\Sigma}\mathbf{w}^T$$
$$\mathbf{w}\left(\boldsymbol{\mu} - r_f\mathbf{u}\right)^T = \mu - r_f$$

或者

$$\min \frac{1}{2}\mathbf{w}\boldsymbol{\Sigma}\mathbf{w}^T$$
$$\mathbf{w}\left(\boldsymbol{\mu}^T - r_f\mathbf{u}^T\right) = \mu - r_f。$$

由拉格朗日乘数法可得该模型的最优解：

$$\mathbf{w}^* = \gamma\boldsymbol{\Sigma}^{-1}\left(\boldsymbol{\mu} - r_f\mathbf{u}\right) \tag{3.5.7}$$

这时对应于无风险证券的权重为

$$w_0^* = 1 - \mathbf{w}^* \mathbf{u}^T \text{。}$$

将 $\mathbf{w}^*$ 代入约束得，

$$\mu - r_f = \gamma \left(\mathbf{\mu} - r_f \mathbf{u} \right) \mathbf{\Sigma}^{-1} \left(\mathbf{\mu} - r_f \mathbf{u} \right)^T = \gamma \left(C - 2r_f B + r_f^2 A \right) \text{。}$$

于是解得

$$\gamma = \frac{\mu - r_f}{C - 2r_f B + r_f^2 A} \text{。}$$

代入式（3.5.7），并考虑到 $A = \mathbf{u}\mathbf{\Sigma}^{-1}\mathbf{u}^T$，$B = \mathbf{u}\mathbf{\Sigma}^{-1}\mathbf{\mu}^T$，$C = \mathbf{\mu}\mathbf{\Sigma}^{-1}\mathbf{\mu}^T$，$\Delta = AC - B^2$，得最小方差组合方程：

$$\sigma^2 = \frac{\left(\mu - r_f \right)^2}{C - 2r_f B + r_f^2 A} \tag{3.5.8}$$

它在 $\left(\sigma^2, \mu \right)$ 平面内是一条抛物线，而在 $\left(\sigma, \mu \right)$ 内它是两条射线，并且这两条射线在纵轴上有相同的截距 r_f。

与上一部分仅包含风险证券的情形相同，即所有最小方差组合都是两个固定组合的线性组合；并且任何两个最小方差组合都可以生成整个最小方差组合集。尽管如此，在这种包含无风险证券的情形中，最自然的两个投资组合还是无风险证券和不包含无风险证券的"切点组合"。其中切点组合我们用 $\mathbf{w}_t$ 来表示，它具有如下特征：

$$\mathbf{w}_t = \frac{\mathbf{\Sigma}^{-1} \left(\mathbf{\mu} - r_f \mathbf{u} \right)}{B - r_f A}, \quad \mathbf{w}_{0t} = 0 \tag{3.5.9}$$

$$\mu_t = \mathbf{w}_t \mathbf{\mu}^T = \frac{C - r_f B}{B - r_f A}$$

$$\sigma_t^2 = \mathbf{w}_t \mathbf{\Sigma} \mathbf{w}_t^T = \frac{\left(C - 2r_f B + r_f^2 A \right)}{\left(B - r_f A \right)^2} \tag{3.5.10}$$

值得注意的是，切点组合在原来仅含风险证券的投资组合中也是一最小方差组合。所以在引入无风险证券的情况下，最陡峭的资本分配线将是连接无风险证券和切点组合的一条射线。利用点斜式可得其方程：

$$\mu = r_f + \frac{\mu_t - r_f}{\sigma_t} \sigma \tag{3.5.11}$$

这里的 $\dfrac{\mu_t - r_f}{\sigma_t}$ 称为单位风险报酬率，也称为夏普比率，它可以被看作风险的市场价格，而 r_f 则是货币时间价值的体现，这两者共同决定了组合的预期回报率。

接下来投资者需要做的第三步就是，根据其风险厌恶特征（借助无差异曲线）在这条射线上去选择对其而言最恰当的投资组合。

设投资者的效用函数为 $U = U(\mu_P, \sigma_P)$，则最优投资组合可以通过如下最优化问题求得

$$\max U(\mu_P, \sigma_P^2)$$

$$\text{s.t.} \begin{cases} \mu_P = w_t \mu_t + (1 - w_t) r_f \\ \sigma_P^2 = w_t^2 \sigma_t^2 \end{cases}。$$

例 3 假设市场上有两种证券 A 和 B，其预期收益率分别为 10% 和 15%，标准差分别为 12% 和 20%，二者收益率的相关系数 0.5，无风险利率为 6%。其效用函数为 $U = \mu_P - \dfrac{a}{2}\sigma_P^2$，其中 a 表示风险厌恶程度。现在投资者决定用这两只证券构造风险组合，请在允许无风险借贷的情况下分别求出 $a = 2, 3, 4$ 时的最优投资组合。

解： 首先，求最优风险组合，即无风险资产与风险资产组合连线斜率（$\dfrac{\mu_P - r_f}{\sigma_P}$）最大的投资组合。

由题意，$\mu_A = 10\%$，$\mu_B = 15\%$，$\sigma_A = 12\%$，$\sigma_B = 20\%$，$\rho_{AB} = 0.5$，$r_f = 6\%$。设风险组合 P 中 A、B 的权重分别为 w_A 和 w_B，则有

$$\mu_P = w_A \mu_A + w_B \mu_B, \quad \sigma_P^2 = w_A^2 \sigma_A^2 + w_B^2 \sigma_B^2 + 2 w_A w_B \rho_{AB} \sigma_A \sigma_B。$$

要求最优风险组合，也就是在 $w_A + w_B = 1$ 的条件下求 $\max\limits_{w_A, w_B} \dfrac{\mu_P - r_f}{\sigma_P}$。于是，将目标函数 $\dfrac{\mu_P - r_f}{\sigma_P}$（代入 μ_P 和 σ_P）对 w_A 求偏导并令其为零，得

$$w_A = \frac{(\mu_A - r_f)\sigma_B^2 - (\mu_B - r_f)\rho_{AB}\sigma_A\sigma_B}{(\mu_A - r_f)\sigma_B^2 + (\mu_B - r_f)\sigma_A^2 - (\mu_A + \mu_B - 2r_f)\rho_{AB}\sigma_A\sigma_B}。$$

代入数据得，$w_A \approx 0.39$，$w_B \approx 0.61$。$\mu_t \approx 0.13$，$\sigma_t \approx 0.17$。

于是有效边界表达式：

$$\mu_P = r_f + \frac{\mu_t - r_f}{\sigma_t}\sigma_P = 0.06 + 0.41\sigma_P$$

或者表示为权重 w_t 的函数：

$$\mu_P = (1 - w_t)r_f + w_t \mu_t = 0.06(1 - w_t) + 0.13 w_t \quad \sigma_P^2 = w_t^2 \sigma_t^2 = (0.17 w_t)^2$$

再来求最优投资组合：

把 μ_P 和 σ_P 代入效用函数得，$U = \mu_P - \dfrac{a}{2}\sigma_P^2 = (1-w_t)r_f + w_t\mu_t - \dfrac{a}{2}w_t^2\sigma_t^2$，对 w_t 求偏导

并令其等于零，得最优组合中风险证券的权重 $w^* = \dfrac{\mu_t - r_f}{a\sigma_t^2}$。

则当 $a=2$ 时，$w^* \approx 1.21$；当 $a=3$ 时，$w^* \approx 0.81$；当 $a=4$ 时，$w^* \approx 0.61$。显然在这种投资环境中保守型（$a=4$）的投资者将持有 61%的风险资产；温和型（$a=3$）的投资者将持有 81%的风险资产；而激进型的投资者（$a=2$）将借钱投资于风险组合。

习　题

1. 下表是风险资产 A、B 的收益率信息，假设某投资者对 A、B 的投资比例为 40%、60%，计算两风险资产组合的预期收益率及风险。

项目	证券 A			证券 B		
收益率（%）	6	12	18	16	12	8
概率（%）	0.3	0.4	0.3	0.2	0.3	0.5

试分别计算两风险资产投资组合预期收益率和标准差。

2. 证明在不允许卖空的条件下，投资组合的方差不超过组合中的两证券方差的最大值。

3. 证明：如果 $\sigma_A \neq \sigma_B$ 或者 $-1 < \rho_{AB} < 1$，则 σ_P^2 作为 w_A 的函数

$$\sigma_P^2 = w_A^2\sigma_A^2 + (1-w_A)^2\sigma_B^2 + 2w_A(1-w_A)c_{AB} \quad (*)$$

将在 $w_{A0} = \dfrac{\sigma_B^2 - c_{AB}}{\sigma_A^2 + \sigma_B^2 - 2c_{AB}}$ 达到最小值，并且该权重所对应的 μ_P 和 σ_P^2 分别为

$$\mu_0 = \frac{\mu_A\sigma_A^2 + \mu_B\sigma_B^2 - (\mu_A + \mu_B)c_{AB}}{\sigma_A^2 + \sigma_B^2 - 2c_{AB}}, \quad \sigma_0^2 = \frac{\sigma_A^2\sigma_B^2 - c_{AB}}{\sigma_A^2 + \sigma_B^2 - 2c_{AB}}。$$

4. 某投资者投资于 A、B 两风险证券，投资权重均为 50%。设风险资产 A 的标准差为 15%，风险资产 B 的标准差为 20%，试计算 A、B 的相关系数分别为-1、0 及 1 时投资组合的风险。

5. 证明：不相关的两种风险证券 A、B 构成组合的最小风险为 $\sigma_{\min} = \dfrac{\sigma_A\sigma_B}{\sqrt{\sigma_A^2 + \sigma_B^2}}$。

6. 试说明为什么同一投资者在面对同一次选择时所用的任何两条无差异曲线都不能相交。

7. 假设市场上有两种证券 A 和 B，其预期收益率分别为 8%和 12%，标准差分别为 12%和 20%，二者收益率的相关系数为 0.5，无风险利率为 7%。其效用函数为 $U = \mu_P - \dfrac{a}{2}\sigma_P^2$，其中 a 表示风险厌恶程度。现在投资者决定用这两只证券构造风险组合，请在允许无风险借贷的情况下分别求出当 $a = 2, 3, 4$ 时的最优投资组合。

第四章　资本资产定价模型

马柯维茨投资组合理论为投资提供了确定最佳组合的方法。应用这一方法，投资者需要估计出其所考虑的所有证券的预期回报率、标准差和它们之间的协方差，并引入无风险利率确定切点组合；然后，依据自己的无差异曲线求得与有效边界的切点，得到自己的最佳投资组合。这一分析过程可以看作规范经济学分析的一个典型范例。资本资产定价模型（CAPM）继承了马柯维茨资产组合理论的分析框架，并将这种风险-收益分析引入实证金融学领域，较好地描述了证券市场上的投资者行为准则。这些准则进一步导致了证券均衡价格和风险-收益关系的均衡状态，从而将一个资产的预期回报率与贝塔值（衡量该资产风险的一个尺度）相联系，是在单期静态条件下对资产收益和风险关系的精确分析和描述，并以此成为现代金融学的重要基石。这一模型的标准形式分别由夏普（1964 年）、林特纳（1965 年）和莫森（1966 年）独立提出。

第一节　资本资产定价模型的基本假设

资本资产定价模型在大量假设的基础上，以一个十分简捷的方程来描述单个资产收益与市场收益之间的关系。夏普关于这一模型的假设可以表述为：

（1）投资者通过投资组合在某一段时期内的预期回报率和标准差来评价这个投资组合；

（2）投资者永不满足，因此，当面临其他条件相同的两种选择时，他们将选择具有较高预期回报率的那一种；

（3）投资者是厌恶风险的，因此，当面临其他条件相同的两种选择时，他们将选择具有较小标准差的那一种；

（4）每一个资产都是无限可分的，这意味着如果投资者愿意的话，他可以购买一个股份的一部分；

（5）投资者可以一个无风险利率贷出或借入资金；

（6）税收和交易成本均忽略不计；

（7）所有投资者都有相同的投资期限，这就意味着 CAPM 模型是一个单期模型；

（8）对于所有投资者，无风险利率都相同；

（9）对于所有投资者，信息是免费的，并且可以立即取得，即市场是有效的；

（10）投资者具有相同的预期，即他们对预期回报率、标准差和协方差具有相同的理解。

显然，这些假设忽略了实际金融市场中很多方面的复杂性，而正是这些忽略，使得该模型可以更好地揭示证券市场均衡的本质特性。事实上，进一步分析这些假设可以发现——就市场而言，CAPM 模型假设金融市场是完备、有效的；而就投资者而言，由于他们对各种证券未来现金流量的估计是相同的，所以他们依据预期收益率、标准差和协方差所得到的有效边界也是相同的，这个假定习惯上称为预期同质（homogeneous expectations）性假设。由上一章的分析可知，在引入无风险证券（或者说允许无风险借贷）的条件下，这个最优风险组合就是切点组合，这时的投资者选择不同组合的唯一原因就在于他们拥有的无差异曲线不同，因而其财富在无风险证券和切点组合间的分配权重也就不同。这恰恰就是 1983 年诺贝尔经济学奖获得者詹姆士·托宾在 1958 年提出的资产分割理论的情形，我们将这一结论称之为分离定理。

可以证明，在市场处于均衡状态时，市场中的每一种证券在切点组合中都具有一个非零的比重。这是因为，由分离定理，在每一个投资者的资产组合中，风险部分仅仅是对切点组合的投资。如果每一个投资者都购买切点组合，而这一组合中又不包含所有的风险证券，那么对于组合中比重为零的证券，就没有人进行投资。在这种情况下，这些证券的价格就必然下降，从而导致其预期收益率上升，因而这些证券最终还将包含在切点组合中。这种调整过程将最终使得每一种证券都将达到一种平衡，这时市场将进入一种均衡状态。所以，当市场处于均衡状态时，每一种风险证券在切点组合中的比例将与其在市场组合（在这个组合中，投资于每一种证券的比例等于该证券的相对市值）中的比例一致。所以在资本资产定价模型中，常将切点组合称为市场组合，并且切点不再用 T 来表示，而是用 M。

第二节　资本市场线和证券市场线

有了市场组合的概念，则上一章中的切点处的资本分配线

$$\mu = r_f + \frac{\mu_t - r_f}{\sigma_t}\sigma \qquad （4.2.1）$$

相应变为

$$\mu = r_f + \frac{\mu_M - r_f}{\sigma_M}\sigma \equiv r_f + \beta_M\sigma \qquad （4.2.2）$$

也就是常说的资本市场线。它反映了无风险资产和市场组合进行再组合后得到的新的投资组合的收益和风险之间的关系，从而提供了衡量有效投资组合的方法。该结论还进一

步表明：有效投资组合的风险与收益之间是一种线性关系。这个模型就是著名的资本资产定价模型（CAPM）。

由市场组合的分析过程可知，资本市场线代表的是有效组合预期回报率与标准差之间的均衡关系，单个风险证券始终位于该线的下方，因为单个证券本身并非有效组合。需要注意的是，资本资产定价模型并没有暗示在证券的预期回报率与标准差之间的特定关系，为了更多地了解单个证券的预期回报率，则还需要进一步的分析。

由前面的分析可知，市场组合包含了所有风险证券。依据方差的性质，有

$$\sigma_M^2 = w_1 \sum_{j=1}^n w_j \sigma_{1j} + w_2 \sum_{j=1}^n w_j \sigma_{2j} + \cdots + w_n \sum_{j=1}^n w_j \sigma_{nj}$$

或

$$\sigma_M = \left(w_1 \sum_{j=1}^n w_j \sigma_{1j} + w_2 \sum_{j=1}^n w_j \sigma_{2j} + \cdots + w_n \sum_{j=1}^n w_j \sigma_{nj} \right)^{1/2} \qquad （4.2.3）$$

其中 n 为市场组合中风险证券的种类数目，w_j（$j=1,\cdots,n$）为证券 j 在市场组合中的权重。由协方差的分配律知，证券 i 与市场组合的协方差等于每个证券与证券 i 的协方差的加权和。即

$$\sigma_{iM} = \sum_{j=1}^n w_j \sigma_{ij}$$

将其代入式（4.2.3）得，

$$\sigma_M = \left(w_1 \sigma_{1M} + w_2 \sigma_{2M} + \cdots + w_n \sigma_{nM} \right)^{1/2} \qquad （4.2.4）$$

由于在 CAPM 模型中，所有的投资者都持有市场组合，所以我们可以认为每一个投资者都关心市场组合的标准差，因为它影响着资本市场线的斜率，从而影响着投资者在市场组合上的分配权重。而每一风险证券对市场组合标准差的贡献可以从式（4.2.4）中看到，它取决于风险证券与市场组合的协方差 σ_{iM}，这也就是说，σ_{iM} 的值越大，证券 i 对市场组合风险的贡献也越大，从而应该提供更大的预期回报率来吸引投资者。这一点我们可以从反正法的角度予以论证：假设有某种股票没有给投资者提供相应比例的预期回报率，则从市场组合中删除这只股票将会提升它的预期回报率，这时的市场组合当然也就不再是最优风险组合，于是证券价格将偏离均衡状态。所以，风险证券 i 的预期回报率中超过无风险利率的部分（我们称之为超额收益率）应该与协方差 σ_{iM} 成正比。那么，这里的比例又是多少呢？

假定投资者将初始财富按 w、$1-w$ 的比例投资于风险证券 i 和市场组合 M，则该组合的预期收益率和标准差为：

$$\mu_P = w\mu_i + (1-w)\mu_M ,$$

$$\sigma_P^2 = w^2 \sigma_i^2 + (1-w)^2 \sigma_M^2 + 2w(1-w)\sigma_{iM} 。$$

将上面两式均对权重 w 求导，得

$$\frac{\mathrm{d}\mu_P}{\mathrm{d}w} = \mu_i - \mu_M,$$

$$\frac{\mathrm{d}\sigma_P}{\mathrm{d}w} = \frac{w^2\sigma_i^2 - \sigma_M^2 + w\sigma_M^2 + (1-2w)\sigma_{iM}}{\left(w^2\sigma_i^2 + (1-w)^2\sigma_M^2 + 2w(1-w)\sigma_{iM}\right)^{1/2}}。$$

则 P 点的切线的斜率为：

$$\frac{\mathrm{d}\mu_P}{\mathrm{d}\sigma_P} = \frac{\mathrm{d}\mu_P/\mathrm{d}w}{\mathrm{d}\sigma_P/\mathrm{d}w} = \frac{(\mu_i - \mu_M)\left(w^2\sigma_i^2 + (1-w)^2\sigma_M^2 + 2w(1-w)\sigma_{iM}\right)^{1/2}}{w^2\sigma_i^2 - \sigma_M^2 + w\sigma_M^2 + (1-2w)\sigma_{iM}}。$$

如果 $w=0$，即所有资金都投入到有风险的市场组合 M，此时的证券组合 P 和市场组合 M 重合。上式变为：

$$\left.\frac{\mathrm{d}\mu_P}{\mathrm{d}\sigma_P}\right|_{P=M} = \frac{(\mu_i - \mu_M)\sigma_M}{\sigma_{iM} - \sigma_M^2}。$$

由于 M 点在有效组合边界上，故经过点 M 的切线必须与资本市场线重合（这也同时意味着无风险利率的水平恰好使得借入资金总量等于贷出资金总量），即斜率与资本市场线的斜率相等，即：

$$\frac{(\mu_i - \mu_M)\sigma_M}{\sigma_{iM} - \sigma_M^2} = \frac{\mu_M - r_f}{\sigma_M} \tag{4.2.5}$$

整理可得：

$$\mu_i = r_f + \frac{\mu_M - r_f}{\sigma_M^2}\sigma_{iM} = r_f + \frac{\sigma_{iM}}{\sigma_M^2}(\mu_M - r_f) \equiv r_f + \beta_i(\mu_M - r_f) \tag{4.2.6}$$

我们把 CAPM 所确定的期望收益率和贝塔系数（β）之间的这种线性关系称之为证券市场线（Security Market Line，简称 SML）。由于所有资产都将落在证券市场线上，根据这条直线就可以确定某一证券的预期收益率。即，只要知道了某个资产的贝塔值，就可根据证券市场线求得其预期收益率，这就是 CAPM 的定价功能。

由证券市场线的表达式可以看出，风险证券 i 的收益由两部分组成：一部分是无风险证券的收益；另一部分是市场风险的补偿额。这里的 $\mu_M - r_f$ 可以看作市场对投资者承担风险所给予报酬，β_i 可以看作风险证券 i 的风险大小，$\beta_i(\mu_M - r_f)$ 则可以看作风险证券 i 的风险溢酬。所以，CAPM 模型的提出同时改变了以往用标准差来衡量风险的标准，这里风险是以 β_i 来衡量的：

当 $\beta_i < 1$ 时，我们称风险证券 i 为防御型，即当市场处于下跌状态时，这种证券的价格下跌得更快；

当 $\beta_i > 1$ 时，我们称风险证券 i 为进攻型，即当市场处于上升状态时，这种证券的价格上升得更快；

当 $\beta_i = 1$ 时，我们称风险证券 i 为中性的，即它的价格总是与市场同步变化。

此外，β_i 还有一个重要的性质：一个证券组合 P 的贝塔值 β_i 是构成该组合的所有证券贝塔值 β_i 的加权平均值，而权重则是该证券于证券组合中的比例。这一性质使得估计任何一个证券组合的贝塔值都非常方便。如果我们将坐标系由原来的 (μ, σ) 组合变为 (μ, β) 组合，这时可以发现：所有的证券都将落在证券市场线上，即使是这些证券的任意组合也不例外。这也就意味着，有效组合既落在资本市场线上，又落在证券市场线上，而非有效组合则只能落在证券市场线上，且位于资本市场线的下方。

例 1 假定无风险利率为 4%，市场组合为（12%，19%，69%），包括三种证券 A、B、C，它们的预期收益率和方差协方差矩阵分别为：
$\begin{bmatrix} 16.2\% \\ 24.6\% \\ 22.8\% \end{bmatrix}$ 和 $\begin{bmatrix} 0.0146 & 0.0187 & 0.0145 \\ 0.0187 & 0.0854 & 0.0104 \\ 0.0145 & 0.0104 & 0.0289 \end{bmatrix}$。

协方差矩阵对角线依次为三个证券的方差，其他位置列出的是协方差，由上可知：

$$\text{cov}(r_A, r_B) = 0.0187, \quad \text{cov}(r_A, r_C) = 0.0145, \quad \text{cov}(r_B, r_C) = 0.0104 。$$

可求得 $E(r_m) = 22.4\%$，$\sigma_m = 15.01\%$，则

$$\frac{E(r_m) - r_f}{\sigma_m} = 1.226 。$$

则 CML 方程为：$E(r_p) = 4\% + 1.226\sigma_p$。

例 2 某地有一家股份公司，在过去的 10 年内，平均无风险利率 $r_f = 5\%$，其普通股收益率和相应的市场证券组合收益率如下表：

时间	R_t	R_{mt}	时间	R_t	R_{mt}
1	0.14	0.12	6	0.14	0.13
2	0.12	0.09	7	0.15	0.14
3	0.11	0.08	8	0.18	0.17
4	0.12	0.11	9	0.10	0.05
5	0.11	0.10	10	0.10	0.06

根据前面所述，我们先求得

$$E(R_m) = \overline{R}_m = 10.5\% ,$$

$$\beta = \frac{\hat{\sigma}_{im}}{\hat{\sigma}_m^2} = 0.657 。$$

于是根据式（4.2.6）得该股票的期望收益率为

$$E(R_j) = 0.05 + (0.105 - 0.05) \times 0.657 = 8.6\% 。$$

第三节　林特纳的资本资产定价模型

上一节我们按夏普的方法推导了 CAPM 模型，本节将按照林特纳的方法来推导 CAPM 模型，以展示资本资产定价模型相同结论下的不同推导过程和视角。

按照林特纳的方法，对证券的定价实质上是对证券的风险定价。要对证券的风险进行定价则要首先确定最优组合 M 中各个证券 i 的价值在初始财富中的比重 w_i，然后才能确定风险与收益的补偿关系。

设单位投资的收益的期望值为 μ_P，标准差为 σ_P，这里 P 是风险股票的组合，那么根据上一章的分析，有

$$\mu_P = \sum_{i=1}^{n} w_j \mu_j , \quad \sigma_P = \sqrt{\sum_{k=1}^{n} \sum_{j=1}^{n} w_j w_k \sigma_{jk}} \qquad (4.3.1)$$

这里我们将无风险资产的权重用 w_f 与风险证券权重相区分，并有 $w_f + \sum_{i=1}^{n} w_j = 1$，所有其他符号均与上一节相同。下面我们仍在上一章确定的坐标系下进行讨论（这里我们仍然以 F 点来表示无风险利率 r_f，以 M 点来表示市场组合，如图 4.1 所示）。

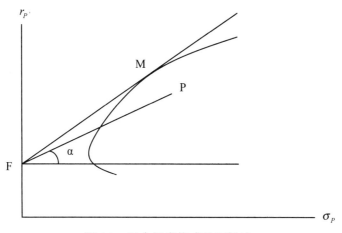

图 4.1　三个证券构成的可行域

由于 F 是无风险投资，故直线 FP 即上一章讨论的资本分配线，直线 FP 上的任意一点，均是投资者的一个组合。注意到 F 是固定的，那么投资者所要做出的决策就是如何在收益率水平一定的条件下，使它的方差（或标准差）最小。在几何上则表现为如何使得 FP 与横轴之间的夹角 α 最大。这时的 w_i（$i = 1, \cdots, n$）也就是使得下式最大的 w_i。

$$\tan\alpha = \frac{\mu_P - r_f}{\sigma_P} = \frac{\sum\limits_{i=1}^{n} w_i \mu_i - r_f}{\sqrt{\sum\limits_{k=1}^{n}\sum\limits_{j=1}^{n} w_j w_k \sigma_{jk}}} \qquad (4.3.2)$$

现在取 FP 上任意一点 P′，即 P′ 是 $n+1$ 种证券的组合，要使角 α 最大，就相当于求解 $\min \sigma_P$。

把它写成我们熟悉的规划模型，即

$$\text{s.t} \quad \mu_P = \sum_{i=1}^{n} w_i \mu_i + \left(1 - \sum_{i=1}^{n} w_i\right) r_f,$$

亦即

$$\min \sqrt{\sum_{k=1}^{n}\sum_{i=1}^{n} w_i w_k \sigma_{ik}}$$

$$\text{s.t} \quad \mu_P = \sum_{i=1}^{n} w_i \mu_i + \left(1 - \sum_{i=1}^{n} w_i\right) r_f \qquad (4.3.3)$$

做拉格朗日函数

$$L = \sqrt{\sum_{k=1}^{n}\sum_{i=1}^{n} w_i w_k \sigma_{ik}} + \lambda \left[\mu_P - \sum_{i=1}^{n} w_i \mu_i - \left(1 - \sum_{i=1}^{n} w_i\right) r_f \right] \qquad (4.3.4)$$

分别对 w_i（$i = 1, \cdots, n$）和拉格朗日乘子 λ 求偏导，并令其为零，得

$$\frac{1}{\sigma_P} \sum_{k=1}^{n} w_k \sigma_{1k} - \lambda\left(\mu_1 - r_f\right) = 0$$

$$\vdots$$

$$\frac{1}{\sigma_P} \sum_{k=1}^{n} w_k \sigma_{ik} - \lambda\left(\mu_i - r_f\right) = 0 \qquad (4.3.5)$$

$$\vdots$$

$$\frac{1}{\sigma_P} \sum_{k=1}^{n} w_k \sigma_{ik} - \lambda\left(\mu_n - r_f\right) = 0$$

$$\mu_P - \sum_{k=1}^{n} w_k \mu_k - \left(1 - \sum_{i=1}^{n} w_i\right) r_f = 0 \qquad (4.3.6)$$

在前 n 个等式中，分别对第 i（$i = 1, \cdots, n$）个等式的两边乘以 w_i，并相加得

$$\frac{1}{\sigma_P}\left(w_1\sum_{k=1}^{n}w_k\sigma_{ik}+\cdots+w_i\sum_{k=1}^{n}w_k\sigma_{ik}+\cdots+w_n\sum_{k=1}^{n}w_k\sigma_{ik}\right) \tag{4.3.7}$$
$$-\lambda\left[w_1\left(\mu_1-r_f\right)+\cdots+w_i\left(\mu_i-r_f\right)+\cdots+w_n\left(\mu_n-r_f\right)\right]=0$$

即

$$\frac{1}{\sigma_P}\left(\sum_{k=1}^{n}\sum_{i=1}^{n}w_iw_k\sigma_{ik}\right)-\lambda\left[\sum_{i=1}^{n}w_i\mu_i-\sum_{i=1}^{n}w_ir_f\right]=0 \tag{4.3.8}$$

注意到 $\sum_{k=1}^{n}\sum_{i=1}^{n}w_iw_k\sigma_{ik}=\sigma_P^2$ 则得

$$\sigma_P=\lambda\left[\sum_{i=1}^{n}w_i\mu_i+\left(1-\sum_{i=1}^{n}w_i\right)r_f-r_f\right]=\lambda\left(\mu_P-r_f\right) \tag{4.3.9}$$

因此

$$\frac{1}{\lambda}=\frac{1}{\sigma_P}\left(\mu_P-r_f\right) \tag{4.3.10}$$

这样，要使得根据式（4.3.5）求得的各个 w_i 所构成的组合 P 是有效组合，就必满足上式。特别地，对市场组合 $M\left(\sigma_M,\mu_M\right)$，由于它是有效的，故必满足式（4.3.10）。

即

$$\frac{1}{\lambda}=\frac{1}{\sigma_M}\left(\mu_M-r_f\right)$$

$\frac{1}{\lambda}$ 就是所谓单位风险报酬率，也就是风险的市场价格。考察式（4.3.5）中的第 i 个等式，并令 P 取 M，则有

$$\mu_i=r_f+\frac{1}{\lambda\sigma_P}\sum_{k=1}^{n}w_k\sigma_{ik}=r_f+\frac{\mu_M-r_f}{\sigma_M^2}\sigma_{iM} \tag{4.3.11}$$

和上节公式（4.2.6）类似定义

$$\beta_i=\frac{\sigma_{iM}}{\sigma_M^2}$$

则再次得到证券市场线

$$\mu_i=r_f+\beta_i\left(\mu_M-r_f\right) \tag{4.3.12}$$

第四节　资本资产定价模型与市场模型的比较

事实上，在提出 CAPM 之前，夏普曾针对估计马柯维茨有效集带来的计算量过大的问题，于 1963 年在《对于"资产组合"分析的简化模型》一文中提出了市场模型，也就是我们常说的单指数模型。这一模型假设一种普通股在某一给定时期内的收益率与同一时期的市场指数（如标准普尔 500 指数）的回报率相联系，即市场指数上升，股票价格也会上升；市场指数下降，股票价格也下降（虽然该规律并非对每一只个股都成立，但对大多数个股一般情况下都成立）。其模型表达式为：

$$r_i = \alpha_{iI} + \beta_{iI} r_I + \varepsilon_{iI}。$$

其中 r_i 为某一给定时期证券 i 的回报率；r_I 为相同时期市场指数 I 的回报率；α_{iI} 是截距项；β_{iI} 是斜率项，被视为一个证券的回报率相对于市场指数回报率的敏感性，并常被称为贝塔值；ε_{iI} 是随机误差项（通常被假设为服从均值为 0 的正态分布）。此外，模型还假设 $\mathrm{cov}(\varepsilon_{iI}, r_I) = 0$，$\mathrm{cov}(\varepsilon_{iI}, \varepsilon_{jI}) = 0$。

下面我们来考察 r_i 的均值、方差和协方差的相关性质：

$$E(r_i) = \alpha_i + \beta_{iI} E(r_I) \tag{4.4.1}$$

$$\mathrm{D}(r_i) = E[r_i - E(r_i)]^2 = E[\beta_{iI}(r_I - E(r_I)) + \varepsilon_{iI}]^2 = \beta_{iI}^2 \mathrm{D}(r_I) + \mathrm{D}(\varepsilon_{iI}) \tag{4.4.2}$$

$$\begin{aligned} \mathrm{cov}(r_i, r_j) &= E[(r_i - E(r_i))(r_j - E(r_j))] \\ &= E[(\beta_{iI}(r_I - E(r_I)) + \varepsilon_{iI})(\beta_{jI}(r_I - E(r_I)) + \varepsilon_{jI})] = \beta_{iI}\beta_{jI}\mathrm{D}(r_I) \end{aligned} \tag{4.4.3}$$

$$\mathrm{cov}(r_i, r_I) = E[(r_i - E(r_i))(r_I - E(r_I))] = E[(\beta_{iI}(r_I - E(r_I)) + \varepsilon_{iI})(r_I - E(r_I))] = \beta_{iI}\sigma^2(r_I) \tag{4.4.4}$$

并且由此可得

$$\beta_{iI} = \frac{\mathrm{cov}(r_i, r_I)}{\mathrm{D}(r_I)} = \frac{\sigma_{iI}}{\sigma_I^2}。$$

现在我们将证券市场线的期望表达式

$$\mu_i = r_f + \beta_{iM}\left(\mu_M - r_f\right)$$

还原为随机变量形式，

$$r_i = r_f + \beta_{iM}\left(\mu_M - r_f\right) + \varepsilon_i^{①}。$$

合并同类项得，

---

① 其中 ε_i 服从均值为 0 的某概率分布，通常假设为正态分布。

$$r_i = \left(1 - \beta_{iM}\right)r_f + \beta_{iM}\mu_M + \varepsilon_i。$$

写成一般形式，则可得到如下线性回归方程：

$$r_i = a_i + b_i r_M + \varepsilon_i。$$

这个模型与夏普提出的市场模型

$$r_i = \alpha_{iI} + \beta_{iI} r_I + \varepsilon_{iI}{}^{①},$$

在形式上是非常相似的，但二者有着本质的不同。首先，市场模型是在"假设一种证券在某一特定时期的回报率与同一时期的市场指数（如标准普尔 500 指数）相联系"的背景下提出的，属于因素模型的范畴；而资本资产定价模型是一个均衡模型，它是在马柯维茨的风险-收益分析框架基础上，通过对市场完备性、有效性以及投资者预期同质性的假设下推导出来的证券价格的风险-收益特性，即研究的是证券价格如何确定的问题。其次，市场模型采用的是一个市场指数，即基于市场的一个样本，而资本资产定价模型采用的市场组合是市场当中所有证券的集合。所以，两个贝塔值的含义也不同。最后，从实际操作的角度而言，市场组合是无法确切知道的，而市场指数却是可以得到的。

　　然而，从另外一个角度来考虑，既然市场组合是无法确切知道的，若将市场指数看作市场组合的一个样本，那么市场模型就在一定程度上代表了 CAPM 模型。这时，也就相当于将 β_{iI} 看作 β_{iM} 的估计值。现在的问题是 β_{iI} 是否具有与 β_{iM} 相似的性质呢？下面我们通过对市场模型的分析来回答这一问题。

　　先来考察市场模型

$$r_i = \alpha_{iI} + \beta_{iI} r_I + \varepsilon_{iI}。$$

　　显然，β_{iI} 与 β_{iM} 具有相同的结构，因而 β_{iI} 看作 β_{iM} 的估计值在一定程度上是可以接受的。这里我们把式（4.4.1）叫作资产 i 的特征方程，式（4.4.4）表明特征方程中的 β 系数即模型结构中 r_M 的系数恰好为资产 i 的风险 β 系数。式（4.4.2）给出了资产 i 收益率的方差，它刻画出了资产 i 的风险，式（4.4.2）右边的第一项称为资产投资的系统风险，可以看作与整个市场组合有关的风险。它是由市场投资组合中各资产的风险共同作用产生的，是所有资产无法避免的风险。式（4.4.2）右边第二项称为残差方差或非系统风险，可以看作由微观因素所带来的风险，它仅影响到个别资产，是可以通过投资组合而消去的风险。因此，式（4.4.2）$\mathrm{D}(r_i) = \beta_{iI}^2 \mathrm{D}(r_I) + \mathrm{D}(\varepsilon_{iI})$ 表明：

资产总体风险＝系统风险+非系统风险

　　另外，系统风险本身是两项之积，第一项是资产的 β-因子，它表示资产收益率随市场投资组合的变动而受影响的程度。第二项是市场投资组合收益率的方差，表示市场投资组合收益率的变化幅度。第二项非系统风险，即残差方差，表示资产收益率由于偏离了特征线而引起的那部分方差的大小。在单指数模型的假设下，资产收益率的总体方差来自两部分：一部分是特征线的变动（即系统风险），另一部分是各点偏离特征线的程度

---

　　① 其中 ε_{iI} 服从均值为 0 的某概率分布，通常假设为正态分布。

（即非系统风险）。关于两种风险的划分，我们可以用以下方式来理解。

这里我们记 r_i 的方差为 σ_i^2，则

$$\sigma_i^2 = \beta_{iI}\sigma_I^2 + \sigma_{\varepsilon_{iI}}^2$$

它由两部分组成：一部分是 $\beta_{iI}\sigma_I^2$，它代表证券 i 的市场风险，也叫系统风险；另一部分是 $\sigma_{\varepsilon_{iI}}^2$，它代表证券 i 的个别风险，也叫非系统风险。这种划分对投资组合同样成立。设投资组合 P 包含 n 种证券，每种证券在组合中的权重为 w_i，则

$$\begin{aligned}
r_P &= \sum_{i=1}^{n} w_i r_i = \sum_{i=1}^{n} w_i \left(\alpha_{iI} + \beta_{iI} r_I + \varepsilon_{iI} \right) \\
&= \sum_{i=1}^{N} w_i \alpha_{iI} + \sum_{i=1}^{N} w_i \beta_{iI} r_I + \sum_{i=1}^{N} w_i \varepsilon_{iI} \\
&= \alpha_{PI} + \beta_{PI} r_I + \varepsilon_{PI} \, 。
\end{aligned}$$

其中，$\alpha_{PI} = \sum_{i=1}^{n} w_i \alpha_{iI}$，$\beta_{PI} = \sum_{i=1}^{n} w_i \beta_{iI}$，$\varepsilon_{PI} = \sum_{i=1}^{n} w_i \varepsilon_{iI}$。

从而投资组合 P 的系统风险为 $\beta_{PI}\sigma_I^2$，非系统风险为 $\sigma_{\varepsilon_{PI}}^2$。为了比较二者的特征，我们假设每一种证券在组合中的权重均为 $\dfrac{1}{n}$，且 $\sigma_i^2 < L$、$c_{ij} < C$，则

$$\sigma_P^2 = \sum_{j,k} w_j w_k c_{jk} = \sum_{j} w_j \sigma_j^2 + \sum_{j \neq k} w_j w_k c_{jk} \leqslant \frac{L}{n} + \frac{N(N-1)}{n^2} C \, 。$$

显然，在 $n \to \infty$ 时，σ_P^2 的上界收敛于 C。由此可知，分散化可以降低个别风险，但不会降低系统风险。用同样的方法可以证明，对于资本资产定价模型，上述结论同样成立。

习　题

1. 证明一个证券组合 P 的贝塔值 β_{PM} 是构成该组合的所有证券贝塔值 β_{iM} 的加权平均。

2. 试说明资本市场线与证券市场线的关系。

3. 已知某公司股票和市场组合在过去三年中的收益率如下表所示：

年份	股票的收益率	市场组合的收益率
1	8%	5%
2	3%	-2%
3	20%	30%

求：（1）公司股票的方差；（2）公司股票的贝塔值；（3）计算系统风险和非系统风险。

4. 证明：当非系统风险为零，贝塔值为正数时，相关系数为1。

5. 试说明你对资本资产定价模型和市场模型的认识。

6. 假设无风险利率为5%，某风险证券组合的预期收益率为10%，其贝塔值为1。试根据资本资产定价模型计算或判断：

（1）市场组合的预期收益率是多少？

（2）如果贝塔值为0，那么股票的预期收益率该是多少？

（3）假如某股票当前价格为25元，贝塔值为-0.5，预计一年后支付红利1元，期末除权价为26。请问该股票的当前价格是被高估还是低估？

7. 在一个只有两种股票的资本市场上，股票A的资本是股票B的两倍。A的超额收益的标准差为30%，B的超额收益的标准差为50%。两者超额收益的相关系数为0.7。

（1）市场指数资产组合的标准差是多少？

（2）每种股票的贝塔值是多少？

（3）每种股票的残差标准差是多少？

（4）如果指数模型不变，股票A预期收益超过无风险收益率11%，市场资产组合投资的风险溢价是多少？

第五章 因素模型与套利定价理论

　　无论是马柯维茨的投资组合理论还是夏普等人的资本资产定价模型，都需要在均值-方差框架下，估计投资组合中每一种证券的预期回报率、标准差和它们之间的协方差，以求得风险证券所确定的投资组合的有效集。求解马氏有效集是一项复杂的工作，而引入回报率生成过程则可使得这项工作得以简化。回报率生成过程是描述证券回报率如何产生的一类统计模型，事实上，上一章中的市场模型就是一类特殊的回报率生成过程，它也是提出最早的因素模型。在市场模型中，我们曾区分系统风险和非系统风险。因素模型就是对影响某一证券或证券组合的这两种风险进行评估的统计模型。同时，因素模型作为一个回报率生成过程，它试图提取那些系统地影响所有证券价格的主要经济力量。因素模型的这个特点实质上暗含了这样一个假设：任何两种证券的回报率都具有相关性，因为它们都通过对模型中的一个或多个共同因素的反应而一起变动；而证券回报率中不能被共同因素所解释的部分则被认为是该证券本身所固有的特性，两个证券的固有特性之间则被看作不相关的。正是由于因素模型的这些特点，使其成为资产组合管理的一个强有力的工具。因素模型又称为指数模型。我们依据影响因素个数的多少将其分为单因素（单指数）模型和多因素（多指数）模型。

　　另一方面，以均值-方差理论为基础的资本资产定价模型是一个描述为什么不同证券具有不同预期回报率的均衡模型。这个实证金融模型通过大量的假设推导出"证券之所以具有不同的预期回报率是因为其具有不同的贝塔值"的结论。但资本资产定价模型所认为的资产风险的唯一来源是市场组合风险的观点并未得到实证研究的充分支持，在此背景下，斯蒂芬·罗斯（Stephen Ross）提出了影响深远的套利定价理论。该理论不再试图构建均值-方差有效组合，而是计算完备的资本市场上无风险利润之外的预期收益率之间的关系，并基于因素模型和无套利原则提出了另一种资产定价模型——套利定价模型（Arbitrage Pricing Theory，简称 APT）。套利定价模型的首要假设是，每一位投资者都会去利用不增加风险的情况下能够增加组合回报率的机会，利用这种机会的具体做法则是使用套利组合。此外，套利定价模型假设单个资产收益受多个风险因素的影响，但并未说明这些风险因素的具体来源。它是一种相对定价模型，因为它是根据每个风险因素的风险溢价以及每个资产对风险因素的敏感程度来确定所有资产的风险溢价的。

　　基于上述分析，本章设计结构如下：第一节介绍单因素模型，第二节介绍多因素模型，第三节介绍套利定价理论，包括套利组合的定义和套利定价模型。

第一节 单因素模型

5.1.1 单因素模型

在马柯维茨的均值-方差模型

$$\min \mathbf{w}\Sigma\mathbf{w}^T$$
$$\begin{cases} \mathbf{w}\mathbf{u}^T = 1 \\ \mathbf{w}\boldsymbol{\mu}^T = \mu \end{cases} \qquad (5.1.1)$$

中，需要三个方面的基本数据（这里我们假设有 n 个证券）：

（1）每一资产的平均收益率 μ_i，共需 n 个；

（2）每一资产收益的标准差 σ_i，共需 n 个；

（3）每一对资产之间的协方差 c_{ij} 或相关系数 ρ_{ij}，共需 $n(n-1)/2$ 个。

仅仅这三个方面的基础数据所需要的计算量就达 $2n+n(n-1)/2$ 之多。以 100 个证券为例，基础数据的计算量为 5150 个，而若以 1000 个证券来算，则高达 501500 个。显然，这样一种计算量是非常耗时的。单因素模型则可以大大降低我们所需要估计的变量个数。

单因素模型的一般形式为：

$$r = \alpha + \beta F + \varepsilon \qquad (5.1.2)$$

其中 F 是因素的预期值，β 是证券对该因素的敏感度，ε 是随机扰动项，其均值为零。对第 i 个证券来说，上述单因素模型则变为：

$$r_i = \alpha_i + \beta_i F + \varepsilon_i \qquad (5.1.3)$$

这里的随机误差项 ε_i 与因素 F 不相关，两个证券的随机扰动项之间也不相关。在市场模型中，这里的 F 即为 r_I。为了清楚地了解单因素模型在马柯维茨有效集求解中的作用，这里我们直接将 F 替换为 r_M（实际上为上一章中的 r_I，这里采用这一记号主要是为了便于与原来马柯维茨投资组合模型进行比较），这时的单因素模型相应变为 $r_i = \alpha_i + \beta_i r_M + \varepsilon_i$。于是有

$$E(r_i) = \alpha_i + \beta_i E(r_M) \text{ 或 } \mu_i = \alpha_i + \beta_i \mu_M \qquad (5.1.4)$$

$$\sigma_i^2 = E[r_i - E(r_i)]^2 = E[\beta_i(r_M - E(r_M)) + \varepsilon_i]^2 = \beta_i^2 \sigma_M^2 + \sigma_{\varepsilon_i}^2 \qquad (5.1.5)$$

$$c_{ij} = \text{cov}(r_i, r_j) = E[(r_i - E(r_i))(r_j - E(r_j))]$$
$$= E[(\beta_i(r_M - E(r_M)) + \varepsilon_i)(\beta_j(r_M - E(r_M)) + \varepsilon_j)] = \beta_i \beta_j \sigma_M^2 \qquad (5.1.6)$$

$$\text{cov}(r_i, r_M) = E[(r_i - E(r_i))(r_M - E(r_M))] = E[(\beta_i(r_M - E(r_M)) + \varepsilon_i)(r_M - E(r_M))] = \beta_i \sigma_M^2 \qquad (5.1.7)$$

并且由此可得

$$\beta_i = \frac{\text{cov}(r_i, r_M)}{\sigma_M^2} \text{。}$$

依据单因素模型，证券 i 的预期回报率 $\mu_i = \alpha_i + \beta_i \mu_M$，方差 $\sigma_i^2 = \beta_i^2 \sigma_M^2 + \sigma_{\varepsilon_i}^2$，两个证券 i 和 j 之间的协方差 $c_{ij} = \beta_i \beta_j \sigma_M^2$。尤其是，$c_{ij} = \beta_i \beta_j \sigma_M^2$ 大大简化了原来证券 i 和 j 之间的协方差计算。

现在的问题是，单因素模型下的投资组合是否还满足单因素模型结构呢？

设投资组合由满足单因模型的 k 个资产构成，则

$$r_P = \sum_{i=1}^{k} w_i r_i = \sum_{i=1}^{k} w_i \alpha_i + \left(\sum_{i=1}^{k} w_i \beta_i\right) r_M + \sum_{i=1}^{k} w_i \varepsilon_i \tag{5.1.8}$$

$$E(r_P) = \sum_{i=1}^{k} w_i E(r_i) = \sum_{i=1}^{k} w_i \alpha_i + \left(\sum_{i=1}^{k} w_i \beta_i\right) E(r_M)$$

即 $$\mu_P = \sum_{i=1}^{k} w_i \mu_{r_i} = \sum_{i=1}^{k} w_i \alpha_i + \left(\sum_{i=1}^{k} w_i \beta_i\right) \mu_M \tag{5.1.9}$$

现在把投资组合 P 改写为单因素模型形式：$R_P = \alpha_P + \beta_P R_M + \varepsilon_P$

$$\beta_P = \text{cov}(r_P, r_M) / \sigma_M^2 = \text{cov}\left(\sum_{i=1}^{k} w_i r_i, r_M\right) / \sigma_M^2 = \sum_{i=1}^{k} w_i \text{cov}(r_i, r_M) / \sigma_M^2 = \sum_{i=1}^{k} w_i \beta_i$$

由 $\text{cov}(\varepsilon_i, \varepsilon_j) = 0 (i \neq j)$ 和式（5.1.5）有

$$\sigma_P^2 = \text{var}\left(\sum_{i=1}^{k} w_i \alpha_i + \left(\sum_{i=1}^{k} w_i \beta_i\right) r_M + \sum_{i=1}^{k} w_i \varepsilon_i\right) = \left(\sum_{i=1}^{k} w_i \beta_i\right)^2 \sigma_M^2 + \sum_{i=1}^{k} w_i^2 \sigma_{\varepsilon_i}^2 \tag{5.1.10}$$

显然，在单因素模型下，投资组合仍具有同类型的单因素模型结构，且投资组合的贝塔值为各资产贝塔值的加权平均，投资组合的方差与单个资产一样，仍由系统性风险和非系统性风险两个部分构成。

此时，原来马柯维茨投资组合模型变为

$$\min \sigma_P^2 = \left(\sum_{i=1}^{n} w_i \beta_i\right)^2 \sigma_M^2 + \sum_{i=1}^{n} w_i^2 \sigma_{\varepsilon_i}^2 \tag{5.1.11}$$

$$\text{s.t.} \begin{cases} \sum_{i=1}^{n} w_i = 1 \\ \mu_{r_P} = \sum_{i=1}^{k} w_i \mu_{r_i} = \sum_{i=1}^{k} w_i \alpha_i + \left(\sum_{i=1}^{k} w_i \beta_i\right) \mu_M \end{cases}$$

这时模型所需的基本估计量变为：

（1）n 个市场风险敏感测度 β_i；

（2）n 个独立的风险指标 $\sigma_{\varepsilon_i}^2$；

（3）n 个与市场指数无关的平均收益率 α_i；

（4）1 个市场组合平均收益率 μ_M；

（5）1 个市场组合风险指标 σ_M^2。

总计需要 $3n+2$ 个基本数据。仍以 100 个证券为例，基础数据的计算量为 302 个，而若以 1000 个证券来算，则基础数据的计算量为 3002 个，相比于原来的 5150 个和 501500 个有着明显的差异。由此可知，所有证券的回报率只对一个共同因素起反应的假设确实在很大程度上简化了确定切点组合的任务。但值得注意的是，这时模型的应用价值依赖于单因素结构假设的合理性。

5.1.2 单因素模型与分散化

单因素模型除了上面切点组合与模型算法效率的意义之外，其另外一个意义则在于风险的分散化，即意味着市场风险的平均化和个别风险的降低。设

$$R_i = \alpha_i + \beta_i R_M + \varepsilon_i。$$

和 CAPM 模型一样，这里的收益率采用超额收益率形式，即 R_i 和 R_M 均为超额收益率，即 $R_i = r_i - r_f$，$R_M = r_M - r_f$。由于单因素模型下投资组合保持单因素模型结构不变，则对于证券投资组合 P，有：

$$R_P = \alpha_P + \beta_P R_M + \varepsilon_P \tag{5.1.12}$$

现在要说明的是，随着投资组合数量的增加，由非市场因素引起的投资组合风险变小，而市场因素所引起的风险不变。

以等权重投资组合为例，权重 $w_i = 1/k$，则

$$R_P = \sum_{i=1}^{k} k_i R_i = 1/k \sum_{i=1}^{k} r_i = 1/k \sum_{i=1}^{k} \alpha_i + \left(1/k \sum_{i=1}^{k} \beta_i\right) R_M + 1/k \sum_{i=1}^{k} \varepsilon_i \tag{5.1.13}$$

比较式（5.1.12）和式（5.1.13），可以发现：

非市场成分的敏感度为 $\alpha_P = 1/k \sum_{i=1}^{k} \alpha_i$，投资组合对市场成分的敏感度为 $\beta_P = 1/k \sum_{i=1}^{k} \beta_i$，随机扰动项为 $\varepsilon_P = 1/k \sum_{i=1}^{k} \varepsilon_i$，投资组合的方差为 $\sigma_P^2 = \beta_P^2 \sigma_M^2 + \sigma_{\varepsilon_P}^2$，其中 $\beta_P^2 \sigma_M^2$ 取决于 β_P 和 σ_M^2，不受投资组合分散化的影响，而 $\sigma_{\varepsilon_P}^2 = \sum_{i=1}^{n} \left(\frac{1}{k}\right)^2 \sigma_{\varepsilon_i}^2 = \frac{1}{k} \bar{\sigma}_\varepsilon^2$，其中 $\bar{\sigma}_\varepsilon^2$ 是公司特有成分方差的平均值，当 k 很大时，$\sigma_{\varepsilon_P}^2$ 趋于 0。所以，随着分散化程度的增加，投资组合的总方差会接近系统风险，而非系统风险则趋于 0。

虽然市场模型作为单因素模型，对马柯维茨的投资组合模型起到极大的简化作用，但在单因素模型的概念中，并不要求投资者必须使用市场指数作为因素，而诸如预期 GDP 或工业产值的增长率等都可以作为因素来使用。

例：假定证券 A 的回报率生成过程仅包含 GDP 这一因素，为此，收集该证券与同期 GDP 增长率的数据如表 5.1。

表 5.1　证券 A 的 GDP 增长率与收益率

年份	GDP 增长率（%）	证券 A 的收益率（%）
1	5.7	14.3
2	6.4	19.2
3	7.9	23.5
4	7.0	15.6
5	5.1	9.2
6	2.9	13.0

在图 5.1 中，以横轴表示 GDP 的增长率，纵轴表示证券 A 的收益率，图上各点表示上表中给定年份证券 A 的收益率与 GDP 增长率的关系。

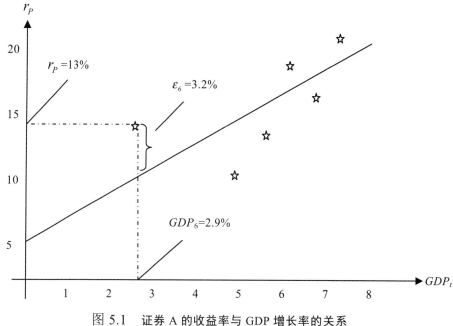

图 5.1　证券 A 的收益率与 GDP 增长率的关系

按单因素模型，证券 A 的收益率与 GDP 增长率之间的关系可表示为：

$$r_t = a_t + b_t GDP_t + \varepsilon_t。$$

对这组数据进行线性回归分析，可以得到反映两者之间关系的回归方程：

$$r_t = 4\% + 2GDP_t + \varepsilon_t。$$

这一关系如上图中直线所示。在上图中，每一时期与 GDP 无关的因素的作用为 4%，即当 GDP 的预期增长率为零时，证券 A 的期望收益率为 4%，直线的斜率 2 表示证券 A 的收益率对 GDP 增长率的敏感度为 2，这个正值表明高的 GDP 预期增长率通常伴随着高的证券收益。如果 GDP 的预期增长率为 4%，则证券 A 的预期收益率为 12%（即，4%+（2×4%））；如果 GDP 的预期增长率增加 2%，即为 6%时，证券 A 的预期收益率将增加

4%，即为 16%。本例中，第 6 年的 GDP 预期增长率为 2.9%，证券 A 的实际收益率为 13%。因此，证券 A 收益率的特有部分（由 ε_i 给出）为 13% – [4% + （2×2.9%）]=3.2%。

第二节　多因素模型

在单因素模型中，我们假定所有资产的收益率都只受一个因素的影响，特别是在市场模型中，我们假定所有资产的收益率都只受市场指数的影响，这时，描述资产收益率的单因素模型为

$$r_i = \alpha_i + \beta_i r_M + \varepsilon_i。$$

然而，在更多的情况下，资产的收益率要受到包括市场因素在内的多种因素共同作用的影响，这些因素可以是通货膨胀率、失业率以及利率、工业增长率等，它们使得协方差的运算受到多个因素的影响。现在我们假设有 N 个影响因素，分别为 $F_1, F_2, \cdots, F_N$。

先来看 $N = 2$ 的情形，这时的因素模型变为

$$r_i = \alpha_i + \beta_{i1}F_1 + \beta_{i2}F_2 + \varepsilon_i \tag{5.2.1}$$

此时，证券 i 的预期回报率为

$$E(r_i) = \alpha_i + \beta_{i1}E(F_1) + \beta_{i2}E(F_2) \tag{5.2.2}$$

方差为

$$\sigma_i^2 = \beta_{i1}^2 \sigma_{F_1}^2 + \beta_{i1}^2 \sigma_{F_2}^2 + 2\beta_{i1}\beta_{i2}\,\mathrm{cov}(F_1,F_2) + \sigma_{\varepsilon_i}^2 \tag{5.2.3}$$

证券 i 与证券 j 之间的协方差为

$$\sigma_{ij} = \beta_{i1}\beta_{j1}\sigma_{F_1}^2 + \beta_{i2}\beta_{j2}\sigma_{F_2}^2 + \left(\beta_{i1}\beta_{j2} + \beta_{i2}\beta_{j1}\right)\mathrm{cov}(F_1,F_2) \tag{5.2.4}$$

和单因素模型一样，有了预期回报率、方差和协方差之后，就可以将其代入最优化模型以求得马柯维茨有效集。

但需要注意的是，这里的 β_i 和 β_{i1}、β_{i2} 之间的不同，它们之间的关系如下：

$$\begin{aligned}\beta_i &= \mathrm{cov}(r_i, r_M) / \sigma_M^2 = \left[\beta_{i1}\,\mathrm{cov}(F_1, r_M) + \beta_{i2}\,\mathrm{cov}(F_2, r_M)\right] / \sigma_M^2 \\ &= \beta_{i1}\frac{\mathrm{cov}(F_1, r_M)}{\sigma_M^2} + \beta_{i2}\frac{\mathrm{cov}(F_2, r_M)}{\sigma_M^2}\end{aligned} \tag{5.2.5}$$

现在我们仍然设投资组合由满足单因素模型的 k 个资产构成，则

$$r_P = \sum_{i=1}^k w_i r_i = \sum_{i=1}^k w_i \alpha_i + (\sum_{i=1}^k w_i \beta_{i1})F_1 + (\sum_{i=1}^k w_i \beta_{i2})F_2 + \sum_{i=1}^k w_i \varepsilon_i \tag{5.2.6}$$

写为两因素模型形式：

$$R_P = \alpha_P + \beta_{P1}F_1 + \beta_{P2}F_2 + \varepsilon_P \qquad (5.2.7)$$

其中，$\beta_{P1} = \sum_{i=1}^{k} w_i \beta_{i1}$，$\beta_{P2} = \sum_{i=1}^{k} w_i \beta_{i2}$，$\varepsilon_p = \sum_{i=1}^{k} w_i \varepsilon_i$。

$$E(r_P) = \sum_{i=1}^{k} w_i E(r_i) = \sum_{i=1}^{k} w_i \alpha_i + (\sum_{i=1}^{k} w_i \beta_{i1})E(F_1) + (\sum_{i=1}^{k} w_i \beta_{i2})E(F_2) \qquad (5.2.8)$$

于是，对投资组合 P 有

$$\beta_P = \text{cov}(r_P, r_M) / \sigma_M^2 = \text{cov}(\sum_{i=1}^{k} w_i r_i, r_M) / \sigma_M^2$$

$$= \sum_{i=1}^{k} w_i \text{cov}(r_i, r_M) / \sigma_M^2 = \sum_{i=1}^{k} w_i \beta_i \qquad (5.2.9)$$

由 $\text{cov}(\varepsilon_i, \varepsilon_j) = 0 (i \neq j)$，有

$$\sigma_{r_P}^2 = \text{var}\left(\sum_{i=1}^{k} w_i r_i \right)$$

$$= \text{var}\left(\sum_{i=1}^{k} w_i \alpha_i + (\sum_{i=1}^{k} w_i \beta_{i1})F_1 + (\sum_{i=1}^{k} w_i \beta_{i2})F_2 + \sum_{i=1}^{k} w_i \varepsilon_i \right)$$

$$= \left(\sum_{i=1}^{k} w_i \beta_{i1} \right)^2 \sigma_{F_1}^2 + \left(\sum_{i=1}^{k} w_i \beta_{i2} \right)^2 \sigma_{F_2}^2 + 2\left(\sum_{i=1}^{k} w_i \beta_{i1} \right)\left(\sum_{i=1}^{k} w_i \beta_{i2} \right)\text{cov}(F_1, F_2) + \qquad (5.2.10)$$

$$\sum_{i=1}^{k} w_i^2 \sigma_{\varepsilon_i}^2$$

显然，在两因素模型下，投资组合仍具有同类型的两因素模型结构，且投资组合的贝塔值为各资产贝塔值的加权平均，这些都是由线性性质所决定的。但需要指出的是，两因素模型不仅要估计 α_i、β_{i1}、β_{i2}、$\sigma_{\varepsilon_i}^2$，还要考虑 $\text{cov}(F_1, F_2)$。当 F_1、F_2 不相关，即 $\text{cov}(F_1, F_2) = 0$ 时，则模型得以简化。

例如，如果证券 A 的收益率同时受到预期国内生产总值（GDP）和通货膨胀率（INF）的影响，这时就可以构造一个两因素模型来解释证券 i 收益率的生成过程：

$$r_t = a + b_1 GDP + b_2 INF + \varepsilon_t$$

表 5.2 实例数据

年	GDP 增长率（%）	通货膨胀率（%）	证券 A 的收益率（%）
1	5.7	1.1	14.3
2	6.4	4.4	19.2
3	7.9	4.4	23.5
4	7.0	4.6	15.6
5	5.1	6.1	9.2

6	2.9	3.1	13.0

　　用表 5.2 中的数据进行多元回归分析，得 $a = 5.8\%$ ， $b_1 = 2.2$ ， $b_2 = -0.7$ 。这说明，证券 A 的预期收益率随着 GDP 的增长而增加，随着 INF 的上升而减少。如给定第 3 年的 GDP 增长率为 7.9%，通货膨胀率为 4.4%，则对应证券 A 的预期收益率为 20.1%（$=5.8\%+2.2\times 7.9\%-0.7\times 4.4\%=20.1\%$），从而个别回报率为 23.5%-20.1%=3.4%。

　　当因素个数为 N 时，模型为 $r_i = \alpha_i + \beta_{i1}F_1 + \beta_{i2}F_2 + \cdots + \beta_{iN}F_N + \varepsilon_i$ 。由于多因素模型的分析与两因素类似，这里不再赘述。

　　因素模型简化了马柯维茨有效集的求解过程，并与资本资产定价模型一起，丰富了现代资产定价的理论体系。同时，它也为后来套利定价理论的诞生奠定了基础。但需要说明的是，在因素分析法中，建模者并不知道因素的值，也不知道证券对这些因素的敏感度。因素分析的统计技术仅仅是基于证券的历史数据来获得一些因素和证券的敏感度，但没有任何理由认为在一个时期里好的因素模型在另一个时期里还是好的，另外，因素模型也不是资产定价的均衡模型。

第三节　套利定价模型

　　套利定价理论（APT）以市场达到均衡时不存在套利机会为前提，以多因素模型为基础，分析和探讨风险资产的回报率生成过程。相应的，套利定价模型的基本出发点则在于其假设每一个投资者都会利用不增加风险的情况下能够增加组合回报率的机会，而利用这一机会的具体做法就是构建套利组合。

5.3.1 套利组合

　　依据套利的定义，一个套利组合必须具备三个方面的基本特征：

　　特征一：套利组合是一个自融资组合，即不要求投资者追加额外资金。如果用 x_i 来表示投资者持有证券 i 的比例变化，则这一特征可以表示为：

$$x_1 + x_2 + \cdots + x_n = 0 \tag{5.3.1}$$

　　特征二：套利组合对任何因素的敏感度为 0，即套利组合没有因素风险。我们设每一种证券 i 对（一个）因素的敏感度为 b_i ，则该特征可以表示为：

$$b_1 x_1 + b_2 x_2 + \cdots + b_n x_n = 0 \tag{5.3.2}$$

当影响因素为两个时，该特征可以表示为：

$$\begin{cases} b_{11}x_1 + b_{12}x_2 + \cdots + b_{1n}x_n = 0 \\ b_{21}x_1 + b_{22}x_2 + \cdots + b_{2n}x_n = 0 \end{cases} \tag{5.3.3}$$

而当影响因素为多个（设为 k 个）时，该特征可以表示为：

$$\begin{cases} b_{11}x_1 + b_{12}x_2 + \cdots + b_{1n}x_n = 0 \\ b_{21}x_1 + b_{22}x_2 + \cdots + b_{2n}x_n = 0 \\ \qquad\qquad\qquad \vdots \\ b_{k1}x_1 + b_{k2}x_2 + \cdots + b_{kn}x_n = 0 \end{cases} \tag{5.3.4}$$

特征三：套利组合的预期收益率大于零。设证券 i 的预期收益率为 μ_i，则这一特征可以表示为：

$$x_1\mu_1 + x_2\mu_2 + \cdots + x_n\mu_2 > 0 \tag{5.3.5}$$

当一个组合满足上述三个特征时，我们就称这个组合为一个套利组合。有时为了表述上的方便，还把上述三个条件写为和式或矩阵（或向量）形式。以单因素为例：

$$\text{和式形式：} \begin{cases} \sum_{i=1}^n x_i = 0 \\ \sum_{i=1}^n b_i x_i = 0 \\ \sum_{i=1}^n x_i r_i > 0 \end{cases} \tag{5.3.6}$$

$$\text{矩阵形式：} \begin{cases} \mathbf{xu}^T = 0 \\ \mathbf{xb}^T = 0 \\ \mathbf{x\mu}^T > 0 \end{cases} \tag{5.3.7}$$

其中 $\mathbf{u} = (1,1,\cdots,1)$，$\mathbf{b} = (b_1, b_2, \cdots, b_n)$，$\mathbf{\mu} = (\mu_1, \mu_2, \cdots, \mu_n)$。

例 1（套利组合构建）　设某投资者拥有一个三种证券（证券 1、证券 2 和证券 3）构成的投资组合。假设三个证券的市值均为 1000 万元，它们只受一个风险因素的影响，预期收益率分别为 10%、20% 和 10%，对因素的敏感度分别为 0.9、3.0 和 1.8。请问该投资者能否在不追加投资的情况下，通过修改其投资组合而无风险地提高其预期收益率？

设三种证券市值的比例变化分别为 x_1、x_2 和 x_3，则要构建一套利组合，应使其满足：

$$x_1 + x_2 + x_3 = 0$$

$$0.9x_1 + 3.0x_2 + 1.8x_3 = 0$$

这里是三个变量、两个方程，因而有无穷多解。取 $x_1 = 0.1$，解得 $x_2 = 0.075$，$x_3 = -0.175$。现在来考察其预期回报率，有

$$0.1x_1 + 0.2x_2 + 0.1x_3 = 0.1 \times 0.1 + 0.2 \times 0.075 - 0.1 \times 0.175 = 0.0075 > 0$$

故该组合是一套利组合，这时可以通过卖出 525 万元（$0.175 \times 1000 \times 3 = 525$ 万元）的证券 3，同时买入 300 万元（$0.1 \times 1000 \times 3 = 300$ 万元）的证券 1 和 225 万元（$0.075 \times 1000 \times 3 = 225$ 万元）的证券 2 来使得投资组合的预期收益率提高 0.75%。显然，通过这样一个套利活动，使得投资者在不需追加额外资金的前提下，将预期收益率提高

了 0.75%。由于方程组有无穷多个解，所以这样的套利组合会大量存在。正是投资者不断地构造投资组合，而追求预期收益最大化的过程最终导致无套利状态的出现。

5.3.2 套利定价模型

套利机会的出现是理解套利定价理论的关键，如果投资者能够发现这样一种投资，其未来收益为正且初始投资为零，那么这一投资就抓住了套利机会。套利定价理论就是以套利机会为基础，该理论还包括以下基本假设：

（1）回报率是由某些共同因素及一些特定事件决定的，这称为回报率生成过程；

（2）市场是完全竞争的，交易成本为零，并且允许卖空；

（3）投资者是收益的不满足者，会利用不增加风险而能增加预期收益的机会；

（4）具有相同风险和收益率的证券不能有两个或两个以上价格，即一价定律成立；

（5）市场上存在大量不同的资产，资产种类比因素多，以保证相应方程组有解；

（6）证券的收益率受 k 个因素影响，并满足：

$$r_i = a_i + b_{i1}F_1 + b_{i2}F_2 + \cdots + b_{ik}F_k + \varepsilon_i \qquad (5.3.8)$$

且 $\mathrm{cov}(\varepsilon_i, \varepsilon_j) = 0$ ，$\mathrm{cov}(F_j, \varepsilon_i) = 0$ ，$\mathrm{cov}(F_i, F_j) = 0$ ，$E(\varepsilon_i) = 0$ ，$E(F_j) = 0$ 。

为使得投资组合的预期收益率达到最大，我们来考察条件 1、2 约束下的最优化问题。

首先来看只受一个因素影响的情形：

$$\max r_P = x_1\mu_1 + x_2\mu_2 + \cdots + x_n\mu_n$$
$$\mathrm{s.t.} \begin{cases} x_1 + x_2 + \cdots + x_n = 0 \\ b_1x_1 + b_2x_2 + \cdots + b_nx_n = 0 \end{cases} \qquad (5.3.9)$$

这里采用拉格朗日乘数法，首先构造辅助函数 $L(x_1, x_2, \cdots x_n; \ \lambda_0, \lambda_1)$

$$L = (x_1\mu_1 + x_2\mu_2 + \cdots + x_n\mu_n) - \lambda_0(x_1 + x_2 + \cdots + x_n) - \lambda_1(b_1x_1 + b_2x_2 + \cdots + b_nx_n)$$

由多元极值的一阶必要条件，有

$$\frac{\partial L}{\partial x_1} = \mu_1 - \lambda_0 - \lambda_1 b_1 = 0$$

$$\frac{\partial L}{\partial x_2} = \mu_2 - \lambda_0 - \lambda_1 b_2 = 0$$

$$\cdots$$

$$\frac{\partial L}{\partial x_n} = \mu_n - \lambda_0 - \lambda_1 b_n = 0 \qquad (5.3.10)$$

$$\frac{\partial L}{\partial \lambda_0} = x_1 + x_2 + \cdots + x_n = 0$$

$$\frac{\partial L}{\partial \lambda_1} = b_1 x_1 + b_2 x_2 + \cdots + b_n x_n = 0$$

由此可得均衡状态下 μ_i 与 b_i 的关系式：

$$\mu_i = \lambda_0 + \lambda_1 b_i \quad （\lambda_0 、 \lambda_1 为常数）$$

即得单因素模型下的 APT 定价公式。从该式可以看出，当投资组合的收益达到最大值时，μ_i 和 b_i 必须满足线性关系。否则，投资者就可以通过构造套利组合而进一步提高组合的预期收益率。以图 5.2 为例：

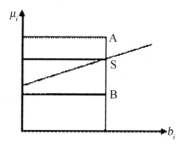

图 5.2 资产定价线

这里点 S 位于 $\mu_i = \lambda_0 + \lambda_1 b_i$ 所确定的直线上，A、B 两点分别位于 S 的正上方和正下方。以 A 点为例，由于 A 与 S 的敏感度相同，故通过卖出一定数量的 S 而买入相同金额的 A 即可在满足特征 1、2 的条件下形成套利组合。同理，对于 B 点，则可通过卖出一定数量的 B 而买入相同金额的 S 即可形成套利组合。所以要达到无套利状态，组合中的所有证券都必须位于这条直线上，我们把这条直线称为资产定价线。这是因为投资者不断买入 A 卖出 B，将使得 A 的价格上升、B 的价格下降，从而导致 A 收益率下降、B 的收益率上升，而最终回到资产定价线上。

那么，这里的 λ_0 、 λ_1 又具有什么样的经济含义呢？为弄清楚二者的具体含义，我们引入无风险证券（收益率设为 r_f ）和纯因素组合（预期收益率设为 μ_{p^*} ）两种资产。由于无风险证券对因素的敏感度为 0，而纯因素组合对因素的敏感度为 1，则有

$$r_f = \lambda_0 + 0 \cdot \lambda_1 = \lambda_0 \Rightarrow \lambda_0 = r_f , \quad \mu_{p^*} = \lambda_0 + 1 \cdot \lambda_1 = r_f + \lambda_1 \Rightarrow \lambda_1 = \mu_{p^*} - r_f 。$$

即 λ_0 为无风险利率，而 λ_1 为单位因素敏感度组合的预期收益率。所以套利定价公式又可以表示为

$$\mu_i = r_f + \left(\delta_1 - r_f\right)b_i \tag{5.3.11}$$

这里的 δ_1 即为 $\mu_{p_1^*}$，目的仅在于表示上的方便。

用同样的方法可以分析两因素模型，这时的最优化问题变为：

$$\max r_P = x_1\mu_1 + x_2\mu_2 + \cdots + x_n\mu_n$$
$$\text{s.t.}\begin{cases} x_1 + x_2 + \cdots + x_n = 0 \\ b_{11}x_1 + b_{12}x_2 + \cdots + b_{1n}x_n = 0 \\ b_{21}x_1 + b_{22}x_2 + \cdots + b_{2n}x_n = 0 \end{cases} \tag{5.3.12}$$

相应的拉格朗日函数变为 $L\left(x_1, x_2, \cdots x_n;\ \lambda_0, \lambda_1, \lambda_2\right)$

$$L = \left(x_1\mu_1 + x_2\mu_2 + \cdots + x_n\mu_n\right) - \lambda_0\left(x_1 + x_2 + \cdots + x_n\right)$$
$$- \lambda_1\left(b_{11}x_1 + b_{12}x_2 + \cdots + b_{1n}x_n\right) - \lambda_2\left(b_{21}x_1 + b_{22}x_2 + \cdots + b_{2n}x_n\right)。$$

由多元极值的一阶必要条件，有

$$\frac{\partial L}{\partial x_1} = \mu_1 - \lambda_0 - \lambda_1 b_{11} - \lambda_2 b_{21} = 0$$

$$\frac{\partial L}{\partial x_2} = \mu_2 - \lambda_0 - \lambda_1 b_{12} - \lambda_2 b_{22} = 0$$

$$\cdots$$

$$\frac{\partial L}{\partial x_n} = \mu_n - \lambda_0 - \lambda_1 b_{1n} - \lambda_2 b_{2n} = 0 \tag{5.3.13}$$

$$\frac{\partial L}{\partial \lambda_0} = x_1 + x_2 + \cdots + x_n = 0$$

$$\frac{\partial L}{\partial \lambda_1} = b_{11}x_1 + b_{12}x_2 + \cdots + b_{1n}x_n = 0$$

$$\frac{\partial L}{\partial \lambda_2} = b_{21}x_1 + b_{22}x_2 + \cdots + b_{2n}x_n = 0$$

由此可得均衡状态下 μ_i 与 b_i 的关系式：

$$\mu_i = \lambda_0 + \lambda_1 b_{1i} + \lambda_2 b_{2i}（\lambda_0、\lambda_1、\lambda_2 \text{ 为常数}） \tag{5.3.14}$$

对于 λ_0、λ_1、λ_2 的含义可以通过引入无风险证券、对一种因素敏感度为 1 而对第二种因素敏感度为 0 的证券组合（预期收益率设为 $\mu_{p_1^*}$）、对一种因素敏感度为 0 而对第二种因素敏感度为 1 的证券组合（预期收益率设为 $\mu_{p_2^*}$）三种资产来理解。

$$r_f = \lambda_0 + 0 \cdot \lambda_1 + 0 \cdot \lambda_2 = \lambda_0 \Rightarrow \lambda_0 = r_f，$$

$$\mu_{P_1^*} = \lambda_0 + 1 \cdot \lambda_1 + 0 \cdot \lambda_2 = r_f + \lambda_1 \Rightarrow \lambda_1 = \mu_{P_1^*} - r_f,$$

$$\mu_{P_2^*} = \lambda_0 + 0 \cdot \lambda_1 + 1 \cdot \lambda_2 = r_f + \lambda_2 \Rightarrow \lambda_2 = \mu_{P_2^*} - r_f.$$

和单因素模型一样，我们用 δ_1 代替 $\mu_{P_1^*}$，用 δ_2 代替 $\mu_{P_2^*}$，得两因素套利定价公式：

$$\mu_i = r_f + \left(\delta_1 - r_f\right)b_{i1} + \left(\delta_2 - r_f\right)b_{i2}.$$

依此类推，我们可以得到多因素（假设有 K 个因素）下的套利定价公式

$$\mu_i = r_f + \left(\delta_1 - r_f\right)b_{i1} + \left(\delta_2 - r_f\right)b_{i2} + \cdots + \left(\delta_k - r_f\right)b_{iK} \qquad (5.3.15)$$

例 2　再来考虑例 1，当该例中的套利者不断进行套利而使得套利机会消失时，预期回报率和敏感度将近似满足如下线性关系：

$$\mu_i = \lambda_0 + \lambda_1 b_i,\text{（其中 } \lambda_0 \text{、} \lambda_1 \text{ 为常数）}$$

其中一个可能的均衡为 $\lambda_0 = 8\%$、$\lambda_1 = 4\%$ 的情形，相应的定价方程为：$\mu_i = 8\% + 4\% b_i$。这时，相应证券 1、证券 2 和证券 3 的均衡预期回报率水平分别为：

$$\mu_1 = 8\% + 4\% \times 0.9 = 11.6\%,\quad \mu_2 = 8\% + 4\% \times 3 = 20\%,\quad \mu_3 = 8\% + 4\% \times 1.8 = 15.2\%.$$

从结果可以看出，由于买方压力的增加，证券 1 和证券 2 的预期回报率水平分别从 15% 和 21% 降到了 11.6% 和 20%。相反，卖方压力的增加，使得证券 3 的预期回报率从 12% 上升到了 15.2%。

例 3　假定三个分散化程度较高的资产或资产组合的回报率生成过程满足双因素套利定价模型，即：

$$r_i = a + b_{i1} F_1 + b_{i2} F_2 + \varepsilon_i$$

这三个资产或组合的实际预期收益和因素贝塔分别为：

表 5.3　三个资产或组合的实际收益和因素贝塔

资产或资产组合	预期回报率	b_{i1}	b_{i2}
A	17%	0.2	1
B	13%	1	0.2
C	11%	0.4	0.3

根据 $\mu_i = a + b_{i1} \overline{F}_1 + b_{i2} \overline{F}_2$，得到相应证券 A、证券 B 和证券 C 的均衡预期回报率水平分别为：

$$17\% = a + 0.2\overline{F}_1 + \overline{F}_2$$

$$13\% = a + \overline{F}_1 + 0.2\overline{F}_2$$

$$11\% = a + 0.4\overline{F}_1 + 0.3\overline{F}_2$$

将上面三个方程联立求解可得：

$$a = 6\%, \quad \overline{F}_1 = 5\%, \quad \overline{F}_2 = 10\%$$

相应的定价方程为：

$$\mu_i = 6\% + 5\% b_{i1} + 10\% b_{i2}$$

现在考虑一个由资产或资产组合 A、B、C 所构成的一个新的资产组合 D，其构成为：1/2 的 A、1/4 的 B 和 1/4 的 C。则有：

$$\mu_D = \sum x_i \mu_i = 1/2 \times 17\% + 1/4 \times 13\% + 1/4 \times 11\% = 14.5\%,$$
$$b_{P1} = \sum x_i b_{i1} = 1/2 \times 0.2 + 1/4 \times 0.1 + 1/4 \times 0.4 = 0.45,$$
$$b_{P2} = \sum x_i b_{i2} = 1/2 \times 1 + 1/4 \times 0.2 + 1/4 \times 0.3 = 0.625。$$

将因素贝塔代入上式可得：

$$\mu_D = 6\% + 5\% b_{i1} + 10\% b_{i2} = 6\% + 5\% \times 0.45 + 10\% \times 0.625 = 14.5\%。$$

可以看出两种方式得到的预期收益率相等，即套利定价模型投资组合同样成立。

习　题

1. 假定一个投资者持有 3 种证券，预期收益率分别为 15%、21% 和 12%，敏感度分别为 0.9、3.0 和 1.8。假定每一种证券的市值为 100 万元，总市值为 300 万元。试构建一个套利组合。

2. 基于单因素模型，设无风险利率为 6%，一个具有单位因素敏感度的投资组合的期望收益率为 8.5%。现在考虑下面两种证券的一个投资组合：二者的因素敏感度分别为 4.0 和 2.6，权重分别为 0.3 和 0.7。根据套利定价理论分析该组合的均衡期望收益率是多少？

3. 假定三个分散化程度相当高的资产或资产组合的收益生成过程满足双因素套利定价模型，且这三个资产或组合的实际预期收益和因素贝塔分别为：

资产或资产组合	预期收益（%）	b_{i1}	b_{i2}
A	16.2	0.5	0.8
B	21.6	1.5	1.4
C	10.0	0	0

试求均衡资本市场上平均收益与因素贝塔之间的一般关系。如果三种证券的权重分别为 1/6，1/3 和 1/2，其预期收益率是多少？对两因素的敏感度分别是多少？

4. 为什么说因素模型不是资产定价的均衡模型？

5. 比较套利定价模型与资本资产定价模型。

第三篇 衍生产品定价基础

本篇将在简单市场框架下讨论第二种派生方式——基础风险证券上的权益派生，即衍生金融产品。衍生金融产品定价即确定衍生证券的理论价格，它既是市场参与者进行投机、套利和套期保值的依据，也是为衍生金融工具提供报价的基础。基本的金融衍生产品包括远期、期货、互换和期权四种，更复杂的金融衍生产品的定价则在这四种基本衍生产品所确定的框架内推导出来。在四大基础性衍生产品中，期货合约可以看作标准化的远期合约，而互换又可以看作一系列远期合约的组合。所以从这一角度来说，衍生产品中最基础的合约有两大类：一类是远期合约，一类是期权。为清楚起见，我们在本篇将主要介绍远期合约和期权，对期货合约的交易规则不做过多考虑，而对于互换，则将在本书的最后一章以利率衍生产品特例的形式来处理。本篇共分两章：第一章为远期合约，主要介绍远期的定义、不同现金流情况下的远期价格以及远期价格与期货价格一致性的条件。第二章为期权，主要介绍期权的定义、分类以及价格特征。它们分别构成全书的第六、七章。此外，出于对本书难度限制的考虑，本篇及以后各篇均假定市场是完备的，即所有未定权益（衍生产品）都是可（由基础证券）复制的。

第六章　远期合约

远期合约是最简单的衍生证券。它既是一种独立的衍生证券，又往往作为一种部分特征出现在其他衍生产品的定价中，如期权和互换。本章将首先讨论远期合约的概念及其定价问题。此外，本章还将证明，当无风险利率恒定时，两个到期日相同的远期合约与期货合约具有相同的价格。

第一节　基本概念与模型假设

所谓远期合约（forward contracts）是指买卖双方约定在未来某一确定的时间，按照合约签订时所确定的价格买入或卖出一定数量的某种金融资产的协议。其中，合约里规定的用于交易的金融资产被称为标的物（underlying），标的物的买方被称为多头（long position），标的物的卖方被称为空头（short position），合约中确定的未来买卖标的物的价格被称为交割价格（delivery price）。根据公平原则，在合约签订时依据当前标的物价格计算的交割价格应当使得立即进行远期合约交易的价值为零。但在合约签订之后，标的物的价格是随机的。如果在合约签订之后而在到期日之前的某个时点再次签署一份相同标的物、相同到期时间的远期合约，则新合约依据该时点标的物价格计算的交割价格则未必与之前签署合约的交割价格相同。也就是说，如果这两个交割价格不同，那么无成本地交易之前签署的远期合约则会产生无风险套利。因此，我们有必要为合约签订之后而在到期日之前的每个时点计算这一理想的交割价格，该价格我们就称之为远期价格。显然，远期价格是一个理论价格，它与实际交割价格之间的差额（的现值）就构成了当前交易已签订合约的价值。所以从另一方面说，也可以将远期价格定义为使得远期合约（指当前新签署一份）价值为零的交割价格。以后，我们所指的交割价格均指实际已签署合约中规定的交割价格。显然，只有在合约签署时，远期价格一定等于交割价格，并且此时的远期价值为零；而在签署合约之后、到期日之前的其他时点都可能形成二者之间的差值，即远期合约价值不为零的情形。事实上，也正是这种价值的存在，直接导致了期货（远期）和现货之间的价格辩证关系。本章我们所要讨论的就是远期价格和远期价值的计算问题。

为了简便起见，本章的分析是建立在如下假设前提下的：

（1）没有交易费用和税收。

（2）市场参与者能以相同的无风险利率借入和贷出资金。

（3）远期合约没有违约风险。

（4）允许现货卖空行为。

（5）当套利机会出现时，市场参与者将参与套利活动，从而使套利机会消失，我们算出的理论价格就是在没有套利机会下的均衡价格。

（6）期货合约的保证金账户支付同样的无风险利率。这意味着任何人均可不花成本地取得远期和期货的多头和空头地位。

为了表述上的方便，这里先列出本章将要用到的主要符号：

T：远期和期货合约的到期时间，单位为年。

t：现在的时间，单位为年。变量 T 和 t 是从合约生效之日（时间记为 0）开始计算的，$T-t$ 代表远期和期货合约中以年为单位计算的剩下的时间。

S_t：标的资产在时间 t 的价格。

S_T：标的资产在时间 T 的价格（在 t 时刻这个值是个未知变量）。

K：远期合约中的交割价格。

$f(t,T)$：到期日为 T 的远期合约多头在 t 时刻的价值。

$F(t,T)$：t 时刻的到期日为 T 的远期合约和期货合约中标的资产的远期理论价格和期货理论价格，在本书中如无特别注明，我们分别简称为远期价格和期货价格。

r_f：T 时刻到期的以连续复利计算的 t 时刻的无风险利率（年利率），在本章中，如无特别说明，利率均为连续复利。

事实上，从当前时刻 0 来看，无论是 S_t 还是 S_T，都是随机变量。但值得庆幸的是，我们不需要讨论关于标的资产价格的分布，只是因为远期本身的特点使得无论标的资产未来的价格如何，只要当前价格已知，就可以直接计算出远期的价格。此外，这里的标的资产在 $(0,T)$ 时间内可以包含现金流，如支付红利的股票；还有些标的资产，因需要存储而产生相应的存储成本。所以，接下来我们将依据标的物为无收益资产、支付已知现金收益的资产和支付已知收益率的资产三类来讨论远期合约的定价问题。这里我们将基于无套利原理来进行定价。其基本思路是：构建两种投资组合，令其终值相等，则其现值一定相等，否则就会产生套利。即只要投资者卖出当前价值较高的投资组合，同时买入当前价值较低的投资组合，然后持有到期，则可赚取无风险利润。这样一来，我们就可依据现值相当的原则，利用已知量，求出未知量，即以当前已知的标的资产价格求出未知的远期价格。

第二节　无收益资产远期合约的定价

无收益资产是指在到期日前不产生现金流的资产，如贴现债券。下面，为了给无收益资产的远期定价，我们构建如下两个投资组合：

组合 A：一单位标的资产。

组合 B：一份远期合约多头加上 $KB(t,T)$ 份零息债券。

在组合 B 中， $KB(t,T)$ 份的零息债券，到 T 时刻将获得金额为 K 的现金。而此时，也就是远期合约到期时，这笔现金恰好可以用来交割一单位标的资产。这样一来，在 T 时刻，两种组合的价值都等于一个单位标的资产的价值。根据无套利原则，这两种组合在 t 时刻的价值必须相等。即：

$$f(t,T) + KB(t,T) = S_t, \quad 即 f(t,T) = S_t - KB(t,T) \tag{6.2.1}$$

上式表明，该远期合约多头的价值等于其标的资产现货价格与交割价格现值的差额。从复制的角度来说，一单位无收益资产远期合约多头可由一单位标的资产和 $KB(t,T)$ 份的零息债券来复制。

由于在签订远期合约时，远期价格等于交割价格，且这时的远期价值为零。所以这时的远期价格（ $F(t,T)$ ）就是使得合约价值（ $f(t,T)$ ）为零的交割价格（ K ）。于是令式（6.2.1）中 $f(t,T) = 0$ ，则有

$$F(t,T) = S_t \cdot B^{-1}(t,T) \tag{6.2.2}$$

这也就是无收益资产的现货–远期平价定理，或称现货期货平价定理。它表明，对于无收益资产而言，远期价格等于其标的资产现货价格的终值。

定理 6.2.1（无收益资产现货–远期平价定理） 如果远期合约的标的资产为无收益资产，则该合约在 t （ $t \leqslant T$ ）时刻的远期价格为

$$F(t,T) = S_t \cdot B^{-1}(t,T)$$

为了证明该定理，我们采用反证法。

假设 $F(t,T) > S_t \cdot B^{-1}(t,T)$ ，即交割价格大于现货价格的终值。在这种情况下，套利者可以卖出 $S_t \cdot B^{-1}(t,T)$ 份零息债券，以收到现金 S_t 。然后以现金 S_t 购买一单位标的资产，并同时卖出一份交割价格为 $F(t,T)$ 的该资产的远期合约。那么到 T 时刻，该套利者就可将一单位标的资产用于交割以换来现金 $F(t,T)$ ，并归还借款本息 $S_t \cdot B^{-1}(t,T)$ ，这就实现了 $F(t,T) - S_t \cdot B^{-1}(t,T)$ 的无风险利润，与套利原理矛盾。

假设 $F(t,T) < S_t \cdot B^{-1}(t,T)$ ，即交割价格小于现货价格的终值。在这种情况下，套利者可以以价格 S_t 卖空一单位标的资产，用获得的现金 S_t 买入 $S_t \cdot B^{-1}(t,T)$ 份零息债券。同时买入一份交割价格为 $F(t,T)$ 的该资产的远期合约。那么到 T 时刻，该套利者以其 $S_t \cdot B^{-1}(t,T)$ 份零息债券获得现金 $S_t \cdot B^{-1}(t,T)$ ，并利用远期合约多头的权利以价格 $F(t,T)$ 买入一单位标的资产以结清标的资产的空头头寸，这就实现了 $S_t \cdot B^{-1}(t,T) - F(t,T)$ 的无风险利润。同样与套利原理矛盾。从而定理得证。

考虑到 $B(t,T) \leqslant 1$ ，总有 $F(t,T) = S_t \cdot B^{-1}(t,T) \geqslant S_t$ ，于是我们将 $F(t,T) - S_t$ 称为基差，且当 $t \to T$ 时，因为 $B(t,T) \to B(T,T) = 1$ ，故基差收敛于零。

有了无收益资产的现货–远期平价关系，我们自然会问：对于相同标的资产、不同到期日的远期价格之间又是什么关系呢？这就是所谓远期价格的期限结构。设 $F(t,T)$ 为在 T 时刻交割的远期价格，$F^*(t,T)$ 为在 T^* 时刻交割的远期价格，根据无收益资产的现货–远期平价关系可知，

$$F(t,T) = S_t \cdot B^{-1}(t,T), \quad F(t,T^*) = S_t \cdot B^{-1}(t,T^*)。$$

两式联立，得

$$F(t,T^*) = F(t,T) \cdot B(t,T) B^{-1}(t,T^*) \tag{6.2.3}$$

如果设 $[t,T]$ 上的无风险利率为 r，$[t,T^*]$ 上的无风险利率为 r^*，则由式（6.2.3）得

$$F(t,T^*) = F(t,T) \cdot \mathrm{e}^{-r(T-t)} \mathrm{e}^{r^*(T^*-t)} = F(t,T) \cdot \mathrm{e}^{r^*(T^*-t)-r(T-t)} \tag{6.2.4}$$

若设 $F(t,T^*) = F(t,T) \cdot \mathrm{e}^{\hat{r}(T^*-T)}$，则 $\hat{r} = \dfrac{r^*(T^*-t) - r(T-t)}{T^*-T}$ 为从 T 到 T^* 时刻的无风险远期利率。这就再次涉及利率期限结构的问题，关于这一问题的进一步讨论见第五篇利率期限结构与固定收益产品定价。

例 1　设一份标的证券为一年期贴现债券、剩余期限为 6 个月的远期合约多头，其交割价格为\$960，6 个月期的无风险年利率（连续复利）为 6%，该债券的现价为\$940。则根据公式（6.2.1），我们可以算出该远期合约多头的价值为：

$$f = 940 - 960\mathrm{e}^{-0.06 \times 0.5} = 8.37$$

利用公式（6.2.2），我们可以算出无收益证券的远期合约中合理的交割价格。

例 2　假设一年期的贴现债券价格为\$960，3 个月期无风险年利率为 5%，则 3 个月期的该债券远期合约的交割价格应为：

$$F = 960 \times \mathrm{e}^{0.05 \times 0.25} = 972$$

例 3　假设某种不付红利股票 6 个月远期的价格为 20 元，目前市场上 6 个月至 1 年的远期利率为 8%，求该股票 1 年期的远期价格。

根据式（6.2.3），该股票 1 年期远期价格为：

$$F^* = 20 \times \mathrm{e}^{0.08 \times 0.5} = 20.82。$$

对于下面将要介绍的支付已知现金收益资产和支付已知红利率资产的远期合约，读者可以运用相同的方法推导不同期限远期价格之间的关系。

第三节　已知现金收益资产远期合约的定价

所谓支付已知现金收益的资产，是指在到期前会产生完全可预测的现金流的资产，如附息债券和支付已知现金红利的股票。黄金、白银等贵金属本身不产生收益，但需要花费一定的存储成本，存储成本可看成是负收益。设已知现金收益的现值为 I，对黄金、白银来说，I 为负值。

为了给支付已知现金收益资产的远期定价，我们可以构建如下两个组合：

组合 A：一单位标的证券加上利率为无风险利率、期限为从现在到现金收益派发日、本金为 I 的负债。

组合 B：一份远期合约多头加上 $KB(t,T)$ 份的零息债券。

在组合 B 中，$KB(t,T)$ 份的零息债券，到 T 时刻将获得金额为 K 的现金。而此时，也就是远期合约到期时，这笔现金恰好可以用来交割一单位标的资产。而对于组合 A，由于标的资产的现金收益刚好可以用来偿还负债的本息，因此在 T 时刻，组合 A 的价值也等于一个单位标的资产的价值。根据无套利原则，这两种组合在 t 时刻的价值必须相等。即：

$$f(t,T)+KB(t,T)=S_t-I，即 f(t,T)=S_t-I-KB(t,T) \tag{6.3.1}$$

上式表明，支付已知现金收益资产的远期合约多头价值等于标的证券现货价格扣除现金收益现值后的余额与交割价格现值之差。或者说，一单位支付已知现金收益资产的远期合约多头可由一单位标的资产和 $I+KB(t,T)$ 份零息债券构成。

和上节一样，令 $f(t,T)=0$，则有

$$F(t,T)=(S_t-I)\cdot B^{-1}(t,T) \tag{6.3.2}$$

这就是支付已知现金收益资产的现货-远期平价公式。公式（6.3.2）表明，支付已知现金收益资产的远期价格等于标的证券现货价格与已知现金收益现值差额的终值。

定理 6.3.1（支付已知现金收益资产现货-远期平价定理） 如果远期合约的标的资产为支付已知现金收益的资产，则该合约在 t（$t\leqslant T$）时刻的远期价格为

$$F(t,T)=(S_t+I)\cdot B^{-1}(t,T)。$$

为了证明该定理，我们采用反证法。

假设 $F(t,T)>(S_t+I)\cdot B^{-1}(t,T)$，即交割价格大于现货价格的终值。在这种情况下，套利者可以卖出 $S_t\cdot B^{-1}(t,T)$ 份零息债券，以收到现金 S_t。然后以现金 S_t 购买一单位标的资产，同时卖出一份交割价格为 $F(t,T)$ 的该资产的远期合约，并把从标的资产中获得的现金收益都买入到期日为 T 的零息债券。那么到 T 时刻，该套利者就可将一单位标的资

产用于交割以换来现金 $F(t,T)$，并归还借款本息 $S_t \cdot B^{-1}(t,T)$，同时得到 $I \cdot B^{-1}(t,T)$ 的本利收入，这就实现了 $F(t,T)-(S_t+I)\cdot B^{-1}(t,T)$ 的无风险利润，与套利原理矛盾。

假设 $F(t,T)<(S_t+I)\cdot B^{-1}(t,T)$，即交割价格小于现货价格的终值。在这种情况下，套利者可以以价格 S_t 卖空一单位标的资产，用获得的现金 S_t 买入 $S_t \cdot B^{-1}(t,T)$ 份零息债券。同时买入一份交割价格为 $F(t,T)$ 的该资产的远期合约。那么到 T 时刻，该套利者以其 $S_t \cdot B^{-1}(t,T)$ 份零息债券获得现金 $S_t \cdot B^{-1}(t,T)$，并利用远期合约多头的权利以价格 $F(t,T)$ 买入一单位标的资产以结清标的卖空资产产生的空头头寸，并把该标的资产在 $[t,T]$ 期间现金收益的终值 $I \cdot B^{-1}(t,T)$ 归还原标的资产持有者，这就实现了 $(S_t+I)\cdot B^{-1}(t,T)-F(t,T)$ 的无风险利润。同样与套利原理矛盾。从而定理得证。

例 4　假设 6 个月期和 12 个月期的无风险年利率分别为 5% 和 6%，而一种十年期债券现货价格为 990 元，该证券一年期远期合约的交割价格为 1000 元，该债券在 6 个月和 12 个月后都将收到 50 元的利息，且第二次付息日在远期合约交割日之前，求该合约的价值。

根据已知条件，我们可以先算出该债券已知现金收益的现值：

$$I = 50\mathrm{e}^{-0.05\times0.5} + 50\mathrm{e}^{-0.06\times1} = 95.85$$

根据公式（6.3.1），我们可算出该远期合约多头的价值为：

$$f = 990 - 95.85 - 1000\mathrm{e}^{-0.06\times1} = -52.61$$

相应的，该合约空头的价值为 52.61 元。

例 5　假设黄金的现价为每盎司 500 美元，其存储成本为每年每盎司 2.5 美元，在整一年后支付，无风险年利率为 6%。求一年期黄金远期价格。

根据已知条件，我们可以先算出存储成本的现值：

$$I = -2.5\mathrm{e}^{-0.06\times1} = -2.35$$

从而有

$$F = (500+2.35)\times \mathrm{e}^{-0.06\times1} = 533.41$$

第四节　已知收益率资产远期合约的定价

支付已知收益率的资产是指在到期前将产生与该资产现货价格成一定比率的收益的资产。外汇是这类资产的典型代表，其收益率就是该外汇发行国的无风险利率。股价指数也可近似地看作支付已知收益率的资产。因为虽然各种股票的红利率是可变的，但作为反映市场整体水平的股价指数，其红利率是较易预测的。远期利率协议和远期外汇综合协议也可看作支付已知收益率资产的远期合约。

为了给出支付已知收益率资产的远期定价，我们可以构建如下两个组合：

组合 A：$e^{-q(T-t)}$ 单位标的资产，并且所有收入都再投资于该证券，其中 q 为该资产按连续复利计算的已知收益率。

组合 B：一份远期合约多头加上 $KB(t,T)$ 份的零息债券。

在时刻 T，$KB(t,T)$ 份的零息债券，到 T 时刻将获得金额为 K 的现金。而此时，也就是远期合约到期时，这笔现金恰好可以用来交割一单位标的资产。组合 A 拥有的证券数量则随着获得红利的增加而增加，正好拥有一单位标的证券。因此在 t 时刻两者的价值也应相等，即：

$$f(t,T)+KB(t,T)=S_te^{-q(T-t)}, \quad 即\ f(t,T)=S_te^{-q(T-t)}-KB(t,T) \qquad (6.4.1)$$

公式（6.4.1）表明，支付已知红利率资产的远期合约多头价值等于 $e^{-q(T-t)}$ 单位标的资产的现值与交割价现值之差。或者说，一单位支付已知红利率资产的远期合约多头可由 $e^{-q(T-t)}$ 单位标的资产和 $KB(t,T)$ 份的零息债券来复制。

根据远期价格的定义，我们可根据公式（6.4.1）算出支付已知收益率资产的远期价格：

$$F(t,T)=S_te^{q(T-t)}\cdot B^{-1}(t,T)\ 或\ F(t,T)=S_te^{(r-q)(T-t)} \qquad (6.4.2)$$

这就是支付已知红利率资产的现货-远期平价公式。公式（6.4.2）表明，支付已知收益率资产的远期价格等于按无风险利率与已知收益率之差计算的现货价格在 T 时刻的终值。

例 6　A 股票现在的市场价格是 50 元，年平均红利率为 4%，无风险利率为 10%，若该股票 6 个月的远期合约的交割价格为 54 元，求该远期合约的价值及远期价格。

$$f=50e^{-0.04\times0.5}-54e^{-0.10\times0.5}=-2.36$$

所以该远期合约多头的价值为-2.36 元。其远期价格为：

$$F=50e^{(0.10-0.04)\times0.5}=51.52$$

实际上，如果仔细观察上述三节中关于远期定价的三种情况不难发现，这些远期价格都可以看作将标的资产价格中无法获取的确定性收益剔除后剩余部分按无风险利率计算得到的终值。不同之处仅在于第一种情况没有剔除，或者说无法获取的确定收益为零；后两种情况则是分别剔除了 I 和 q 带来的影响。如果我们能够将这些无法获取的确定性因素进行整合，用一个参数包含进所有这些因素，则上述三种情况就可以统一起来，这个参数就是持有成本。

持有成本=保存成本+无风险利息成本-标的资产在合约期限内提供的收益。那么在这三种情形中，无收益标的资产没有保存成本和收益，所以对无收益标的资产而言，其持有成本仅包含利息成本 r；而对支付已知收益率的资产，其持有成本为 $r-q$；对支付已知现金收益的资产则可以转化为支付已知收益率的情形来看待。我们用 c 来表示持有

成本，则远期价格为

$$F(t,T) = S_t e^{c(T-t)} \text{。}$$

相应的远期价值为

$$f(t,T) = S_t e^{(c-r)(T-t)} - K e^{-r(T-t)} \text{。}$$

第五节　期货价格与远期价格、现货价格的关系

由于远期合约一般在场外进行，所以总是存在合约签署的某一方违约的风险。由于期货合约在规范的交易所进行，则可以有效地避免这种违约风险。期货合约作为标准化的远期合约，同远期合约一样，在签署合约时的价值为零。不同的是，期货合约并不像远期合约那样，仅在到期日进行结算，它是每一个交易日都进行结算的，这也就是所谓的盯市制度。设结算的时点分别为 $t_1, t_2, \cdots, t_N$，其中 $0 = t_0 = t_1 < t_2 < \cdots < t_N = T$。那么，对于期货合约的多头，他在每一个时点 t_i（$i = 1, 2, \cdots, N$）收到的金额为

$$G(t_i, T) - G(t_{i-1}, T) \text{（这里我们用 } G \text{ 表示期货的价格）}$$

如果该值大于零，则为收益，相反则为支付，而空头则正好相反。正是这种每日结算，可能使得期货价格不同于远期价格。下面我们将证明，在利率为常数的情况下，期货价格等于远期价格。

定理 6.5.1　如果在 $[0,T]$ 上利率为常数，则 $F(0,T) = G(0,T)$。

证明：任给 $t \in [0,T]$，设 $G(0,T) - F(0,T) > 0$。在这种情况下，于是时刻 0 取得一个份远期合约的多头，并开仓 $e^{-r(T-t)}$ 份期货空头头寸。在时刻 t，盯市的结果需要支付金额为 $e^{-r(T-t)}[G(t,T) - G(0,T)]$，所以借入 $e^{-r(T-t)}[G(t,T) - G(0,T)]$ 的无风险资产将空头期货头寸增加到一份。到时刻 T，支付 $G(t,T) - G(0,T)$ 以偿付无风险借款；支付 $G(T,T) - G(0,T)$ $= S(T) - G(0,T)$ 以结清期货空头头寸；收到 $S(T) - F(0,T)$ 以结清远期多头头寸。三项汇总得，$G(0,T) - F(0,T) > 0$。这也就意味着套利机会的存在。对于，$G(0,T) - F(0,T) < 0$ 的情况，可以采用相反的头寸处理。由 t 的任意性知，$F(0,T) = G(0,T)$。

习　题

1. 假设一种无红利支付的股票目前的市价为 30 元，无风险连续复利年利率为 5%，求该股票 6 个月期远期价格。

2. 某股票预计在 2 个月和 5 个月后每股分别派发 1 元股息，该股票目前市价等于 30，所有期限的无风险连续复利年利率均为 6%，某投资者刚取得该股票 6 个月期的远

期合约空头，请问：（1）该远期价格等于多少？若交割价格等于远期价格，则远期合约的初始值等于多少？（2）3 个月后，该股票价格涨到 35 元，无风险利率仍为 6%，此时远期价格和该合约空头价值等于多少？

3. 假设目前白银价格为每盘司（28.35 克）100 元，储存成本为每盘司每年 2 元，每 3 个月初预付一次，所有期限的无风险连续复利率均为 5%，求 9 个月后交割的白银期货的价格。

4. 一家银行为其客户提供了两种贷款选择，一是按年利率 11%（一年计一次复利）贷出现金，一是按年利率 2%（一年计一次复利）贷出黄金。黄金贷款用黄金计算，并需用黄金归还本息。假设市场无风险连续复利年利率为 9.25%，储存成本为每年 0.5%（连续复利）。请问哪种贷款利率较低？

5. 利用衍生证券空头对冲来证明远期定价公式。

6. 推导支付已知现金收益资产和支付已知红利率资产的不同期限远期价格之间的关系。

第七章 期权的基本概念与性质

期权定价理论的研究由来已久，从巴舍利耶 1900 年关于期权定价的研究到布莱克、斯科尔斯、莫顿于 1973 年提出著名的 Black-Scholes-Merton 模型，经历了 Sprenkle、Boness、Samuelson 等大批学者的研究过程。之后，Harrison、Kreps、Pliska、Cox、Ross、Rubinstein 等人的研究则进一步丰富和完善了期权定价的理论成果。Black-Scholes-Merton 模型的提出被视为现代金融学的第二次革命，它直接促成了金融数学这一学科的形成。本章我们将介绍期权定价的基本概念和性质，并在其后的两章分别给出期权定价的离散模型和连续模型。

第一节 期权的基本概念与盈亏分布

期权（option），是指赋予其购买者在规定期限内按双方约定的价格（简称协议价格（striking price）或执行价格（exercise price））购买或出售一定数量的某种金融资产（称为标的资产，或原生资产（underlying financial assets）的权利的合约。这种合约买卖双方的权利义务是不对称的，买方只有权利没有义务，也正是这一点使得期权购买方为了获得这个权利，必须支付给期权卖方一定的费用，也就是期权费（premium）或期权价格（option price）。期权的买方称为期权的多头，期权的卖方称为期权的空头。从定价的角度，期权可以依据不同的标准划分为如下几类（以标的为内容的划分则不在本书的考虑之列）。按期权买者的权利划分，期权可分为看涨期权（call option）和看跌期权（put option）。如果是赋予期权买者购买标的资产的权利，则该合约就称为看涨期权；而如果赋予期权买者出售标的资产权利，则该合约称为看跌期权（如表 7.1 所示）。很显然，那些担心未来价格上涨的投资者将成为看涨期权的买方，而那些担心未来价格下跌的投资者将成为看跌期权的买方。当然，基于买卖方向上的不同，作为期权的卖方则正好相反。

表 7.1 期权交易中的买卖双方的关系

	看涨期权	看跌期权
期权买方	以执行价格买入标的资产的权利	以执行价格卖出标的资产的权利
期权卖方	以执行价格卖出标的资产的义务	以执行价格买入标的资产的义务

按期权买方执行期权的时限划分，期权可分为欧式期权和美式期权。欧式期权的买

方只能在期权到期日才能执行期权，而美式期权则允许买方在期权到期前的任何时间执行期权。

有了期权的基本概念，我们再来分析一下期权的盈亏分布状况，它对于制订期权交易策略是十分重要的。为了说明上的方便，我们引入如下符号：

T：期权合约的到期时间，单位为年。

t：现在的时间，单位为年。变量 T 和 t 是从合约生效之日（时间记为 0）开始计算的，$T-t$ 代表期权合约中以年为单位的剩余的时间。

S_t：标的资产在时间 t 的价格。有时为了表述上的简单，在不影响意义的情况下，会省略下标 t。

S_T：标的资产在时间 T 的价格（在 t 时刻这个值是个未知变量）。

K：期权的执行价格。

C_E：欧式看涨期权的价格。

P_E：欧式看跌期权的价格。

C_A：美式看涨期权的价格。

P_A：美式看跌期权的价格。

r_f：T 时刻到期的以连续复利计算的 t 时刻的无风险利率（年利率），在本章中，如无特别说明，利率均为连续复利。

7.1.1 看涨期权的盈亏分布

看涨期权买方的回报和盈亏分布如图 7.1（a）所示。图中的两条线，一条表示回报（pay off），另一条表示盈亏（gain or loss）。前者不考虑期权费，后者则考虑了期权费的影响。鉴于买卖双方在回报与盈亏上的对称性，即买方的回报和盈亏与卖方的回报和盈亏正好相反，据此我们又可以画出看涨期权卖方的回报和盈亏分布（如图 7.1（b）所示）。从图中可以看出，看涨期权买方的亏损是有限的，其最大亏损限度是期权价格，而其盈利却可能是无限的。相反，看涨期权卖方的亏损可能是无限的，而盈利却是有限的，其最大盈利限度则是期权价格。期权买者以较小的期权价格为代价换来了较大盈利的可能性，而期权卖者则为了赚取期权费而冒着大量亏损的风险。由此不难看出，期权交易得以存在的基础是买卖双方在标的资产价格走势判断上的反向。

从图中不难看出，就期权执行时刻而言，期权的价值（即盈亏）取决于标的资产现货价格与协议价格的差距。为了表征这种差距带来的影响，常常以实值、虚值和平价来表示标的资产现货价格与协议价格的三种状态：如果标的资产现货价格大于协议价格，则称该看涨期权处于实值状态，或者称该看涨期权为实值期权（in the money）；如果标的资产现货价格小于协议价格，则称该看涨期权处于虚值状态，或者称该看涨期权为虚值期权（out of the money）；如果标的资产现货价格等于协议价格，则称该看涨期权处于平价状态，或者称该看涨期权为平价期权（at the money）。

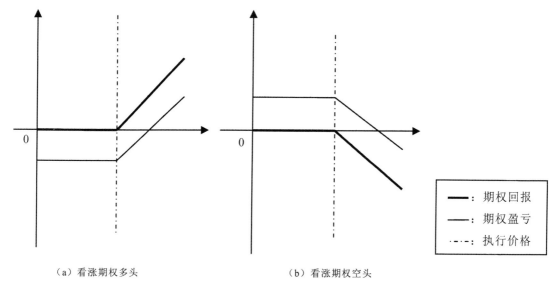

（a）看涨期权多头　　　　　　　　（b）看涨期权空头

图 7.1　看涨期权盈亏分布图

7.1.2　看跌期权的盈亏分布

看跌期权的盈亏分布如图 7.2 所示。从图中可以看出，看跌期权买方的亏损是有限的，其最大亏损限度也是期权价格，但其盈利却并非无限的，这是因为一般标的资产价格不会为负，所以当标的资产价格为零时，看涨期权多头的盈利将达到最大，也就是执行价格减去期权价格。因此，由买卖双方在回报与盈亏上的对称性可知，看跌期权卖方的亏损和盈利也都是有限的，其最大盈利限度则是期权价格。

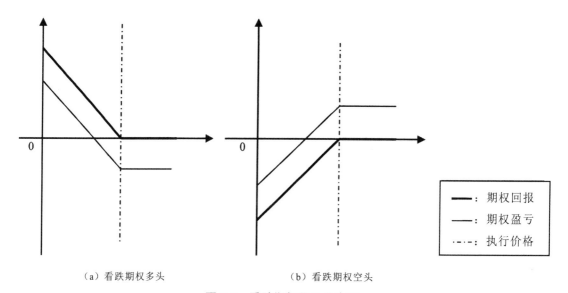

（a）看跌期权多头　　　　　　　　（b）看跌期权空头

图 7.2　看跌期权盈亏分布图

和看涨期权一样，我们也可以用实值、虚值和平价来表示标的资产现货价格与协议价格的三种状态：如果标的资产现货价格小于协议价格，则称该看跌期权处于实值状态，或者称该看跌期权为实值期权（in the money）；如果标的资产现货价格大于协议价格，则称该看跌期权处于虚值状态，或者称该看跌期权为虚值期权（out of the money）；如果标的资产现货价格等于协议价格，则称该看涨期权处于平价状态，或者称该看涨期权为平价期权（at the money）。由此不难看出，看涨期权和看跌期权在实值和虚值两种状态下是正好相反的。

值得注意的是，期权的这三种状态不仅用于期权的执行时刻，也用于表达执行之前的时刻。其定义如下：

对看涨期权而言，如果 $S_t > K$，则称期权处于实值状态；如果 $S_t < K$，则称期权处于虚值状态；如果 $S_t = K$，则称期权处于平价状态。对于看跌期权而言，如果 $S_t < K$，则称期权处于实值状态；如果 $S_t > K$，则称期权处于虚值状态；如果 $S_t = K$，则称期权处于平价状态。

这种定义对于美式期权似乎更容易理解，因为美式期权可以在到期前的任何时刻执行，即如果该美式期权处于实值状态，那么持有该种期权的多头将会获利。但对欧式期权而言，我们仍然采用相同的表示，其意义却略有不同。这是因为，欧式期权只有在到期日才能执行，即使当前处于实值状态，到期时也未必还是实值的，也就是说期权的多头在到期时也未必获利。所以实值欧式期权只能看作盈利有一定保障的资产。

第二节　期权价格的特性

与实值、虚值、平价直接相关的另一个概念是期权的内在价值。而与内在价值相关的另一概念则是期权的时间价值，二者之和就构成了期权的全部价值，即期权价格。本节我们首先讨论期权的内在价值和时间价值，之后再来分析期权价格的特征。

7.2.1　期权的内在价值与时间价值

期权的内在价值（intrinsic value）是指期权立即执行时的正净值，即在时刻 t（$t \in [0,T]$），执行价格为 K 的看涨期权的内在价值为 $\max\{S(t) - K, 0\}$，而具有相同执行价格的看跌期权的内在价值为 $\max\{K - S(t), 0\}$。

从该定义不难看出，如果期权处于虚值或平价状态，则期权的内在价值为零；而如果期权处于实值状态，则期权的内在价值为正。

期权的时间价值（time value）是指在期权有效期内标的资产价格波动为期权持有者带来收益的可能性所隐含的价值，在取值上，它等于期权价值和内在价值的差额。即对欧式看涨期权，其时间价值为 $C_E - \max\{S(t) - K, 0\}$；对欧式看跌期权，其时间价值为 $P_E - \max\{K - S(t), 0\}$；对美式看涨期权，其时间价值为 $C_A - \max\{S(t) - K, 0\}$；对美式看跌期权，其时间价值为 $P_A - \max\{K - S(t), 0\}$。

这里虽然给出了时间价值的定义，但其依赖于期权的价格。本章我们首先分析期权价格的上下限，然后给出看涨期权-看跌期权平价公式，关于期权定价的问题则在后面两章予以解决。

7.2.2　期权上、下限

为了推导出期权定价的精确公式，我们先得找出期权价格的上、下限。

1. 期权价格的上限

（1）看涨期权价格的上限

在任何情况下，期权的价值都不会超过标的资产的价格。否则的话，套利者就可以通过买入标的资产并卖出期权来获取无风险利润。因此，对于美式和欧式看跌期权来说，标的资产价格都是看涨期权价格的上限：

$$C_E \leqslant S_t, \quad C_A \leqslant S_t \qquad (7.2.1)$$

（2）看跌期权价格的上限

由于美式看跌期权的多头执行期权的最高价值为协议价格 K，因此，美式看跌期权价格 P_A 的上限为 K：$P_A \leqslant K$；由于欧式看跌期权只能在到期日（T 时刻）执行，在 T 时刻，其最高价值为 K，因此，欧式看跌期权价格 P_E 不能超过 K 的现值：$P_E \leqslant K\mathrm{e}^{-r(T-t)}$。

2. 期权价格的下限

由于确定期权价格的下限较为复杂，我们这里先给出欧式期权价格的下限，并区分无收益与有收益标的资产两种情况。

（1）欧式看涨期权价格的下限

为了推导出期权价格下限，我们考虑如下两个组合：

组合 A：一份欧式看涨期权加上金额为 $K\mathrm{e}^{-r(T-t)}$ 的现金。

组合 B：一单位标的资产。

在组合 A 中，如果将现金 $K\mathrm{e}^{-r(T-t)}$ 按无风险利率 r 投资于 $[t,T]$ 时段的货币市场，则在 T 时刻将变为现金 K，即协议价格。此时若 $S_T > K$，则执行看涨期权，组合 A 的价值为 S_T；若 $S_T < K$，则不执行看涨期权，组合 A 的价值为 K。因此，在 T 时刻，组合 A 的价值为：$\max(S_T, K)$。

而在 T 时刻，组合 B 的价值为 S_T。由于 $\max(S_T, K) \geqslant S_T$，因此，在 t 时刻组合 A 的价值也应大于等于组合 B，有 $C_E + K\mathrm{e}^{-r(T-t)} \geqslant S(t)$，即 $C_E \geqslant S(t) - K\mathrm{e}^{-r(T-t)}$。

由于期权的价值一定为正，因此无收益资产欧式看涨期权价格下限为：

$$C_E \geqslant \max\left(S(t) - K\mathrm{e}^{-r(T-t)}, 0\right) \qquad (7.2.2)$$

事实上，我们只要将上述组合 A 的现金改为 $D_t + K\mathrm{e}^{-r(T-t)}$，其中 D_t 为期权有效期内资产收益的现值，并经过类似的推导，就可得出有收益资产欧式看涨期权价格的下限为：

$$C_E \geqslant \max\left(S(t) - D_t - K\mathrm{e}^{-r(T-t)}, 0\right) \qquad (7.2.3)$$

（2）欧式看跌期权价格的下限

考虑以下两种组合：

组合 C：一份欧式看跌期权加上一单位标的资产。

组合 D：金额为 $Ke^{-r(T-t)}$ 的现金

在 T 时刻，如果 $S_T < K$，期权将被执行，组合 C 价值为 K；如果 $S_T > K$，期权将不被执行，组合 C 价值为 S_T，即组合 C 的价值为：$\max(S_T, K)$。

假定组合 D 的现金以无风险利率投资，则在 T 时刻组合 D 的价值为 K。由于组合 C 的价值在 T 时刻大于等于组合 D，因此组合 C 的价值在 t 时刻也应大于等于组合 D，有：

$$P_E + S(t) \geqslant Ke^{-r(T-t)}, \quad \text{即 } P_E \geqslant Ke^{-r(T-t)} - S(t)。$$

由于期权价值一定为正，因此无收益资产欧式看跌期权价格下限为：

$$P_E \geqslant \max\left(Ke^{-r(T-t)} - S(t), 0\right) \tag{7.2.4}$$

事实上，我们只要将上述组合 D 的现金改为 $D_t + Ke^{-r(T-t)}$ 就可得到有收益资产欧式看跌期权价格的下限为：

$$P_E \geqslant \max\left(D_t + Ke^{-r(T-t)} - S(t), 0\right) \tag{7.2.5}$$

（3）美式看涨期权价格的下限

考虑如下两个组合：

组合 A：一份美式看涨期权加上金额为 $Ke^{-r(T-t)}$ 的现金。

组合 B：一单位标的资产。

在 T 时刻，组合 A 的现金变为 K，组合 A 的价值为 $\max(S_T, K)$。而组合 B 的价值为 S_T，可见，组合 A 在 T 时刻的价值一定大于等于组合 B。这意味着，如果不提前执行，组合 A 的价值一定大于等于组合 B。

再来看一下提前执行美式期权的情况。若在 T 时刻提前执行，则提前执行看涨期权所得盈利等于 $S_\tau - K$，其中 S_τ 表示 T 时刻标的资产的市价，而此时现金金额变为 $Ke^{-\hat{r}(T-t)}$，其中 $\hat{r}$ 表示 $[\tau, T]$ 时段的远期利率。因此，若提前执行的话，在 τ 时刻组合 A 的价值为：$S_\tau - K + Ke^{-\hat{r}(T-\tau)}$，而组合 B 的价值为 S_τ。由于 $T > \tau, \hat{r} > 0$，因此 $Ke^{-\hat{r}(T-\tau)} < K$。这就是说，若提前执行美式期权的话，组合 A 的价值将小于组合 B。

比较两种情况我们可以得出结论：提前执行无收益资产美式看涨期权是不明智的。因此，同一种无收益标的资产的美式看涨期权和欧式看涨期权的价值是相同的，即 $C_A = C_E$。根据式（7.2.2），我们可以得到无收益资产美式看涨期权价格的下限：

$$C_A \geqslant \max\left(S(t) - Ke^{-r(T-t)}, 0\right)。$$

对于有收益资产美式看涨期权的下限则可做如下分析：

由于提前执行有收益资产的美式期权可较早获得标的资产，从而获得现金收益，而现金收益可以派生利息，因此在一定条件下，提前执行有收益资产的美式看涨期权有可能是合理的。

我们假设在期权到期前，标的资产有 n 个除权日，$t_1,t_2,\cdots,t_n$ 为除权前的瞬时时刻，在这些时刻之后的收益分别为 $D_1,D_2,\cdots,D_n$，在这些时刻的标的资产价格分别为 $S_1,S_2,\cdots,S_n$。

由于在无收益的情况下，不应提前执行美式看涨期权，我们可以据此得到一个推论：在有收益情况下，只有在除权前的瞬时时刻提前执行美式看涨期权方有可能是最优的。因此，我们只须推导在每个除权日前提前执行的可能性。

我们先来考察在最后一个除权日（t_n）提前执行的条件。如果在 t_n 时刻提前执行期权，则期权多方获得 S_n-K 的收益。若不提前执行，则标的资产价格将由于除权降到 S_n-D_n。

根据式（7.2.3），在 t_n 时刻期权的价值（$C_{A,n}$）

$$C_{A,n} \geq C_{E,n} \geq \max\left(S_n - D_n - Ke^{-r(T-t_n)}, 0\right)。$$

因此，如果：

$$S_n - D_n - Ke^{-r(T-t_n)} \geq S_n - K$$

即：

$$D_n \leq K\left(1-e^{-r(T-t_n)}\right)。 \tag{7.2.6}$$

则在 t_n 时刻提前执行是不明智的。

相反，如果

$$D_n \geq K\left(1-e^{-r(T-t_n)}\right) \tag{7.2.7}$$

则在 t_n 时刻提前执行有可能是合理的。实际上，只有当 t_n 时刻标的资产价格足够大时，提前执行美式看涨期权才是合理的。

同样，对于任意 $i<n$，在 t_i 时刻不能提前执行有收益资产的美式看涨期权条件是：

$$D_i \leq K\left(1-e^{-r(t_{i+1}-t_i)}\right) \tag{7.2.8}$$

由于存在提前执行更有利的可能性，有收益资产的美式看涨期权价值大于等于欧式看涨期权，其下限为：

$$C_A \geq C_E \geq \max\left(S_t - D_t - Ke^{-r(T-t)}, 0\right)。$$

（4）美式看跌期权价格的下限

为考察提前执行无收益资产美式看跌期权是否合理，我们考察如下两种组合：

组合 A：一份美式看跌期权加上一单位标的资产。

组合 B：金额为 $Ke^{-r(T-t)}$ 的现金。

若不提前执行，则到 T 时刻，组合 A 的价值为 $\max(S_T,K)$，组合 B 的价值为 K，因此组合 A 的价值大于等于组合 B。

若在 τ 时刻提前执行，则组合 A 的价值为 K，组合 B 的价值为 $Ke^{-r(T-t)}$，因此组合 A 的价值也高于组合 B。

比较这两种结果我们可以得出结论：是否提前执行无收益资产的美式看跌期权，主要取决于期权的实值额（$K-S_t$）、无风险利率水平等因素。一般来说，只有当 S_t 相对于 K 来说较低，或者 r 较高时，提前执行无收益资产美式看跌期权才可能是有利的。

由于美式期权可提前执行，因此其下限比式（7.2.4）更严格：

$$P_A > K - S_t \tag{7.2.9}$$

对于有收益资产美式看跌期权的下限则可做如下分析：

由于提前执行有收益资产的美式期权意味着自己放弃收益权，因此收益使美式看跌期权提前执行的可能性变小，但还不能排除提前执行的可能性。

通过同样的分析，我们可以得出美式看跌期权不能提前执行的条件是：对最后一个除权日（t_n），有 $D_n \geqslant K\left(1-e^{-r(T-t_n)}\right)$；对于任意 $i<n$，在 t_i 时刻，有 $D_i \geqslant K\left(1-e^{-r(t_{i+1}-t_i)}\right)$。

由于美式看跌期权有提前执行的可能性，因此其下限为：

$$P_A \geqslant \max\left(D_t + K - S_t, 0\right)。$$

7.2.3　看涨期权与看跌期权之间的平价关系

1. 欧式看涨期权与看跌期权之间的平价关系

在标的资产没有收益的情况下，为了推导 C_E 和 P_E 之间的关系，我们考虑如下两个组合：

组合 A：一份欧式看涨期权多头加上金额为 $Ke^{-r(T-t)}$ 的现金。

组合 B：一份有效期和协议价格均与看涨期权相同的看跌期权多头加上一单位标的资产。

在 $[t,T]$ 期间，将金额为 $Ke^{-r(T-t)}$ 的现金投资于货币市场，并将其他产品持有到期权到期时刻 T，则在时刻 T，两个组合的价值均为 $\max(S_T, K)$。由于欧式期权不能提前执行，那么依据无套利原理，两个投资组合的终值相同，现值（t 时刻）也应该相等。所以，两个组合在时刻 t 的价值 $C_E + Ke^{-r(T-t)}$ 和 $P_E + S_t$ 是相等的，即：

$$C_E + Ke^{-r(T-t)} = P_E + S_t$$

这就是所谓无收益资产欧式看涨期权与看跌期权之间的平价关系。它表明具有相同协议价格和到期日的欧式看涨期权和看跌期权的价值可以由一方推出另一方。

此外，我们还可以用直接构造二者的投资组合的方式来导出欧式看涨期权与看跌期权之间的平价关系。

现在（时刻 t）构造具有相同执行价格 K 和到期日 T 的一份欧式看涨期权多头和欧

式看跌期权空头的组合。在到期日 T，如果 $S_T \geq K$，则欧式看涨期权多头的价值为 $S_T - K$，而欧式看跌期权空头的价值为零；如果 $S_T < K$，则欧式看涨期权多头的价值为零，而欧式看跌期权空头的价值为 $S_T - K$。所以，无论是 $S_T \geq K$ 还是 $S_T < K$，投资组合的终值都是 $S_T - K$，这就相当于在时刻 t 构造了一个以该投资组合为标的的、远期价格为 $S_T - K$、到期日为 T 的远期合约。如果无风险利率为常数 r_f，则该合约的现值应该为 $(S_T - K)e^{-r(T-t)}$ $= S_t - Ke^{-r(T-t)}$，于是有

$$C_E - P_E = S_t - Ke^{-r(T-t)} \text{ 或 } C_E + Ke^{-r(T-t)} = P_E + S_t。$$

下面我们基于无套利原理来给出关于这一结论的证明。

定理 7.2.1（欧式看涨期权与看跌期权平价公式） 标的为无收益金融资产的欧式看涨期权和看跌期权价格之间存在如下关系：

$$C_E + Ke^{-r(T-t)} = P_E + S_t$$

证明：采用反证法。首先假设 $C_E + Ke^{-r(T-t)} > P_E + S_t$。

在这种情况下可以构造如下策略：在时刻 t，以价格 S_t 买入一单位标的资产，以 P_E 的价格买入一份看跌期权，以 C_E 的价格卖出一份看涨期权，并于货币市场投资金额为 $C_E - P_E - S_t$（若该值小于 0，则为借入）的现金。显然这项初始投资的金额为零。在到期日 T，结清货币市场头寸，得现金 $(C_E - P_E - S_t)e^{r(T-t)}$（若该值小于 0，则为支付），同时以价格 K 卖出一单位标的资产（当 $S_T \geq K$ 时结清看涨期权空头头寸，当 $S_T < K$ 时结清看跌期权多头头寸，无论哪种情况都得现金 K），此时整个交易过程结束后的余额为：

$$(C_E - P_E - S_t)e^{r(T-t)} + K = (C_E + Ke^{-r(T-t)} - P_E - S_t)e^{r(T-t)} > 0。$$ 与无套利原理矛盾。

再来假设 $C_E + Ke^{-r(T-t)} < P_E + S_t$。在这种情况下采用与上面相反的策略：在时刻 t，以价格 S_t 卖空一单位标的资产，以 P_E 的价格卖出一份看跌期权；以 C_E 的价格买入一份看涨期权，同时于货币市场投资金额为 $S_t + P_E - C_E$（若该值小于 0，则为借入）的现金。显然这项初始投资的金额也为零。在到期日 T，结清货币市场头寸，得现金 $(S_t + P_E - C_E)e^{r(T-t)}$（若该值小于 0，则为支付），同时以价格 K 买入一单位标的资产（当 $S_T \geq K$ 时结清看涨期权多头头寸，当 $S_T < K$ 时结清看跌期权空头头寸，无论哪种情况都得现金 K），并以现金 K 结清标的资产空头头寸。此时整个交易过程结束后的余额为：

$$(S_t + P_E - C_E)e^{r(T-t)} - K = (S_t + P_E - C_E - Ke^{-r(T-t)})e^{r(T-t)} > 0。$$ 也与无套利原理矛盾。从而定理得证。

我们还可以将欧式看涨期权和看跌期权价格之间的平价关系推广到标的资产包含红利的情形：

$$C_E + D_t + Ke^{-r(T-t)} = P_E + S_t$$

其中 D_t 为标的资产在 $[t,T]$ 期间产生的红利的现值。（证明留给读者）。

2. 美式看涨期权和看跌期权之间的关系

（1）无收益资产美式期权

由于 $P_A > P_E$，从式（7.2.9）中我们可得：

$$P_A > C_E + Ke^{-r(T-t)} - S_t$$

对于无收益资产看涨期权来说，由于 $C_A = C_E$，因此：

$$P_A > C_A + Ke^{-r(T-t)} - S_t \text{ 或 } C_A - P_A < S_t - Ke^{-r(T-t)} \quad （7.2.10）$$

为了推导出 C 和 P 的更严密的关系，我们考虑以下两个组合：

组合 A：一份美式看涨期权加上金额为 K 的现金。

组合 B：一份美式看跌期权加上一单位标的资产。

如果美式期权没有提前执行，则在 T 时刻组合 B 的价值为 $\max(S_T, K)$，而此时组合 A 的价值为 $\max(S_T, K) + Ke^{r(T-t)} - K$。因此组合 A 的价值大于组合 B。

如果美式期权在 t 时刻提前执行，则在 t 时刻，组合 B 的价值为 K，而此时组合 A 的价值大于等于 $Ke^{r(T-t)}$。因此组合 A 的价值也大于组合 B。

这就是说，无论美式组合是否提前执行，组合 A 的价值都高于组合 B，因此在 t 时刻，组合 A 的价值也应高于组合 B，即：$C_E + K > P_A + S_t$。

由于 $C_A = C_E$，因此，$C_A + K > P_A + S_t$ 或 $C_A - P_A > S_t - K$。

结合式（7.2.10），我们可得：

$$S_t - K < C_A - P_A < S_t - Ke^{-r(T-t)} \quad （7.2.11）$$

由于美式期权可能提前执行，因此我们得不到美式看涨期权和看跌期权的精确平价关系，但我们可以得出结论：无收益美式期权必须符合式（7.2.11）的不等式。

（2）有收益资产美式期权

同样，我们只要把组合 A 的现金改为 $D_t + K$，就可得到有收益资产美式期权必须遵守的不等式：

$$S_t - D_t - K < C_A - P_A < S_t - D_t - Ke^{-r(T-t)} \quad （7.2.12）$$

习 题

1. 设某一无红利支付股票的现货价格为 25 元，连续复利无风险年利率为 5%，求该股票协议价格为 24 元、有效期为 3 个月的看涨期权价格的下限。

2. 某一协议价格为 25 元、有效期为 6 个月的欧式看涨期权价格为 2 元，标的股票价格为 24 元，该股票预计在 2 个月和 5 个月后各支付 0.50 元股息，所有期限的无风险连续复利年利率均为 8%，请问该股票协议价格为 25 元、有效期为 6 个月的欧式看跌期权的价格等于多少？

3. 设 c_1、c_2 和 c_3 分别表示协议价格为 X_1、X_2、X_3 的欧式看涨期权的价格，其中 $X_3 > X_2 > X_1$ 且 $X_3 - X_2 = X_2 - X_1$，所有期权的到期日相同，请证明：

$$C_2 \leqslant \frac{1}{2}C_1 + C_3 \text{。}$$

4. 证明标的资产包含红利的欧式看涨期权和看跌期权价格之间的平价关系为：

$$C_E + D_t + Ke^{-r(T-t)} = P_E + S_t \text{。}$$

其中 D_t 为标的资产在 $[t,T]$ 期间产生的红利的现值。

5. 证明欧式看涨期权和看跌期权价格是标的资产价格的凸函数，即 $\forall S_1, S_2 \geqslant 0$ 和 $0 \leqslant \lambda \leqslant 1$，有：

$$C_E\left(\lambda S_1 + (1-\lambda)S_2\right) \leqslant \lambda C_E\left(S_1\right) + (1-\lambda)C_E\left(S_2\right),$$
$$P_E\left(\lambda S_1 + (1-\lambda)S_2\right) \leqslant \lambda P_E\left(S_1\right) + (1-\lambda)P_E\left(S_2\right) \text{。}$$

6. 证明美式看跌期权的下限为 $P_A \geqslant \max\left(D_t + K - S_t, 0\right)$。

第四篇 复杂金融市场

  在前面的章节中，我们以单期模型为分析框架，介绍了投资组合问题和衍生产品中最简单的远期定价问题，对这些问题讨论的初衷在于提供对金融市场模型相关概念和分析方法的初步认识。尽管单期模型的许多概念都可以直接推广到多期模型和连续时间模型，但将单期模型的分析方法推广到多期模型和连续时间模型，则需要一定的技术铺垫。本篇一方面介绍复杂金融市场分析所需的随机过程相关概念，另一方面尽量最小化导入这些概念所需讨论的问题范畴。为此，我们仅以衍生产品定价的二叉树模型为线索，来完成对多阶段资产定价理论的一般刻画。而对于多期情况下的其他问题则不再进行讨论。此外，我们还将从直观的角度介绍 Black-Scholes 公式，以形成对连续时间模型的初步认识。但值得注意的是，本篇仅仅是一般金融市场的一个简单的缩影，而远非一个完整影像。全篇共分五章：第一章介绍复杂金融市场所需随机过程的基本概念以及多阶段金融市场模型；第二章从直观的角度介绍欧式衍生证券定价的二叉树模型；第三章介绍多阶段二叉树模型所需的条件期望、鞅和马尔科夫过程；第四章介绍美式衍生产品定价的二叉树模型；第五章简单介绍 Black-Scholes 期权定价模型。它们分别构成全书的第八、九、十、十一和十二章。

第八章 多期证券市场模型

在单期模型中，由于只有在时刻 1 状态是不确定的，因此对于单期模型的讨论只需要随机变量的概念就可以完成对几乎所有问题的分析。但对于多期模型和连续时间模型，由于除初始时刻 0 之外，标的资产在其余时刻的状态几乎都是不确定的，为此我们需要引入随机过程的概念。

第一节 随机过程的基本概念

与单期模型用随机变量描述相对应，多期模型用随机过程来描述这些随机变量随时间变化的情形。

定义 8.1.1 设 $(Q, \mathbf{F}, P)$ 是概率空间，T 是参数集，若对每一个 $t \in T$，$X(t, \omega)$ 是一个随机变量，则称随机变量族 $\{X(t, \omega), t \in T\}$ 是 $(Q, \mathbf{F}, P)$ 上的随机过程，简记为 $\{X(t), t \in T\}$，T 称为参数集或时间参数集。$X(t)$ 称为随机过程在时刻 t 所处的状态，$X(t)$ 的所有可能值的集合称为状态空间，记为 I；参数 t 通常表示时间意义，但也可以是其他的含义，本书中仅指时间。

对随机过程 $\{X(t, \omega), t \in T\}$ 而言，如果固定 t，那么 $X(t, \omega) = X(\omega)$ 就是一个随机变量，所以对所有的 $t \in T$，$\{X(t), t \in T\}$ 是一个随机变量族；如果固定 ω，则 $X(t, \omega) = x(t)$ 是一个普通函数，称为随机过程的一个样本函数或轨道，所以对所有的 $\omega \in \Omega$，$\{X(t, \omega) = X(\omega), \omega \in \Omega\}$ 是一个样本函数族。根据时间参数 T 及状态空间 I 是离散集或连续集，可以把随机过程分为以下四种状态：T 和 I 都是离散的；T 连续 I 离散；T 离散 I 连续；T 和 I 都连续。本书中若不特别说明，均指时间离散、状态也离散的随机过程。

为了将随机过程应用于金融市场模型，我们需要对 $(Q, \mathbf{F}, P)$ 中的 $\mathbf{F}$ 做进一步的分析，以解释投资者是如何通过对样本空间 Ω 子集的分析来逐步揭示证券价格的。

定义 8.1.2 设有限个离散时刻为 0, 1, 2···, T（注意 T 与上文含义不同，这里专指截至时刻，本章以下部分均为此意），设 Ω 为一个有限集合 $\{\omega_1, \omega_2, \cdots, \omega_M\}$（样本空间），$\mathbf{F}$ 为 Ω 的子集全体，P 为 $(\Omega, \mathbf{F})$ 上的一个概率测度。又设 $\mathbf{F}_t$ 为 Ω 的子集族，$t = 0, 1, 2\cdots, T$，且

$$\{\varnothing, \Omega\} = \mathbf{F}_0 \subseteq \mathbf{F}_1 \subseteq \mathbf{F}_2 \subseteq \cdots \subseteq \mathbf{F}_T \subseteq \mathbf{F} \qquad (8.1.1)$$

若对每个 t ，$t \in \{0, 1, 2\cdots, T\}$ 子集族 $\mathbf{F}_t$ 满足下述条件：

$$\begin{cases} A, B \in \mathbf{F}_t \Rightarrow A \bigcup B \in \mathbf{F}_t \\ A \in \mathbf{F}_t \Rightarrow \Omega - A \in \mathbf{F}_t \end{cases} \qquad (8.1.2)$$

则称 $\mathbf{F}_t$ 为一个域，并称 $\mathbf{F}_0, \mathbf{F}_1, \cdots, \mathbf{F}_T$ 为一个域流。集合 $\mathbf{F}_t$ 中的每个元素表示时刻 t 可能发生的一个事件，因此，$\mathbf{F}_t$ 又被称为时刻 t 的事件集。由域的定义不难看出，对于每一个 $\mathbf{F}_t$，必存在它的一个子集构成对 Ω 的一个分划。

下面我们来分析一下域流 $\mathbf{F}_0, \mathbf{F}_1, \cdots, \mathbf{F}_T$ 的性质和意义。

定义 8.1.3 设 $\tilde{\mathbf{F}}_t = \left\{ A_t^1, A_t^2, \cdots, A_t^{m_t} \right\} \subseteq \mathbf{F}_t$ （$t = 0, 1, 2\cdots, T$）为 Ω 的一个分划（上标 $1, 2\cdots, m_t$ 为分划中的元素个数），即

$$\begin{cases} A_t^i \bigcap A_t^j = \varnothing, i \neq j, 1 \leqslant i, j \leqslant m_t \\ \bigcup_{k=1}^{m_t} A_t^k = \Omega \end{cases} \qquad (8.1.3)$$

如果对于 $\forall A \in \mathbf{F}_t$ ，都有

$$A = \bigcup \left\{ A_t^i \in \tilde{\mathbf{F}}_t \mid A_t^i \subseteq A \right\} \qquad (8.1.4)$$

则称 $A_t^1, A_t^2, \cdots, A_t^{m_t}$ 为 $\mathbf{F}_t$ 的生成元，并称 A_t^i（$i \in \{1, 2\cdots, m_t\}$）为 $\mathbf{F}_t$ 中的基本事件，$\tilde{\mathbf{F}}_t$ 称为 $\mathbf{F}_t$ 的生成元集或基本事件集。式（8.1.3）表明在任何时刻有且仅有一个 $\mathbf{F}_t$ 中的基本事件发生。从这个角度不难看出，上述基本事件集 $\tilde{\mathbf{F}}_t$ 是由 $\mathbf{F}_t$ 唯一确定的。进一步地，由式（8.1.1）和式（8.1.4）我们还可以得到

$$\begin{cases} A_t^i \in \tilde{\mathbf{F}}_{t+1}, \ i = 1, 2, \cdots, m_t \\ A_t^i = \bigcup \left\{ A_{t+1}^i \in \tilde{\mathbf{F}}_{t+1} \mid A_{t+1}^i \subseteq A_t^i \right\}, \ i = 1, 2, \cdots, m_t \end{cases} \qquad (8.1.5)$$

该式表明 $\mathbf{F}_{t+1}$ 的生成元集 $\tilde{\mathbf{F}}_{t+1}$ 是 $\mathbf{F}_t$ 生成元集 $\tilde{\mathbf{F}}_t$ 的精细化，即 $\tilde{\mathbf{F}}_t$ 中的每个元素均是一些 $\tilde{\mathbf{F}}_{t+1}$ 中元素的并集。

例 1 假设 $M = 8$ ，$T = 3$ ，$t = 1$ 时的分割为 $\tilde{\mathbf{F}}_1 = \left\{ \{\omega_1, \omega_2, \omega_3, \omega_4\}, \{\omega_5, \omega_6, \omega_7, \omega_8\} \right\}$ ，$t = 2$ 时的分割为 $\tilde{\mathbf{F}}_2 = \left\{ \{\omega_1, \omega_2\}, \{\omega_3, \omega_4\}, \{\omega_5, \omega_6, \omega_7, \omega_8\} \right\}$ ，也就是 $t = 1$ 和 $t = 2$ 时刻的基本事件集。则对应时刻 $t = 1$ 的事件集 $\mathbf{F}_1 = \left\{ \varnothing, \Omega, \{\omega_1, \omega_2, \omega_3, \omega_4\}, \{\omega_5, \omega_6, \omega_7, \omega_8\} \right\}$ ，时刻 $t = 2$ 的事件集 $\mathbf{F}_2 = \left\{ \varnothing, \Omega, \{\omega_1, \omega_2\}, \{\omega_3, \omega_4\}, \{\omega_5, \omega_6, \omega_7, \omega_8\}, \{\omega_1, \omega_2, \omega_3, \omega_4\}, \{\omega_1, \omega_2, \omega_5, \omega_6, \omega_7, \omega_8\}, \{\omega_3, \omega_4, \omega_5, \omega_6, \omega_7, \omega_8\} \right\}$ 。

下面我们从信息（结构）的角度来说明上述定义在多阶段模型中的意义。首先考虑时刻 $t = 0$ ，此时投资者知道 Ω 中的每一个元素，但究竟哪一个会发生，对投资者而言是完全无知的，也就是说在所有的可能结果中没有一个可以被排除。而在时刻 $t = T$ ，投资者知道现实世界中的真实状态 ω ，即知道每一个随机变量的真实值。这是因为，随着时

间的推移，投资者将通过相关信息的观察来推断真实状态，其依据则在于对每一种可能的信息结果与每一种状态之间一一对应关系的假设。那么对于 $t=0$ 和 $t=T$ 之间的时刻，信息的演化过程又是怎样的呢？

事实上，随着时间的推移，投资者在每一个时刻都可能会发现新的信息，从而使其能够将某一类不可能发生的状态剔除掉。因此，我们可以把信息的演化过程看作 Ω 中子集 $\{A_t\}$ 的一个随机序列，其中 $A_0=\Omega$，$A_T=\{\omega\}$（即 Ω 的一个单点子集），并且对 $\{A_t\}$ 有 $A_0 \supseteq A_1 \supseteq \cdots \supseteq A_{T-1} \supseteq A_T$。需要指出的是，投资者在时刻 t 知道 A_t 会发生，但却不知道 A_t 中的哪一个状态 ω 会出现，这时投资者能做的是将 A_t 的对立事件 A_t^c 排除掉。这样，随着投资者发现的信息越来越多，那么相应的子集 A_t 所包含的状态也将越来越少，即 $A_{t+1} \subseteq A_t$。

注意到 $A_{t+1} \subseteq A_t$ 对所有的 $t \in \{0,1,2\cdots,T-1\}$ 都成立，并考虑所有可能的序列 $\{A_t\}$，不难知道，对每一个时刻 t，所有可能的 A_t 都会构成 $A_0=\Omega$ 的一个分划。因此，所有可能的 A_t 生成的域 $\mathbf{F}_t$ 与所有可能的 A_{t+1} 生成的域 $\mathbf{F}_{t+1}$ 之间就必然构成 $\mathbf{F}_t \subseteq \mathbf{F}_{t+1}$ 的关系，这种关系可以通过"树"状结构给出形象的表达。树中第 $t+1$ 层的结点 A_t（$0<t<T$）表示时刻 t 的 Ω 分划中的一个元素，它是其"父亲"结点 A_{t-1} 的子集，又是所有其"孩子"结点 A_{t+1} 的并集，并且所有这些"孩子"结点又构成它的一个分划。这样，从根结点（$t=0$ 时的结点 Ω）到任何一个叶子结点（$t=T$ 时的结点 $\{\omega\}$）的路径都构成一种可能的信息序列 $\{A_t\}$。

例 2 考虑 $M=4$，$T=3$ 的情形。并设 Ω 中的元素 $\omega_1,\omega_2,\omega_3,\omega_4$ 的定义如下：

$$\begin{cases} \omega_1: 股票价格在[0,1]上涨5\%，在[1,2]上涨5\% \\ \omega_2: 股票价格在[0,1]上涨5\%，在[1,2]下跌5\% \\ \omega_3: 股票价格在[0,1]下跌5\%，在[1,2]上涨5\% \\ \omega_4: 股票价格在[0,1]下跌5\%，在[1,2]下跌5\% \end{cases}$$

它们可以看作时刻 2 的基本事件。记 $\mathbf{F}_0=\{\varnothing,\Omega\}$，$\mathbf{F}_1=\{\varnothing,\Omega,\{\omega_1,\omega_2\},\{\omega_3,\omega_4\}\}$，$\mathbf{F}_2$ 为 Ω 的全体子集构成的集合，则 $\mathbf{F}_0,\mathbf{F}_1,\mathbf{F}_2$ 构成一个域流。容易看出，事件 $\{\omega_1,\omega_2\}$ 就是"股票价格在[0,1]上涨 5%"，而事件 $\{\omega_3,\omega_4\}$ 就是"股票价格在[0,1]下跌 5%"，它们是时刻 1 的基本事件。相应于 $\mathbf{F}_0,\mathbf{F}_1,\mathbf{F}_2$ 的生成元集如下：

$$\begin{cases} \tilde{\mathbf{F}}_0=\{\varnothing,A_0^1=\Omega\} \\ \tilde{\mathbf{F}}_1=\{A_1^1=\{\omega_1,\omega_2\},A_1^2=\{\omega_3,\omega_4\}\} \\ \tilde{\mathbf{F}}_2=\{A_2^1=\{\omega_1\},A_2^2=\{\omega_2\},A_2^3=\{\omega_3\},A_2^4=\{\omega_4\}\} \end{cases} \tag{8.1.6}$$

可见，时刻 $t=1$ 的基本事件 $\{\omega_1,\omega_2\}$ 是时刻 $t=2$ 两个基本事件 $\{\omega_1\}$ 和 $\{\omega_2\}$ 的并集。时刻 $t=1$ 的基本事件 $\{\omega_3,\omega_4\}$ 是时刻 $t=2$ 两个基本事件 $\{\omega_3\}$ 和 $\{\omega_4\}$ 的并集。

该例中，在时刻 $t=0$ 预测时刻 $t=2$ 的状态共有 4 种可能：$\omega_1,\omega_2,\omega_3,\omega_4$，而到时刻 $t=1$ 时，如果事件 $\{\omega_1,\omega_2\}$ 已发生，那么再预测时刻 $t=2$ 的状态就只有两种可能了。因此，随着时间的推移，判断最终时刻事件发生的"确定性"会逐步增大。我们以 $\mathbf{F}_t$ 表示在时刻 t 投资者能够获得的所有信息的全体，在数学上则表现为投资者可以在时刻 0 预测的所有

在时刻 t 可能发生的基本事件。这就是说，$\mathbf{F}_t$ 中包含了一系列互不相容的基本事件 A_t^i，其概率 $P\left(\mathrm{A}_t^i\right)>0$ 是已知的，这也恰恰与式（8.1.1）中的包含关系相吻合。

现在给定概率空间 $(\Omega,\mathbf{F},P)$，并且给定时刻 0，1，2，… 和一个域流 $\{\mathbf{F}_t\}_{t\geqslant 0}$，其中每个 $\mathbf{F}_t$ 为对应于时刻 t 的事件集，这时就称 $\left(\Omega,\mathbf{F},\{\mathbf{F}_t\}_{t\geqslant 0},P\right)$ 为一个带域流的概率空间。后面的讨论都在这个框架下进行，不再一一重复说明。此外，为了方便起见，我们假定每个 $\mathbf{F}_t$ 的基本事件集为 $\tilde{\mathbf{F}}_t=\left\{\mathrm{A}_t^1,\mathrm{A}_t^2,\cdots,\mathrm{A}_t^{m_t}\right\}$，并且 $P\left(\mathrm{A}_t^i\right)>0$，$1\leqslant i\leqslant m_t$（如若不然，则可去掉使 $P\left(\mathrm{A}_t^i\right)=0$ 的 A_t^i，所有结果将保持不变）。

第二节　多阶段金融市场结构

为了达到建模的目的，我们要求证券价格的随机过程模型与信息结构相一致。特别地，我们要求对投资者来说，在任何时点上可获得的信息既包括过去的价格信息又包含现在的价格信息。这一点由随机变量的可测性概念来完成。

定义 8.2.1　称 $X(t,\omega)$ 是一个 $\mathbf{F}_t$-可测的随机变量，如果

$$\{\omega\in\Omega\,|\,X(t,\omega)\geqslant a\}\in\mathbf{F}_t,\forall a\in R \tag{8.2.1}$$

如果式（8.2.1）对所有的 $t\geqslant 0$ 都成立，称随机过程 $X(\cdot)$ 是 $\{\mathbf{F}_t\}_{t\geqslant 0}$-适应的。

下面的定理给出了随机变量可测性的判定条件：

定理 8.2.1　设 $\mathbf{F}_t$ 为 Ω 上的一个域，其生成元集为 $\tilde{\mathbf{F}}_t=\left\{\mathrm{A}_t^1,\mathrm{A}_t^2,\cdots,\mathrm{A}_t^{m_t}\right\}$。设 ξ 为 $\Omega\to R$ 上的随机变量，则 ξ 在每个 A_t^i 上是常数是 $\mathbf{F}_t$-可测的充要条件。

证明："$\Rightarrow$"：设 ξ 是 $\mathbf{F}_t$-可测的，假如存在 $\omega_i,\hat{\omega}_i\in\mathrm{A}_t^i$，使得对某个 $a\in R$，

$$\xi(\omega_i)>a>\xi(\hat{\omega}_i) \tag{8.2.2}$$

则集合 $\mathrm{A}=\{\omega\in\Omega\,|\,\xi(\omega)\geqslant a\}$ 具有下述性质：

$$\mathrm{A}\bigcap\mathrm{A}_t^i\neq\varnothing,\ (\Omega-\mathrm{A})\bigcap\mathrm{A}_t^i\neq\varnothing \tag{8.2.3}$$

若 $\mathrm{A}=\bigcup\left\{\mathrm{A}_t^k\in\tilde{\mathbf{F}}_t\,|\,\mathrm{A}_t^k\subseteq\mathrm{A},\mathrm{A}_t^k\neq\mathrm{A}_t^j\right\}$，则由式（8.2.3）得，$\mathrm{A}\bigcap\mathrm{A}_t^i=\varnothing$ 与 $\mathrm{A}\bigcap\mathrm{A}_t^i\neq\varnothing$ 矛盾；若 $\mathrm{A}=\mathrm{A}_t^i\bigcup\left\{\mathrm{A}_t^k\in\tilde{\mathbf{F}}_t\,|\,\mathrm{A}_t^k\subseteq\mathrm{A},\mathrm{A}_t^k\neq\mathrm{A}_t^i\right\}$，则有 $\mathrm{A}_t^i\subseteq\mathrm{A}$，进而有 $(\Omega-\mathrm{A})\bigcap\mathrm{A}_t^i=\varnothing$，与 $(\Omega-\mathrm{A})\bigcap\mathrm{A}_t^i\neq\varnothing$ 矛盾。于是，A 不可能表示为式（8.2.2）。故，$\mathrm{A}\notin\mathbf{F}_t$，从而 ξ 不是 $\mathbf{F}_t$-可测的，与题设矛盾。

"$\Leftarrow$"：假设 ξ 在每个 A_t^i 上是常数，则 $\mathrm{A}=\{\omega\in\Omega\,|\,\xi(\omega)\geqslant a\}=\bigcup_{i\in\mathrm{N}}\mathrm{A}_t^i$（$\forall a\in R$），其中 $\mathrm{N}=\left\{i\,|\,a\leqslant a_i=\xi(\omega),\omega\in\mathrm{A}_t^i,1\leqslant i\leqslant m_t\right\}$。故 $\mathrm{A}\in\mathbf{F}_t$，从而，$\xi$ 是 $\mathbf{F}_t$-可测的。

这个定理还可以等价地表达为：对 $\forall a\in R$，$\{\omega\in\Omega\,|\,\xi(\omega)=a\}$ 是 $\mathbf{F}_t$ 中的一个元素。

此外，利用上面定理可知，当 ξ 是 $\mathbf{F}_{t+1}$ -可测时，它未必是 $\mathbf{F}_t$ -可测的，其直观意义在于，存在仅于 $t+1$ 时刻才能揭示而在此前并不能揭示的事件。从数学上讲，其原因在于 $\mathbf{F}_t \subseteq \mathbf{F}_{t+1}$，因而可能存在生成元 $\mathbf{A}_t^i \notin \mathbf{F}_{t+1}$，即 $\mathbf{F}_t$ 的生成元可能至少是两个 $\mathbf{F}_{t+1}$ 中的生成元之并。

例 3　考虑例 1 中 $\tilde{\mathbf{F}}_1$ 的定义，$\tilde{\mathbf{F}}_1 = \{\{\omega_1, \omega_2, \omega_3, \omega_4\}, \{\omega_5, \omega_6, \omega_7, \omega_8\}\}$，如果定义随机变量

$$X(\omega) = \begin{cases} 10, \omega = \omega_1, \omega_2, \omega_3, \omega_4 \\ 15, \omega = \omega_5, \omega_6, \omega_7, \omega_8 \end{cases}, \quad Y(\omega) = \begin{cases} 10, \omega = \omega_1, \omega_3, \omega_5, \omega_7 \\ 15, \omega = \omega_2, \omega_4, \omega_6, \omega_8 \end{cases}$$

则 X 对 $\mathbf{F}_1$ 而言是可测的，但 Y 对 $\mathbf{F}_1$ 而言是不可测的。

更进一步地，当 X_j 为随机过程时，$\boldsymbol{X} = (X_1, X_2, \cdots, X_n)$ 称为一个向量值随机过程；$\boldsymbol{X} = (X_1, X_2, \cdots, X_n)$ 称为 $\{\mathbf{F}_t\}_{t \geq 0}$ 适应的，如果每个 X_j 是 $\mathbf{F}_t$ -可测的。由定理 8.2.1，我们有下面的推论：

推论 8.2.1　向量值随机过程 $\boldsymbol{X} = (X_1(\cdot), X_2(\cdot), \cdots, X_n(\cdot))$ 为 $\{\mathbf{F}_t\}_{t \geq 0}$ 适应的，当且仅当对每个 i，$\boldsymbol{X}_j$ 在每个 $\mathbf{A}_t^i$ 上是一个常值向量。

现在来考虑货币账户过程 $A(t)$，这里我们拓展第一篇中的假设，而设利率是随机的，从而货币账户也是随机的[①]。这样，我们可以把货币账户看作 (t, ω) 的函数 $(t, \omega) \mapsto A(t, \omega)$，而 $A(t, \omega)$ 则是一个随机过程。这里我们仍假设设 $A(t, \omega)$ 在时刻 $t = 0$ 的值为 1，即

$$A(0, \omega) = 1, \omega \in \Omega \tag{8.2.4}$$

并且，由于货币账户是无违约风险的，根据货币时间价值应假设 $A(\cdot)$ 关于时间 t 是单调上升的，即

$$A(t+1, \omega) > A(t, \omega) > 1, \ t \geq 0, \omega \in \Omega \tag{8.2.5}$$

令

$$r(t, \omega) = \frac{A(t+1, \omega) - A(t, \omega)}{A(t, \omega)}, \ t \geq 0, \omega \in \Omega \tag{8.2.6}$$

称 $r(t, \omega)$ 为债券在 $[t, t+1]$ 上的利率。由式（8.2.5）和（8.2.6）可得

$$A(t+1, \omega) = A(t, \omega)[1 + r(t, \omega)] = \prod_{i=0}^{t} [1 + r(i, \omega)] \tag{8.2.7}$$

来考虑 n 种股票，设它们的价格为一个 $\{\mathbf{F}_t\}_{t \geq 0}$ 适应的随机过程 $\boldsymbol{S}(\cdot) = (S_1(\cdot), \cdots, S_i(\cdot), \cdots, S_n(\cdot))^T$。这里所谓的 $\{\mathbf{F}_t\}_{t \geq 0}$ 适应性是指，在时刻 t，第 j 只股票的价格为 $S_j(t, \omega)$，由于在时刻 t 恰好有一个 $\mathbf{F}_t$ 中的基本事件 $\mathbf{A}_t^i \in \tilde{\mathbf{F}}_t$ 发生，而由推论 8.2.1，$S_j(t, \omega)$ 在 $\mathbf{A}_t^i$ 上是常数，所以，投资者能够计算出股票价格在时刻 $\mathbf{F}_t$ 的值是多少，即，$S_j(t, \omega)$ 被事件域 $\mathbf{F}_t$ 完全确定，这也恰恰体现了 $S_j(\cdot)$ 的 $\{\mathbf{F}_t\}_{t \geq 0}$ 适应性的含义。此外，由于分划形成的是一种嵌入式的序列，所以投资者能够推断出上一层分划中的子集，进而由此推断出早前一些

[①]　本书中大部分货币账户过程是非随机的，这里主要考虑叙述上的完整，对于利率不变的假设可以看作这里的特例。

时间里的股票价格。

现在给定时刻 0, 1, 2, $\cdots$, T 和一个带域流的概率空间 $\left(\Omega, \mathbf{F}, \{\mathbf{F}_t\}_{t \geq 0}, P\right)$，假定在此概率空间上，给定了 $\{\mathbf{F}_t\}_{t \geq 0}$ 适应的利率过程 $r(\cdot)$ 和由式（8.2.7）给出货币账户过程 $A(\cdot)$，还给定了 $\{\mathbf{F}_t\}_{t \geq 0}$ 适应的股票价格过程 $\boldsymbol{S}(\cdot) = \left(S_1(\cdot), S_2(\cdot), \cdots, S_n(\cdot)\right)^T$，此时，我们就称一个多时段证券市场给定了，并记为

$$M \equiv \left\{\left(\Omega, \mathbf{F}, \{\mathbf{F}_t\}_{t \geq 0}, P\right), A(\cdot), \boldsymbol{S}(\cdot)\right\} \tag{8.2.8}$$

概括地说，我们的多阶段证券市场模型是由对域流而言适应的证券过程所构成的，在这一条件下，投资者将拥有过去价格和现在价格的完全信息。当信息和证券子模型能同时详细说明时，一般来说，首先规定证券的随机过程，然后再对域流加以说明。但是，对于以证券的随机过程说明开始的模型，一般要规定两个或两个以上的域流来使证券价格成为适应的。其中的一些域流可能并不令人满意，但它们可能与投资者要研究的未来状况相一致。例如，如果在时刻 $t+1$ 时的价格是 $\mathbf{F}_t$ 可测的，那么投资者将会在时刻 t 知道 $t+1$ 时的价格是多少，这种随时间变化而知道价格、但除此之外没有什么其他信息的域流总是能够找到的。下面我们通过例子来说明这一过程。

例 4 假设投资者知道某一股票的如下演化过程：（这里 $n = 1$，$m = 4$，$T = 2$）

ω	$t = 0$	$t = 1$	$t = 2$
ω_1	10	16	18
ω_2	10	16	12
ω_3	10	8	12
ω_4	10	8	6

由于是一只股票，所以根据第一章的约定，以下标来表示时间。从表中可以看出，在时刻 $t = 0$，投资者观察到的所有内容为 $S_0 = 10$，这时投资者没有真实状态的任何线索，对应的域为 $\mathbf{F}_0 = \{\varnothing, \Omega\}$。到 $t = 1$ 时，投资者观察到的或者是 $S_1 = 16$，或者是 $S_1 = 8$。当观察到 $S_1 = 16$ 时，投资者推测真实状态为 ω_1 或 ω_2；当观察到 $S_1 = 8$ 时，投资者推测真实状态为 ω_3 或 ω_4。因此该时刻对应于样本空间 Ω 的分划为 $\{\omega_1, \omega_2\} \bigcup \{\omega_3, \omega_4\}$，或者说基本事件集 $\tilde{\mathbf{F}}_1 = \left\{A_1^1 = \{\omega_1, \omega_2\}, A_1^2 = \{\omega_3, \omega_4\}\right\}$，而事件集 $\mathbf{F}_1 = \left\{\varnothing, \Omega, \{\omega_1, \omega_2\}, \{\omega_3, \omega_4\}\right\}$。到 $t = 2$ 时，投资者观察到 $S_2 = 18$ 以推断出真实状态 ω_1；观察到 $S_2 = 6$ 以推断出真实状态 ω_4；而观察到 $S_2 = 12$ 则需要借助对 S_1 的记忆以推断出真实状态 ω_2 或 ω_3。因此该时刻对应于样本空间 Ω 的分划为 $\{\omega_1\} \bigcup \{\omega_2\} \bigcup \{\omega_3\} \bigcup \{\omega_4\}$，或者说基本事件集 $\tilde{\mathbf{F}}_2 = \left\{A_2^1 = \{\omega_1\}, A_2^2 = \{\omega_2\}, A_2^3 = \{\omega_3\}, A_2^4 = \{\omega_4\}\right\}$，而事件集 $\mathbf{F}_2$ 则为 Ω 的全体子集构成的集合。可以看出，随机过程 S 对域流是适应的。这时作为结果的信息结构可以用一棵二叉树来进行描述（如图 8.1 所示）。

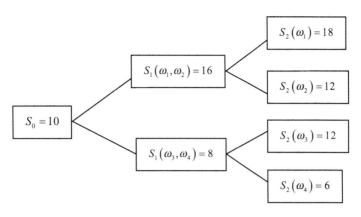

图 8.1 二叉树模型

例 3 所描述的构造域流的方式是以对随机过程的描述开始的，这种域流又被认为是随机过程所生成的。然而，这样产生的域流可能也是最粗糙的。还有一种方式，是以基于一系列信息报告的域流子模型开始，然后再添加证券价格的随机过程模型，为了保证投资者具有过去价格和现在价格的信息，必须使得此过程是适应的。为了说明这一过程，我们再来看一个例子。

例 4 与例 3 一样，设 $n=1$，$m=4$，$T=2$。假如在 $t=1$ 时即将公布市场调查报告，投资者可能偏好调查报告的信息（对应子集 $\{\omega_1, \omega_3\}$），也可能排斥调查报告的信息（对应子集 $\{\omega_2, \omega_4\}$）。在两种情况下，股票可能各自取两个不同的值。因此，在 $t=1$ 时对应于样本空间 Ω 的分划为 $\{\{\omega_1, \omega_3\}\{\omega_2, \omega_4\}\}$，同时对应的事件集则为的全体子集构成的集合。注意到例 3 所定义的股票价格过程对这个域流来说也是适应的，进而与信息子模型相一致。然而，由于投资者能够在 t 时刻通过调查报告分析价格，这样就比仅仅观察价格过程知道更多的信息。事实上，投资者现在能够研究未来的状况，因为他们在 t 时已经知道 T 时的股票价格将是多少。尽管例 4 与例 3 的域流是不同的，但二者的股票价格过程却是相同的。这种模型的灵活性正是我们为什么特意拥有信息结构的域流子模型的一个原因。

第三节 自融资交易策略

在单期金融市场模型中，策略 $\mathbf{H} \equiv (h_0, \mathbf{h}) \in R \times R^n$ 是一个常向量，显然是 $\mathbf{F}_0$ 可测的。该策略在时刻 $t=0$ 确定，而起作用于时刻 $t=1$。对于多时段金融市场模型，策略是一个取值于空间 $R \times R^n$ 的随机过程 $\mathbf{H}(\cdot, \omega) \equiv (h_0(\cdot, \omega), \mathbf{h}(\cdot, \omega))$。这里，我们约定 $\mathbf{H}(t, \omega) \equiv (h_0(t, \omega), \mathbf{h}(t, \omega))$ 是在时刻 $t-1$ 确定的，$h_0(t, \omega)$ 是时段 $[t-1, t]$ 上单位货币账户的数量，而 $\mathbf{h}(t, \omega) \equiv (h_1(t, \omega), h_2(t, \omega), \cdots, h_n(t, \omega))$ 中的 $h_i(t, \omega)$ 是 $[t-1, t]$ 第 i 种股票的持有量，这个策略在时刻 t 起作用。注意，这里的 $h_i(t, \omega)$ 可以为负，当 $i=0$ 时意味着从银行借款，当 $i \neq 0$

时，意味着卖空股票 i。

之所以将投资者的交易策略看作一个随机过程，是因为随机过程仅仅是时间和状态的一种实值函数。作为一种规则，它详细说明了投资者在每一个时点上和每一种状态下对每一种证券的头寸。所以这种规则应赋予投资者在所有可获得信息的基础上选择证券头寸的权利，但并不允许他们"研究未来"。因此，交易策略必须是以这样的方式与反映信息结构的域流联系起来，以至于投资者基于可获得的信息形成交易策略，除此之外没有更多的其他信息。为了刻画交易策略的这些特征，我们需要引入下面一个重要的概念。

定义 8.3.1 一个随机过程 $h_i(\cdot)$ 称为对域流 $\{\mathbf{F}_t\}_{t\geqslant 0}$ 是可料的，如果对每个 t （$t\in\{1,2,\cdots,T\}$），随机变量 $h_i(t)$ 是 $\mathbf{F}_t$-可测的，即 $h_i(t)$ 的确定仅仅用到时刻 $t-1$ 及以前的信息。如果对所有的 i（$i=0,1,\cdots,n$），$h_i(\cdot)$ 都是对域流 $\{\mathbf{F}_t\}_{t\geqslant 0}$ 可料的，那么这样的策略 $\mathbf{H}$ 就称为是 $\{\mathbf{F}_t\}_{t\geqslant 0}$-可料的。

由于 $\mathbf{F}_{t-1}\subseteq\mathbf{F}_t$，故所有可料的随机过程都是适应的。简单地说，如果一个交易策略 $\mathbf{H}$ 的所有分量都是可料的随机过程，此外，如果策略过程 $\mathbf{H}(\cdot)$ 是 $\{\mathbf{F}_t\}_{t\geqslant 0}$-可料的，那么由式（8.2.7）和 $r(\cdot)$ 的 $\{\mathbf{F}_t\}_{t\geqslant 0}$-适应性可知，货币账户过程 $A(\cdot)$ 也是 $\{\mathbf{F}_t\}_{t\geqslant 0}$-可料的。

有了多阶段金融市场模型中交易策略过程的分析，现在我们来分析多阶段模型中的价值和增益过程。

假定 $\mathbf{H}\equiv(h_0,\mathbf{h})\in R\times R^n$ 是某投资者的一个交易策略过程，则初始交易完成后，下面的初值约束成立：

$$V_0 = A(0)h_0(1)+\sum_{j=1}^n S_j(0)h_j(1)=A(0)h_0(1)+\boldsymbol{S}(0)\left[\mathbf{h}(1)\right]^T \tag{8.3.1}$$

其中，V_0 为该投资者的初始资产，现在引入策略过程 $\mathbf{H}(\cdot)$ 的价值过程如下：

$$\begin{aligned}V(t,\omega;\mathbf{H})&=A(t,\omega)h_0(t,\omega)+\sum_{j=1}^n S_j(t,\omega)h_j(t,\omega)\\&=A(t,\omega)h_0(t,\omega)+\boldsymbol{S}(t,\omega)\left[\mathbf{h}(t,\omega)\right]^T\quad\omega\in\Omega,t=1,2,\cdots,T\end{aligned} \tag{8.3.2}$$

需要指出的是对 $t\geqslant 1$，上面式（8.3.2）中定义的 $V(t,\omega;\mathbf{H})$ 是在时刻 t 的交易完成之前的投资组合价值。相应的，我们可以定义增益过程：

$$G(t,\omega;\mathbf{H})=\sum_{u=1}^t\Delta A(u,\omega)h_0(u,\omega)+\sum_{u=1}^t\sum_{j=1}^n\Delta S_j(u,\omega)h_j(u,\omega),\quad t\geqslant 1$$

显然，$V=\{V_t:t=0,1,\cdots,T\}$ 和 $G=\{G_t:t=1,\cdots,T\}$ 都是适应随机过程。

例5 考虑例4定义的股票价格随机过程，并设货币账户过程 $A_t=(1+r)^t$，$r\geqslant 0$ 为常数。于是对于价值过程，有

$$V_0=h_0(1)+10h_1(1)$$

$$V_1(\omega)=\begin{cases}(1+r)h_0(1)+16h_1(1),&\omega=\omega_1,\omega_2\\(1+r)h_0(1)+8h_1(1),&\omega=\omega_3,\omega_4\end{cases}$$

$$V_2(\omega) = \begin{cases} (1+r)^2 h_0(2) + 18 h_1(2), & \omega = \omega_1 \\ (1+r)^2 h_0(2) + 12 h_1(2), & \omega = \omega_2, \omega_3 \\ (1+r)^2 h_0(2) + 6 h_1(2), & \omega = \omega_4 \end{cases}$$

对于增益过程，有

$$G_1(\omega) = \begin{cases} r h_0(1) + 6 h_1(1), & \omega = \omega_1, \omega_2 \\ r h_0(1) - 2 h_1(1), & \omega = \omega_3, \omega_4 \end{cases}$$

$$G_2(\omega) = \begin{cases} r h_0(1) + 6 h_1(1) + r(1+r) h_0(2) + 2 h_1(2), & \omega = \omega_1 \\ r h_0(1) + 6 h_1(1) + r(1+r) h_0(2) - 4 h_1(2), & \omega = \omega_2 \\ r h_0(1) - 2 h_1(1) + r(1+r) h_0(2) + 4 h_1(2), & \omega = \omega_3 \\ r h_0(1) - 2 h_1(1) + r(1+r) h_0(2) - 2 h_1(2), & \omega = \omega_4 \end{cases}$$

如前所述，对于 $t \geq 1$ ，$V(t, \omega; \mathbf{H})$ 是在时刻 t 的交易完成之前的投资组合价值，即

$$V(t, \omega; \mathbf{H}) = A(t, \omega) h_0(t, \omega) + \sum_{j=1}^{n} S_j(t, \omega) h_j(t, \omega).$$

而投资组合在时刻 t 交易完成之后的价值为

$$A(t, \omega) h_0(t+1, \omega) + \sum_{j=1}^{n} S_j(t, \omega) h_j(t+1, \omega).$$

一般来说，这两个投资组合的价值是不同的，即在时刻 t 可能有资金的加入或撤出。然而，在很多的交易中，除 $t = 0$ 和 $t = T$ 时刻外，交易过程不允许有资金的加入或撤出，这就引出了所谓自融资的概念。

定义 8.3.2 设 $0 \leq t_0 < t_1 \leq T$ ，随机过程 $\mathbf{H}(\cdot)$ 称为 $[t_0, t_1]$ 上的一个策略过程，如果 $\{\mathbf{H}(t_0+1), \cdots, \mathbf{H}(t_1)\}$ 是一个 $\{\mathbf{F}_t\}_{t \geq 0}$-可料过程，进一步来说，策略过程 $\mathbf{H}(\cdot)$ 称为在 $[t_0, t_1]$ 上是自融资的，即

$$\begin{aligned} &A(t, \omega) h_0(t, \omega) + \mathbf{S}(t, \omega) \big[\boldsymbol{h}(t, \omega) \big]^T \\ &= A(t, \omega) h_0(t+1, \omega) + \mathbf{S}^T(t, \omega) \big[\boldsymbol{h}(t+1, \omega) \big]^T, \ t_0 < t < t_1 \end{aligned} \quad (8.3.3)$$

从定义可以看出，在每个时刻 t ，交易前后投资组合的价值是不变的。通俗地说，如果资金没有在时刻 $t = 0$ 和 $t = T$ 之间加入或撤出资金，那么投资组合价值的任何变化都来自投资的收益和损失。另一方面，虽然按上面定义，单时段市场中的策略过程总是自融资的，但在讨论单期市场模型时，没有必要引入自融资的概念，所以说这一概念是多期模型所特有的。这一策略使得我们在建模时不必区分交易前后投资组合的价值，在后面的衍生产品定价中可以清楚地看到这一点。

类似于第一章，我们将货币账户作为计价单位，引入贴现股价过程

$$\boldsymbol{S}^*(t, \omega) = \frac{\boldsymbol{S}(t, \omega)}{A(t, \omega)} = \left(\frac{S_1(t, \omega)}{A(t, \omega)}, \frac{S_2(t, \omega)}{A(t, \omega)}, \cdots, \frac{S_n(t, \omega)}{A(t, \omega)} \right), \quad t = 0, 1, \cdots, T, \quad \omega \in \Omega \quad (8.3.4)$$

需要注意的是，$S^*(0,\omega) \equiv S^*(0) = S(0)$ 是一个确定性的 R^n 中向量（非随机的），而 $S^*(t,\omega)$ 是 R^n 值的随机变量（$t \geq 1$）。策略过程 $\mathbf{H}(\cdot)$ 的贴现价值过程定义为

$$V^*(0,\mathbf{H}) = V(0,\mathbf{H})$$

$$V^*(t,\mathbf{H}) \equiv V^*(t,\omega,\mathbf{H}) = \frac{V(t,\omega,\mathbf{H})}{A(t,\omega)}$$

$$= h_0(t,\omega) + S^*(t,\omega)\big[\mathbf{h}(t,\omega)\big]^T, \ t = 0,\ 1,\ \cdots,\ T,\ \omega \in \Omega \quad （8.3.5）$$

由式（8.3.3），我们可得，对于自融资策略 $\mathbf{Z}(\cdot)$，

$$V^*(t,\omega,\mathbf{H}) = h_0(t,\omega) + S^*(t,\omega)\big[\mathbf{h}(t,\omega)\big]^T = h_0(t+1,\omega) + S^*(t,\omega)\big[\mathbf{h}(t+1,\omega)\big]^T, \ t \geq 1$$

$$（8.3.6）$$

这导致在自融资策略 $\mathbf{H}(\cdot)$ 下，投资者在 $[t-1,t]$ 上的贴现增益为：

$$\Delta V^*(t,\omega,\mathbf{H}) = V^*(t,\omega,\mathbf{H}) - V^*(t-1,\omega,\mathbf{H})$$
$$= S^*(t,\omega)\big[\mathbf{h}(t,\omega)\big]^T - S^*(t-1,\omega)\big[\mathbf{h}(t,\omega)\big]^T \equiv \Delta S^*(t,\omega)\big[\mathbf{h}(t,\omega)\big]^T \quad （8.3.7）$$

因此，相应的累积贴现增益（过程）定义为

$$G^*(t,\omega,\mathbf{H}(\cdot)) = V^*(t,\omega,\mathbf{H}(\cdot)) - V^*(0,\omega,\mathbf{H}(\cdot)) = \sum_{u=1}^{t} \Delta V^*(u,\omega,\mathbf{H}(\cdot))$$
$$= \sum_{u=1}^{t} \Delta S^*(u,\omega)\big[\mathbf{h}(u,\omega)\big]^T, \ t \geq 1 \quad （8.3.8）$$

值得注意的是，$G^*(t,\omega,\mathbf{H}(\cdot))$ 仅仅依赖于 $\mathbf{h}(\cdot)$，而不依赖于 $h_0(\cdot)$。

可以证明，一个投资策略 $\mathbf{H}(\cdot)$ 是自融资的，当且仅当

$$V(t,\omega,\mathbf{H}) = V(0,\mathbf{H}) + G(t,\omega,\mathbf{H}) \text{ 或 } V^*(t,\omega,\mathbf{H}) = V^*(0,\mathbf{H}) + G^*(t,\omega,\mathbf{H}) \quad （8.3.9）$$

以自融资交易策略为基础，下面不加证明地给出资产定价的两个基本定理：

定理 8.3.1 （资产定价第一基本定理）当且仅当存在风险中性概率测度时市场是无套利的。

定义 8.3.3 如果对于每一个欧式未定权益，都存在一个复制策略，则称市场是完全的。

定理 8.3.2 （资产定价第二基本定理）当且仅当存在唯一的风险中性概率测度时市场是无套利且完全的。

习 题

1. 试讨论域流在金融市场模型中的作用。

2. 试分析可测、适应、可料对于金融市场模型的意义。

3. 简述什么是自融资交易策略。

4. 试证明，一个投资策略 $\mathbf{H}(\cdot)$ 是自融资的，当且仅当

$$V(t,\omega,\mathbf{H}) = V(0,\mathbf{H}) + G(t,\omega,\mathbf{H})。$$

5. 试证明，一个投资策略 $\mathbf{H}(\cdot)$ 是自融资的，当且仅当

$$V^*(t,\omega,\mathbf{H}) = V^*(0,\mathbf{H}) + G^*(t,\omega,\mathbf{H})。$$

第九章 衍生产品定价的二叉树模型

期权定价的二叉树模型属于离散数学模型，它是二叉树模型在金融数学与金融工程领域的又一次成功运用。期权定价的二叉树模型最早由夏普（William Sharpe）于 1978 年提出，之后，约翰·考克斯（J. C. Cox）、罗斯（S. A. Ross）和鲁宾斯坦（M. Rubinstein）等人于 1979 年在《金融经济学杂志》上发表的《期权定价：一种简化的方法》一文将这一方法予以完善。期权定价的二叉树模型要晚于布莱克、斯科尔斯和莫顿等人于 1973 年提出的连续时间期权定价模型。之所以首先介绍这一模型，是因为：第一，这一模型比较简单，它是罗斯研究标的资产价格服从非正态分布期权定价理论的重要成果；第二，它能够清晰地刻画风险中性定价这一衍生产品定价的重要方法，这一方法由罗斯和约翰·考克斯于 1976 年在《金融经济学杂志》上发表的论文《基于另类随机过程的期权定价》中提出；第三，当时段数目足够多时，该模型提供了对连续时间模型的一个相当不错的近似，并且从离散到连续更符合我们的认知过程，同时也符合随机数学的学习过程。本章我们将从单时段二叉树模型开始，然后由两时段二叉树模型推广到多时段二叉树模型。

第一节 单时段二叉树模型

本节我们依无套利定价理论来为期权进行定价。这里我们采用两种方法：一种是 Delta 对冲法，另一种则是复制法。为此我们首先做如下假设：

（1）股票可以任意分割，即股票可以进行任意份额的交易；

（2）投资过程中借贷利率相同；

（3）股票的买卖价差为 0，即买价和卖价一致；

（4）在任何时刻，股票价格在下一个阶段只有两个可能的值。

本节仅讨论单时段的情形，为此假设股票价格满足如下二叉树模型（如图 9.1 所示）。

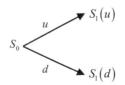

图 9.1 单时段二叉树模型

其中

$$S_1(u) = uS_0, \quad S_1(d) = dS_0 \qquad (9.1.1)$$

为简单起见，我们首先从一个欧式看涨期权开始，假设其敲定价格为 K，并进一步假设 $S_1(u) > K > S_1(d)$。这样，在 1 时刻，如果股票价格 S_1 低于敲定价格 K（也就是 $S_1(d) < K$ 的情形），则该欧式期权价值为 0；相反，如果股票价格 S_1 低于敲定价格 K（也就是 $S_1(u) > K$ 的情形），则该欧式期权会被执行，并且获利 $S_1(u) - K$。或者换句话说，该期权在 1 时刻的价值为 $(S_1(u) - K)^+$（即 $\max(S_1 - K, 0)$，以下我们将用该符号表示这一含义）。那么现在的问题是，在知道 1 时刻的股票价格前，该期权在 0 时刻的价格为多少呢？

假设我们现在卖出一份该欧式期权，可得到与期权价值相等的现金，并设其为 V_0，同时我们买入 Δ_0 份的股票，则得到一个 0 时刻的投资组合：股票：$\Delta_0 S_0$；现金：$V_0 - \Delta_0 S_0$，这时，投资组合的价值为 $\Pi_0 = \Delta_0 S_0 + (V_0 - \Delta_0 S_0)$，恰好等于期权的价格 V_0。那么依据无套利原则，1 时刻的投资组合价值应该与该欧式期权的价值相等，即

$$\Pi_1(\omega) = \Delta_0 S_1(\omega) + (1 + r_f)(V_0 - \Delta_0 S_0) = V_1(\omega) \qquad (9.1.2)$$

考虑到样本空间的两种状态 u 和 d，则有

$$\Pi_1(u) = \Delta_0 S_1(u) + (1 + r_f)(V_0 - \Delta_0 S_0) = V_1(u) = uS_0 - K \qquad (9.1.3)$$

$$\Pi_1(d) = \Delta_0 S_1(d) + (1 + r_f)(V_0 - \Delta_0 S_0) = V_1(d) = 0 \qquad (9.1.4)$$

或

$$V_0 + \Delta_0 \left[\frac{1}{1 + r_f} S_1(u) - S_0 \right] = \frac{1}{1 + r_f}(uS_0 - K) \qquad (9.1.5)$$

$$V_0 + \Delta_0 \left[\frac{1}{1 + r_f} S_1(d) - S_0 \right] = \frac{1}{1 + r_f} V_1(d) = 0 \qquad (9.1.6)$$

式（9.1.5）和式（9.1.6）两端分别相减，得

$$\Delta_0 = \frac{V_1(u) - V_1(d)}{S_1(u) - S_1(d)} = \frac{uS_0 - K}{(u - d)S_0} \qquad (9.1.7)$$

将式（9.1.7）代入式（9.1.5），得

$$V_0 = \frac{1}{1 + r_f} \left[\frac{1 + r_f - d}{u - d}(uS_0 - K) \right] \qquad (9.1.8)$$

例1　设股票在 0 时刻的价格为 $S_0 = 8$ 元，$u = 2$，$d = \dfrac{1}{2}$，即 1 时刻的股票价格分别为：

$$S_1(u) = uS_0 = 16 , \quad S_1(d) = dS_0 = 4 。$$

其对应的单时段二叉树模型如图所示，并假设无风险利率 $r_f = \dfrac{1}{4}$，敲定价格 $K = 10$ 元。

$$S_0 = 8 \quad \begin{array}{c} u = 2 \nearrow S_1(u) = 16 \\ d = \dfrac{1}{2} \searrow S_1(d) = 4 \end{array}$$

于是有，

$$V_0 = \frac{1}{1+r_f}\left[\frac{1+r_f-d}{u-d}\left(uS_0 - K\right)\right] = \frac{1}{1+\dfrac{1}{4}} \times \left[\frac{1+\dfrac{1}{4}-\dfrac{1}{2}}{2-\dfrac{1}{2}}(16-10)\right] = 2.4 \text{（元）}$$

我们把上面采用的期权定价方法称为 Delta − 对冲法。仔细分析上述过程可知，整个定价过程并未受到期权价值取值的实质性影响，因而可以将其推广到一般的衍生产品情形。

现在假设我们出售一份衍生证券而得到现金 V_0，并融资 $V_0 - \Delta_0 S_0$ 以买入 Δ_0 份股票，则得到一个 0 时刻的投资组合：股票：$\Delta_0 S_0$；现金：$V_0 - \Delta_0 S_0$，这时，投资组合的价值为 $\Pi_0 \equiv \Delta_0 S_0 + \left(V_0 - \Delta_0 S_0\right)$，恰好等于衍生的价格 V_0。那么依据无套利原则，1 时刻的投资组合价值应该与衍生证券的价值相等，即

$$\Pi_1(\omega) \equiv \Delta_0 S_1(\omega) + \left(1+r_f\right)\left(V_0 - \Delta_0 S_0\right) = V_1(\omega) \tag{9.1.9}$$

考虑到样本空间的两种状态 u 和 d，则有

$$\Pi_1(u) = \Delta_0 S_1(u) + \left(1+r_f\right)\left(V_0 - \Delta_0 S_0\right) = V_1(u) \tag{9.1.10}$$

$$\Pi_1(d) = \Delta_0 S_1(d) + \left(1+r_f\right)\left(V_0 - \Delta_0 S_0\right) = V_1(d) \tag{9.1.11}$$

或

$$V_0 + \Delta_0\left[\frac{1}{1+r_f}S_1(u) - S_0\right] = \frac{1}{1+r_f}V_1(u) \tag{9.1.12}$$

$$V_0 + \Delta_0\left[\frac{1}{1+r_f}S_1(d) - S_0\right] = \frac{1}{1+r_f}V_1(d) \tag{9.1.13}$$

式（9.1.12）和式（9.1.13）两端分别相减，得

$$\Delta_0 = \frac{V_1(u) - V_1(d)}{S_1(u) - S_1(d)} \qquad (9.1.14)$$

将式（9.1.14）代入式（9.1.12），并考虑 $S_1(u) = uS_0$ 和 $S_1(d) = dS_0$，得

$$V_0 = \frac{1}{1+r_f}\left[\frac{1+r_f-d}{u-d}V_1(u) + \frac{u-1-r_f}{u-d}V_1(d)\right] \qquad (9.1.15)$$

而式（9.1.15）中 $V_1(u)$ 和 $V_1(d)$ 的系数恰好为第一篇第二章中假设投资者风险中性条件下得到的概率，即

$$\tilde{p} = \frac{1+r_f-d}{u-d}, \quad 1-\tilde{p} = \frac{u-1-r_f}{u-d} \equiv \tilde{q} \qquad (9.1.16)$$

于是

$$V_0 = \frac{1}{1+r_f}\left[\tilde{p}V_1(u) + \tilde{q}V_1(d)\right] \qquad (9.1.17)$$

但值得注意的是，该模型的推导过程并未假设投资者风险中性，也就是说，从无套利原则出发推导出来的衍生产品定价公式与直接假设投资者风险中性得到的结果是一致的，于是我们把式（9.1.15）称为单时段二叉树模型的风险中性定价公式，并将式（9.1.14）称为 delta – 对冲公式。由此，上面例 1 又可直接利用风险中性定价公式进行求解。

例 2　设股票在 0 时刻的价格为 $S_0 = 8$ 元，$u = 2$，$d = \frac{1}{2}$，即 1 时刻的股票价格分别为：

$$S_1(u) = uS_0 = 16, \quad S_1(d) = dS_0 = 4。$$

其对应的单时段二叉树模型如下图所示，并假设无风险利率 $r_f = \frac{1}{4}$，敲定价格 $K = 10$ 元。

于是有，

$$\tilde{p} = \frac{1+r_f-d}{u-d} = \frac{1+\frac{1}{4}-\frac{1}{2}}{2-\frac{1}{2}} = \frac{1}{2}, \quad \tilde{q} = 1-\tilde{p} = \frac{1}{2}。$$

又 $V_1(u) = (16-10,0)^+ = 6$ 和 $V_1(d) = (4-10,0)^+ = 0$。由此得该看涨期权的价值为：

$$V_0 = \frac{1}{1+r_f}\left[\tilde{p}V_1(u) + \tilde{q}V_1(d)\right] = \frac{1}{1+\frac{1}{4}} \times \left[\frac{1}{2} \times 6 + \frac{1}{2} \times 0\right] = 2.4 \quad (元)。$$

有了单阶段模型关于风险中性定价的分析，接下来我们把它推广到多阶段二叉树模型中，并在第二节讨论欧式衍生产品定价的多阶段二叉树模型，第三节讨论非路径依赖的美式衍生证券定价的二叉树模型。

第二节　多时段二叉树模型

先从两阶段二叉树模型开始。与单时段二叉树模型一样，我们假设出售一份衍生证券而得到现金 V_0，并融资 $V_0 - \Delta_0 S_0$ 以买入 Δ_0 份股票，则得到一个 0 时刻的投资组合：股票：$\Delta_0 S_0$；现金：$V_0 - \Delta_0 S_0$。这时，投资组合的价值为 $\Pi_0 = \Delta_0 S_0 + (V_0 - \Delta_0 S_0)$，恰好等于衍生证券的价格 V_0。那么到时刻 1，投资组合的价值将变为（设时刻 1 的样本点用 $\boldsymbol{\omega}^{(1)}$（$= \omega_1$）来表示）：

$$\Pi_1(\boldsymbol{\omega}^{(1)}) = \Delta_0 S_1(\boldsymbol{\omega}^{(1)}) + (1+r_f)(V_0 - \Delta_0 S_0) \tag{9.2.1}$$

考虑到时刻 1 股票价格 $S_1(\boldsymbol{\omega}^{(1)})$ 的取值分别为 $S_1(u)$ 和 $S_1(d)$，相应的有

$$\Pi_1(u) = \Delta_0 S_1(u) + (1+r_f)(V_0 - \Delta_0 S_0) \tag{9.2.2}$$

$$\Pi_1(d) = \Delta_0 S_1(d) + (1+r_f)(V_0 - \Delta_0 S_0) \tag{9.2.3}$$

这时投资者可以通过重新调整头寸，以使得新投资组合在时刻 2 的价值与衍生证券的价值相等。假设这时投资者持有 $\Delta_1(\boldsymbol{\omega}^{(1)})$ 只股票，并将其余财富 $\Pi_1(\boldsymbol{\omega}^{(1)}) - \Delta_1(\boldsymbol{\omega}^{(1)})S_1(\boldsymbol{\omega}^{(1)})$ 投资于货币市场，则到时刻 2，投资者的投资组合价值为（设时刻 2 的样本点用 $\boldsymbol{\omega}^{(2)}$（$= \omega_1\omega_2$）来表示）：

$$\Pi_2(\boldsymbol{\omega}^{(2)}) = \Delta_1 S_2(\boldsymbol{\omega}^{(2)}) + (1+r_f)\left(\Pi_1(\boldsymbol{\omega}^{(1)}) - \Delta_1 S_1(\boldsymbol{\omega}^{(1)})\right) \tag{9.2.4}$$

考虑到时刻 2 股票价格 $S_2(\boldsymbol{\omega}^{(2)})$ 的取值分别为 $S_2(uu)$、$S_2(ud)$、$S_2(du)$ 和 $S_2(dd)$，相应的有

$$\Pi_2(uu) = \Delta_1(u)S_2(uu) + (1+r_f)(\Pi_1(u) - \Delta_1 S_1(u)) \tag{9.2.5}$$

$$\Pi_2(ud) = \Delta_1(u)S_2(ud) + (1+r_f)(\Pi_1(u) - \Delta_1 S_1(u)) \tag{9.2.6}$$

$$\Pi_2\left(du\right) = \Delta_1\left(d\right)S_2\left(du\right) + \left(1+r_f\right)\left(\Pi_1\left(d\right) - \Delta_1 S_1\left(d\right)\right) \quad\quad (9.2.7)$$

$$\Pi_2\left(dd\right) = \Delta_1\left(d\right)S_2\left(dd\right) + \left(1+r_f\right)\left(\Pi_1\left(d\right) - \Delta_1 S_1\left(d\right)\right) \quad\quad (9.2.8)$$

这样，我们得到式（9.2.2）、（9.2.3）、（9.2.5）、（9.2.6）、（9.2.7）和（9.2.8）六个方程。为求得六个未知数 V_0、Δ_0、$\Delta_1\left(u\right)$、$\Delta_1\left(d\right)$、$\Pi_1\left(u\right)$、$\Pi_1\left(d\right)$，采用如下方法：

用式（9.2.5）减式（9.2.6），得

$$\Delta_1\left(u\right) = \frac{V_2\left(uu\right) - V_2\left(ud\right)}{S_2\left(uu\right) - S_2\left(ud\right)} \quad\quad (9.2.9)$$

将式（9.2.9）代入式（9.2.5）中，并考虑 $S_2\left(uu\right) = uS_1\left(u\right)$ 和 $S_2\left(ud\right) = dS_1\left(u\right)$，得

$$\Pi_1\left(u\right) = \frac{1}{1+r_f}\left[\tilde{p}V_2\left(uu\right) + \tilde{q}V_2\left(ud\right)\right] \quad\quad (9.2.10)$$

由于 $\Pi_1\left(u\right)$ 实现了从时刻 1 到时刻 2 的一份衍生产品的复制，依据无套利原理，$\Pi_1\left(u\right)$ 即可看作在 1 时刻 $\omega^{(1)} = u$ 时该衍生产品的价值，即 $\Pi_1\left(u\right) = V_1\left(u\right)$。这一过程在本质上与单时段二叉树模型是相同的。类似的，我们可以求得

$$V_1\left(d\right) = \Pi_1\left(d\right) = \frac{1}{1+r_f}\left[\tilde{p}V_2\left(du\right) + \tilde{q}V_2\left(dd\right)\right] \quad\quad (9.2.11)$$

由于 $V_1\left(u\right)$ 和 $V_1\left(d\right)$ 分别是时刻 1 在 $\omega^{(1)} = u$ 和 $\omega^{(1)} = d$ 两种情况下的衍生产品价格，现在由这两个值去推导 V_0 的值恰恰就是单时段二叉树模型的问题，故由单时段二叉树模型可得

$$V_0 = \frac{1}{1+r_f}\left[\tilde{p}V_1\left(u\right) + \tilde{q}V_1\left(d\right)\right]。$$

由此可见，两阶段二叉树模型（如图 9.2）的计算过程就是两次单时段二叉树模型的递归过程。由此我们很容易将这一分析过程直接推广到多期二叉树模型。

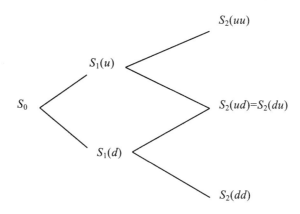

图 9.2　两阶段股票价格过程的一般模型

上述分析过程可以总结为如下关于 N 时段二叉树模型上的复制定理。

定理 9.2.1（N 时段二叉树模型上的复制定理） 考虑一个 N 时段二叉树模型，根据无套利条件有 $0 < d < 1 + r_f < u$，并且令

$$\tilde{p} = \frac{1 + r_f - d}{u - d}, \quad 1 - \tilde{p} = \frac{u - 1 - r_f}{u - d} \equiv \tilde{q} \quad (9.2.12)$$

即风险中性概率。现在设 $V_N\left(\boldsymbol{\omega}^{(N)}\right)$ 是衍生证券在时刻 N 的价值，它取决于前 N 次股票价格运动的结果 $\boldsymbol{\omega}^{(N)}$（$= \omega_1, \omega_2, \cdots, \omega_N$）。由递归式

$$V_n(\omega_1, \omega_2, \cdots, \omega_n) = \frac{1}{1 + r_f}\left[\tilde{p}V_{n+1}(\omega_1, \omega_2, \cdots, \omega_n, u) + \tilde{q}V_{n+1}(\omega_1, \omega_2, \cdots, \omega_n, d)\right] \quad (9.2.13)$$

可依次得 $N - 1$，$N - 2$，$\cdots$，1，0 时刻的衍生证券价值 V_{N-1}，V_{N-2}，$\cdots$，V_1，V_0，而每个 V_n 都取决于前 n（$0 \leqslant n < N$）次股票运动的结果 $\omega_1, \omega_2, \cdots, \omega_n$。下面定义

$$\Delta_n(\omega_1, \omega_2, \cdots, \omega_n) = \frac{V_{n+1}(\omega_1, \omega_2, \cdots, \omega_n u) - V_{n+1}(\omega_1, \omega_2, \cdots, \omega_n d)}{S_{n+1}(\omega_1, \omega_2, \cdots, \omega_n u) - S_{n+1}(\omega_1, \omega_2, \cdots, \omega_n d)}, \quad 0 \leqslant n < N - 1 \quad (9.2.14)$$

如果设定 $\Pi_0 = V_0$，则由 $\Pi_{n+1} = \Delta_n S_{n+1} + (1 + r)(\Pi_n - \Delta_n S_n)$ 可依次按时间前向递归定义资产组合价值 $\Pi_1, \Pi_2, \cdots, \Pi_N$，我们有：

$$\Pi_N(\omega_1, \omega_2, \cdots, \omega_N) = V_N(\omega_1, \omega_2, \cdots, \omega_N), \quad \forall \omega_1, \omega_2, \cdots, \omega_N \quad (9.2.15)$$

【证明】 下面通过对 n 前向归纳证明。假设在时刻 n 成立如下关系

$$\Pi_n(\omega_1, \omega_2, \cdots, \omega_n) = V_n(\omega_1, \omega_2, \cdots, \omega_n), \quad \forall \omega_1, \omega_2, \cdots, \omega_n \quad (9.2.16)$$

已知当 $n = 0$ 时，$\Pi_0 = V_0$，我们要证明的是 $n = N$ 的情形。为此，假设式（9.2.16）在时刻 n（$0 \leqslant n < N$）成立，下面来证明它在时刻 $n + 1$ 也成立。

由归纳假设知，式（9.2.16）对已给定的 $\omega_1, \omega_2, \cdots, \omega_n$ 成立。现在需要证明在 $\omega_{n+1} = u$ 和 $\omega_{n+1} = d$ 两种情况下式（9.2.16）对 $\omega_1, \omega_2, \cdots, \omega_n, \omega_{n+1}$ 也成立。首先考虑 $\omega_{n+1} = u$ 的情形，由 $\Pi_{n+1} = \Delta_n S_{n+1} + (1 + r)(\Pi_n - \Delta_n S_n)$，有：

$$\begin{aligned}\Pi_{n+1}(\omega_1, \omega_2, \cdots, \omega_n, u) &= \Delta_n(\omega_1, \omega_2, \cdots, \omega_n)uS_n(\omega_1, \omega_2, \cdots, \omega_n) \\ &+ (1 + r_f)\left[\Pi_n(\omega_1, \omega_2, \cdots, \omega_n) - \Delta_n(\omega_1, \omega_2, \cdots, \omega_n)S_n(\omega_1, \omega_2, \cdots, \omega_n)\right]\end{aligned} \quad (9.2.17)$$

为了简化记号，我们略去 $\omega_1, \omega_2, \cdots, \omega_n$，将这个方程简写成：

$$\Pi_{n+1}(u) = \Delta_n uS_n + (1 + r_f)(\Pi_n - \Delta_n S_n) \quad (9.2.18)$$

同样略去 $\omega_1, \omega_2, \cdots, \omega_n$，由式（9.2.14）可得：

$$\Delta_n = \frac{V_{n+1}(u) - V_{n+1}(d)}{S_{n+1}(u) - S_{n+1}(d)} = \frac{V_{n+1}(u) - V_{n+1}(d)}{(u - d)S_n} .$$

将其代入式（9.2.18）并且利用归纳假设式（9.2.16）以及 V_n 的定义式（9.2.13），得

到：

$$\begin{aligned}
\Pi_{n+1}(u) &= \left(1+r_f\right)\Pi_n + \Delta_n S_n\left(u-\left(1+r_f\right)\right)\\
&= \left(1+r_f\right)V_n + \frac{\left[V_{n+1}(u)-V_{n+1}(d)\right]\left[u-\left(1+r_f\right)\right]}{(u-d)}\\
&= \left(1+r_f\right)V_n + \tilde{q}V_{n+1}(u) - \tilde{q}V_{n+1}(d)\\
&= \tilde{p}V_{n+1}(u) + \tilde{q}V_{n+1}(d) + \tilde{q}V_{n+1}(u) - \tilde{q}V_{n+1}(d)\\
&= V_{n+1}(u)。
\end{aligned}$$

恢复被略去的股票运动结果 $\omega_1, \omega_2, \cdots, \omega_n$，可以把上面的式子写成：

$$\Pi_{n+1}\left(\omega_1, \omega_2, \cdots, \omega_n, u\right) = V_{n+1}\left(\omega_1, \omega_2, \cdots, \omega_n, u\right)。$$

同理，可证明 $\Pi_{n+1}\left(\omega_1, \omega_2, \cdots, \omega_n, d\right) = V_{n+1}\left(\omega_1, \omega_2, \cdots, \omega_n, d\right)$ 成立。因此，不论是 $\omega_{n+1}=u$ 还是 $\omega_{n+1}=d$，都有 $\Pi_{n+1}\left(\omega_1, \omega_2, \cdots, \omega_n, \omega_{n+1}\right) = V_{n+1}\left(\omega_1, \omega_2, \cdots, \omega_n, \omega_{n+1}\right)$，再由 $\omega_1, \omega_2, \cdots, \omega_n, \omega_{n+1}$ 的任意性，可知定理成立。

上面的分析实际上隐含了一个特殊的假设，就是任何一个衍生证券都可以通过在标的资产（或原生资产）和货币市场上的交易进行复制，即市场是完全的。这时，任何衍生证券都有一个唯一的无套利价格。后面如无特殊说明，我们总是假设市场是完全的。

例 3 在如图 9.3 所示的二阶段模型中，设 $r = \dfrac{1}{4}$，则 $\tilde{p} = \tilde{q} = \dfrac{1}{2}$。求看涨期权和看跌期权的价值。

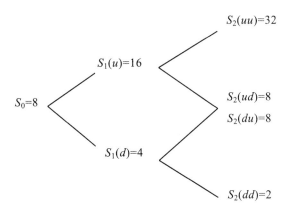

图 9.3 两阶段股票价格过程

解：依据欧式看涨期权算法

$$V_2\left(uu\right) = \left(32-10, 0\right)^+ = 22，\quad V_2\left(ud\right) = \left(8-10, 0\right)^+ = 0$$

$$V_2\left(du\right) = \left(8-10, 0\right)^+ = 0，\quad V_2\left(dd\right) = \left(2-10, 0\right)^+ = 0$$

$$V_1(u) = \frac{1}{1+r_f}\left[\tilde{p}V_2(uu) + \tilde{q}V_2(ud)\right] = \frac{1}{1+\frac{1}{4}} \times \left[\frac{1}{2}\times 22 + \frac{1}{2}\times 0\right] = 8.8,$$

$$V_1(d) = \frac{1}{1+r_f}\left[\tilde{p}V_2(du) + \tilde{q}V_2(dd)\right] = \frac{1}{1+\frac{1}{4}} \times \left[\frac{1}{2}\times 0 + \frac{1}{2}\times 0\right] = 0。$$

则由式（9.2.17），得该看涨期权的价值为：

$$V_0 = \frac{1}{1+r_f}\left[\tilde{p}V_1(u) + \tilde{q}V_1(d)\right] = \frac{1}{1+\frac{1}{4}} \times \left[\frac{1}{2}\times 8.8 + \frac{1}{2}\times 0\right] = 3.52 \text{（元）。}$$

依据欧式看跌期权算法

$$V_2(uu) = (10-32,0)^+ = 0， \quad V_2(ud) = (10-8,0)^+ = 2$$

$$V_2(du) = (10-8,0)^+ = 2， \quad V_2(dd) = (10-2,0)^+ = 8$$

$$V_1(u) = \frac{1}{1+r_f}\left[\tilde{p}V_2(uu) + \tilde{q}V_2(ud)\right] = \frac{1}{1+\frac{1}{4}} \times \left[\frac{1}{2}\times 0 + \frac{1}{2}\times 2\right] = 0.8,$$

$$V_1(d) = \frac{1}{1+r_f}\left[\tilde{p}V_2(du) + \tilde{q}V_2(dd)\right] = \frac{1}{1+\frac{1}{4}} \times \left[\frac{1}{2}\times 2 + \frac{1}{2}\times 8\right] = 4。$$

则由风险中性定价公式，得该看跌期权的价值为：

$$V_0 = \frac{1}{1+r_f}\left[\tilde{p}V_1(u) + \tilde{q}V_1(d)\right] = \frac{1}{1+\frac{1}{4}} \times \left[\frac{1}{2}\times 0.8 + \frac{1}{2}\times 4\right] = 1.92 \text{（元）。}$$

下面我们再来看一个三阶段模型的例子。

例 4 在如图 9.4 所示的三阶段模型中设 $r = \frac{1}{4}$，则 $\tilde{p} = \tilde{q} = \frac{1}{2}$。求在时刻 3 到期的、敲定价格为 20 的欧式看涨期权和欧式看跌期权价格。

解：依据欧式看涨期权算法

$$V_3(uuu) = (20-64,0)^+ = 0， \quad V_3(uud) = (20-16,0)^+ = 4，$$

$$V_3(udu) = (20-16,0)^+ = 4， \quad V_3(duu) = (20-16,0)^+ = 4，$$

$$V_3(udd) = (20-4,0)^+ = 16， \quad V_3(dud) = (20-4,0)^+ = 16，$$

$$V_3(ddu) = (20-4,0)^+ = 16， \quad V_3(ddd) = (20-1,0)^+ = 19。$$

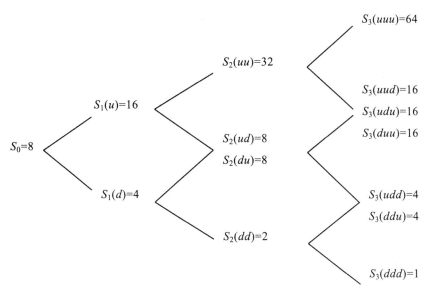

图 9.4　三阶段股票价格过程

$$V_2(uu) = \frac{1}{1+r_f}\left[\tilde{p}V_3(uuu) + \tilde{q}V_3(uud)\right] = \frac{1}{1+\dfrac{1}{4}}\times\left[\frac{1}{2}\times 0 + \frac{1}{2}\times 4\right] = 1.6 ,$$

$$V_2(ud) = \frac{1}{1+r_f}\left[\tilde{p}V_3(udu) + \tilde{q}V_3(udd)\right] = \frac{1}{1+\dfrac{1}{4}}\times\left[\frac{1}{2}\times 4 + \frac{1}{2}\times 16\right] = 8 ,$$

$$V_2(du) = \frac{1}{1+r_f}\left[\tilde{p}V_3(duu) + \tilde{q}V_3(dud)\right] = \frac{1}{1+\dfrac{1}{4}}\times\left[\frac{1}{2}\times 4 + \frac{1}{2}\times 16\right] = 8 ,$$

$$V_2(dd) = \frac{1}{1+r_f}\left[\tilde{p}V_3(ddu) + \tilde{q}V_3(ddd)\right] = \frac{1}{1+\dfrac{1}{4}}\times\left[\frac{1}{2}\times 16 + \frac{1}{2}\times 19\right] = 14 ,$$

$$V_1(u) = \frac{1}{1+r_f}\left[\tilde{p}V_2(uu) + \tilde{q}V_2(ud)\right] = \frac{1}{1+\dfrac{1}{4}}\times\left[\frac{1}{2}\times 1.6 + \frac{1}{2}\times 8\right] = 3.84 ,$$

$$V_1(d) = \frac{1}{1+r_f}\left[\tilde{p}V_2(du) + \tilde{q}V_2(dd)\right] = \frac{1}{1+\dfrac{1}{4}}\times\left[\frac{1}{2}\times 8 + \frac{1}{2}\times 14\right] = 8.8 。$$

则由风险中性定价公式，得该看跌期权的价值为：

$$V_0 = \frac{1}{1+r_f}\left[\tilde{p}V_1(u) + \tilde{q}V_1(d)\right] = \frac{1}{1+\dfrac{1}{4}}\left[\frac{1}{2}\times 3.84 + \frac{1}{2}\times 8.8\right] = 5.056 （元）。$$

从上面的分析不难看出，对于多阶段二叉树模型，欧式衍生证券价格的计算量是相当大的，它随着阶段数目的增加而呈指数级增长。但幸运的是，我们可以通过对上述算法关键步骤的分析，使得运算过程中的运算量大大降低。我们通过例子来看。

这里我们再次审视例 4 的计算过程。

例 5 在模型中令 $S_0 = 8$，$u = 2$，$d = \dfrac{1}{2}$，考虑一个敲定价格 $K = 10$ 并在时刻 3 终止的欧式看跌期权定价问题。风险中性的概率为 $\tilde{p} = \tilde{q} = \dfrac{1}{2}$，股价过程如图 9.4 所示。该期权的支付 $V_3 = (5 - S_3)^+$ 为：

$$V_3(uuu) = 0, \quad V_3(uud) = V_3(udu) = V_3(duu) = 4,$$

$$V_3(udd) = V_3(dud) = V_3(ddu) = 16, \quad V_3(ddd) = 19。$$

以上列有 $2^3 = 8$ 个条目，但可以简化。在时刻 3，相应于股票价格 S，期权的支付记为 $\upsilon_3(S)$。V_3 以三次股票运动结果的序列作为其自变量，而 υ_3 的自变量是股票价格。在时刻 3，只有四种可能的股票价格，相应的 υ_3 值列为

$$\upsilon_3(64) = 0, \quad \upsilon_3(16) = 4, \quad \upsilon_3(4) = 16, \quad \upsilon_3(1) = 19。$$

所以，对于在 N 时段终止的看跌期权来说，V_N 的自变量范围是 2^N 种可能的股票运动结果，而 υ_N 的自变量范围是 $N+1$ 种可能的股票。显然这是一个数量级上的变化。如果按照由定理 9.2.1 来计算，即由 $V_2(\omega_1\omega_2) = \dfrac{2}{5}\left[V_3(\omega_1\omega_2 u) + V_3(\omega_1\omega_2 d)\right]$ 计算 V_2，那么相应于 $\omega_1\omega_2$ 的四种可能结果，将对应四个方程。而如果用 $\upsilon_2(S)$ 表示在时刻 2 相应于股票价格 S 的看跌期权的价格，则上述计算就可以转化为

$$\upsilon_2(S) = \frac{2}{5}\left[\upsilon_3(2S) + \upsilon_3\left(\frac{1}{2}S\right)\right]。$$

对应于时刻 2 的三种可能的股票价格，这里只含有三个方程。事实上，可以算得

$$\upsilon_2(32) = \frac{2}{5}\left[\upsilon_3(64) + \upsilon_3(16)\right] = 1.6$$

$$\upsilon_2(8) = \frac{2}{5}\left[\upsilon_3(16) + \upsilon_3(4)\right] = 8$$

$$\upsilon_2(2) = \frac{2}{5}\left[\upsilon_3(4) + \upsilon_3(1)\right] = 14。$$

同理，

$$v_1(16) = \frac{2}{5}\left[v_2(32) + v_2(8)\right] = 3.84$$

$$v_1(4) = \frac{2}{5}\left[v_2(8) + v_2(2)\right] = 8.8 。$$

其中 $v_1(S)$ 表示在时刻 1 相应于股票价格 S 看跌期权的价格。看跌期权在时刻 0 的价格为：

$$v_0(4) = \frac{2}{5}\left[v_1(16) + v_1(4)\right] = 5.056 。$$

在每个时刻 $n = 0, 1, 2$, 如果股票价格为 S, 复制资产组合中应该持有的股票份额为：

$$\delta_n(S) = \frac{v_{n+1}(2S) - v_{n+1}\left(\frac{1}{2}S\right)}{2S - \frac{1}{2}S} 。$$

在本例中，期权在任何时刻 n 的价格为在该时刻股票价格 S_n 的函数，与股票运动路径无关。这就可以引入函数 v_n 并按照公式 $V_n = v_n(S_n)$ 与随机变量 V_n 相联系。事实上，这一点不仅对于简化计算量是重要的，而且对于解决美式衍生证券的定价问题也是一个非常有效的手段。

第三节　支付已知红利的多时段二叉树模型

有了上面一般情况的分析，我们再来考虑一种特殊的情况，即标的资产为支付红利的股票情形。这一情形又可依据红利表达方式的不同分为已知红利率和已知红利数额两种情况。下面分别就这两种情况来讨论欧式期权的定价问题。

9.3.1 支付已知红利率的二叉树定价模型

假设在到期日之前的某一时刻 n_1 支付已知的红利率为 δ, 则在除息日（时刻 n_1）之前的任意时刻 n （$0 < n < n_1$）, 树上结点对应的价格为

$$S_0 u^{U(\omega_1, \omega_2, \cdots, \omega_n)} d^{D(\omega_1, \omega_2, \cdots, \omega_n)} 。$$

而在除息日（时刻 n_1）之后的任意时刻 n （$n_1 < n < N$）, 树上结点对应的价格为

$$S_0(1-\delta) u^{U(\omega_1, \omega_2, \cdots, \omega_n)} d^{D(\omega_1, \omega_2, \cdots, \omega_n)} 。$$

如果在期权有效期内有多个已知红利率的情况，也可同样处理。假设 δ_n 为时刻 0 到时刻 n 之间所有除息日的总红利支付率，则时刻 n 结点的相应证券价格为

$$S_0\left(1-\delta_n\right)u^{U(\omega_1,\omega_2,\cdots,\omega_n)}d^{D(\omega_1,\omega_2,\cdots,\omega_n)}。$$

其中 $U\left(\omega_{n+1},\omega_{n+2},\cdots,\omega_N\right)$ 表示 $\omega_{n+1},\omega_{n+2},\cdots,\omega_N$ 中价格上升的次数，$D\left(\omega_{n+1},\omega_{n+2},\cdots,\omega_N\right)$ 表示 $\omega_{n+1},\omega_{n+2},\cdots,\omega_N$ 中价格下降的次数。

对于支付连续红利率 δ 的情形，则可这样考虑：由于红利提供了 δ 的收益，所以在风险中性世界中股票的期望收益率为 $r_f-\delta$，于是有

$$e^{r_f-\delta}=\tilde{p}u+\left(1-\tilde{p}\right)d。$$

从而有

$$\tilde{p}=\frac{e^{r_f-\delta}-d}{u-d}。$$

对于以上几种情形，采用和上一节同样的递推过程即可确定期权价格。

9.3.2 支付已知红利数额的二叉树定价模型

如果标的资产在未来某一时刻将支付一个确定数额的红利而不是一个确定的比率，则除息后二叉树的分支将不再重合，这就意味着所要估算的结点数目可能会变得很大，特别是如果支付多次已知数额红利的情况将更为复杂（见图 9.5）。

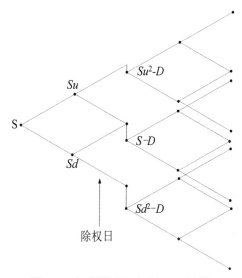

图 9.5　红利数额已知的二叉树图

为了简化计算，可以把标的资产价格分为两个部分：一部分是不确定的，而另一部分为期权有效期内所有未来红利的现值。假设在期权有效期内只有一次红利，除息日 τ 在 n 到 $n+1$ 之间，则在 n 时刻不确定部分的价值 S^* 为：

$$
\begin{aligned}
\hat{S}_n &= S_n & \text{当 } n>\tau \text{ 时} \\
\hat{S}_n &= S_n - De^{-r(\tau-n)} & \text{当 } n\leqslant\tau \text{ 时}
\end{aligned}
\tag{9.3.1}
$$

其中 D 表示红利。通过应用式（9.3.1），把未来收益现值加在每个结点的证券价格上，就会使 $\hat{S}$ 的二叉树图转化为 S 的二叉树。假设零时刻 $\hat{S}$ 的值为 $\hat{S}_0$，则在 $i\Delta t$ 时刻：

当 $n \leqslant \tau$ 时，这个树上每个结点对应的证券价格为：

$$\hat{S}_0 u^{U(\omega_1,\omega_2,\cdots,\omega_n)} d^{D(\omega_1,\omega_2,\cdots,\omega_n)} + De^{-r(\tau-n)}。$$

当 $n > \tau$ 时，这个树上每个结点对应的证券价格为：

$$\hat{S}_0 u^{U(\omega_1,\omega_2,\cdots,\omega_n)} d^{D(\omega_1,\omega_2,\cdots,\omega_n)}。$$

这种方法还可以直接推广到处理多个红利的情况。

至此，我们已经给出了二叉树模型下欧式衍生证券定价的一般递归算法。当然，如果进一步思考，我们还可能提出诸如"能否利用风险中性概率测度直接从 N 时刻的衍生证券价格推出 0 时刻的衍生证券价格""美式衍生证券如何定价""能否给出路径依赖的衍生证券定价的一般方法"等一系列问题，这些我们将结合随机分析理论在后面的两章予以介绍。

习 题

1. 设在二叉树模型中，$u = 3$，$d = 1/3$，$r_f = 1/6$，$T = 2$。计算执行价格 $K = 51$、股票的初始值为 $S(0) = 50$ 的欧式看涨和看跌期权的价格。

2. 假设投资者知道某一股票的如下演化过程：（这里 $n = 1$，$m = 4$，$T = 2$）

ω	$t = 0$	$t = 1$	$t = 2$
ω_1	10	16	18
ω_2	10	16	12
ω_3	10	8	12
ω_4	10	8	6

求执行价格的欧式看涨和看跌期权在时刻 $t = 0$ 和 $t = 1$ 的价格。

3. 求习题 2 的复制策略。

4. 证明定理 9.2.1 中 $\Pi_{n+1}(\omega_1,\omega_2,\cdots,\omega_n,d) = V_{n+1}(\omega_1,\omega_2,\cdots,\omega_n,d)$ 的结论。

5. 试举例说明支付已知红利率和红利数额的二叉树定价方法。

第十章 二叉树定价模型上的概率论

在上一章关于衍生证券定价的分析中我们发现：对于欧式衍生证券而言，以基础的递归方式算得的结果与 N 时刻风险中性概率下的期望值直接贴现到 0 时刻的结果是一致的，只是后者是一个直接的观察而非严密的推导。当将递归过程与观察结果联系在一起思考时，一个熟悉随机分析的读者可能很快会将其与作为公平赌博模型的"鞅"相联系，即它们有着一个共同的特征——期望值不变。而二叉树结构又非常完美地迎合了一个概率空间的建立，所以我们自然会问——"鞅"能否为我们提供上述直觉的依据呢？本章所要介绍的就是二叉树定价模型中所需的条件期望、鞅和马尔科夫过程三个概念，这些概念是随机分析应用于金融学的几个基本概念。

第一节　条件期望

由第二章第一节得到的风险中性概率 $\tilde{p} = \dfrac{1+r_f-d}{u-d}$、$1-\tilde{p} = \dfrac{u-1-r_f}{u-d} \equiv \tilde{q}$ 可知，

$\tilde{p}u + \tilde{q}d = 1 + r_f$。因此，在每一时刻 n，对于样本序列 $\omega_1, \omega_2, \cdots, \omega_n$，有

$$S_n(\omega_1, \omega_2, \cdots, \omega_n) = \frac{1}{1+r_f}\Big[\tilde{p}S_{n+1}(\omega_1, \omega_2, \cdots, \omega_n, u) + \tilde{q}S_{n+1}(\omega_1, \omega_2, \cdots, \omega_n, d)\Big]。$$

即股票在时刻 n 的价格为时刻 $n+1$ 的两种可能股价的加权平均，权重即风险中性概率 $\tilde{p}$ 和 $\tilde{q}$，而这恰恰是概率中的期望概念。于是我们记

$$\tilde{E}_n^{\omega_1, \omega_2, \cdots, \omega_n}\Big[S_{n+1}(\omega_1, \omega_2, \cdots, \omega_n, \omega_{n+1})\Big]$$

$$= \tilde{E}_n\Big[S_{n+1}(\omega_1, \omega_2, \cdots, \omega_n, \omega_{n+1})\Big](\omega_1, \omega_2, \cdots, \omega_n)$$

$$= \tilde{p}S_{n+1}(\omega_1, \omega_2, \cdots, \omega_n, u) + \tilde{q}S_{n+1}(\omega_1, \omega_2, \cdots, \omega_n, d)。$$

并称之为在时刻 n 的信息基础上 S_{n+1} 的条件期望。于是有

$$S_n(\omega_1, \omega_2, \cdots, \omega_n) = \frac{1}{1+r_f} \tilde{E}_n^{\omega_1, \omega_2, \cdots, \omega_n} \left[S_{n+1}(\omega_1, \omega_2, \cdots, \omega_n, \omega_{n+1}) \right].$$

简记为 $S_n = \dfrac{1}{1+r_f} \tilde{E}_n[S_{n+1}]$，它可以看作是基于 $\omega_1, \omega_2, \cdots, \omega_n$ 的关于 S_{n+1} 的一个估计。事实上，我们可以将这一结论推广到更一般的情形。

定义 10.1.1 设 $1 < n < N$，对于给定的样本序列 $\omega_1, \omega_2, \cdots, \omega_n$，有 2^{N-n} 种可能的后续序列 $\omega_{n+1}, \omega_{n+2}, \cdots, \omega_N$，用 $U(\omega_{n+1}, \omega_{n+2}, \cdots, \omega_N)$ 表示 $\omega_{n+1}, \omega_{n+2}, \cdots, \omega_N$ 中价格上升的次数，用 $D(\omega_{n+1}, \omega_{n+2}, \cdots, \omega_N)$ 表示 $\omega_{n+1}, \omega_{n+2}, \cdots, \omega_N$ 中价格下降的次数，记

$$\begin{aligned} \tilde{E}_n^{\omega_1, \omega_2, \cdots, \omega_n}[X] &= \tilde{E}_n[X](\omega_1, \omega_2, \cdots, \omega_n) \\ &= \sum_{\omega_1, \omega_2, \cdots, \omega_n} \tilde{p}^{U(\omega_{n+1}, \omega_{n+2}, \cdots, \omega_N)} \tilde{q}^{D(\omega_{n+1}, \omega_{n+2}, \cdots, \omega_N)} X(\omega_1, \omega_2, \cdots, \omega_n, \omega_{n+1}, \cdots, \omega_N) \end{aligned} \quad (10.1.1)$$

并称之为在时刻 n 的信息 $\omega_1, \omega_2, \cdots, \omega_n$ 基础上的 X 的条件期望。

注1：由该定义可以看出，条件期望 $\tilde{E}_n[X](\omega_1, \omega_2, \cdots, \omega_n)$ 作为一个函数实际上是含有两个自变量，一个是表明要对"谁"求条件期望，这个自变量是 X；另一个是表明在"什么信息"条件下求条件期望，这个自变量是 $\omega_1, \omega_2, \cdots, \omega_n$，所以条件期望本身是一个随机变量，当 $\omega_1, \omega_2, \cdots, \omega_n$ 给定时得到其具体的取值。这里的"$\tilde{E}$"表示的是风险中性概率测度下的期望，如果是实际概率测度，则用"E"来表示。后面我们将根据公式编写的需要交替使用 $\tilde{E}_n^{\omega_1, \omega_2, \cdots, \omega_n}[X]$ 和 $\tilde{E}_n[X](\omega_1, \omega_2, \cdots, \omega_n)$，本书二者含义一致。

注2：条件期望的两个极端情形分别是：

① $\tilde{E}_0[X]$ —— 不依赖任何信息 X 的条件期望，定义为

$$\tilde{E}_0[X] = \tilde{E}X.$$

② $\tilde{E}_N[X]$ —— 基于所有 $\omega_1, \cdots, \omega_N$ 的信息 X 的条件期望，定义为

$$\tilde{E}_N[X] = X.$$

例 1 现在来考虑一个三阶段二叉树模型，则样本空间为

$$\Omega = \{uuu, uud, udu, udd, duu, dud, ddu, ddd\}$$

定义随机变量 $U = U(\omega_1, \omega_2, \omega_3)$ 表示 $\omega_1, \omega_2, \omega_3$ 中价格上升的次数，$D = D(\omega_1, \omega_2, \omega_3)$ 表示 $\omega_1, \omega_2, \omega_3$ 中价格下降的次数，于是有

$$U(uuu) = 3, \quad U(uud) = U(udu) = U(duu) = 2,$$
$$U(udd) = U(dud) = U(ddu) = 1, \quad U(ddd) = 0.$$
$$D(uuu) = 0, \quad D(uud) = D(udu) = D(duu) = 1,$$
$$D(udd) = D(dud) = D(ddu) = 2, \quad D(ddd) = 3.$$

不同样本点处的股票价格如图 10.1 所示，

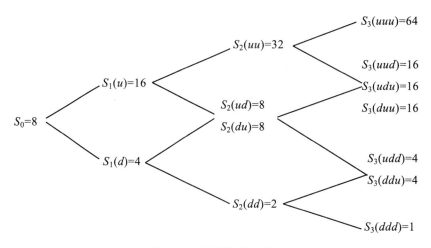

图 10.1　股票价格过程

仍取风险中性概率 $\tilde{p} = \dfrac{1}{2}$，则有

$$\tilde{E}_2[S_3](uu) = \tilde{p}S_3(uuu) + (1-\tilde{p})S_3(uud) = \frac{1}{2} \times 64 + \frac{1}{2} \times 16 = 30,$$

$$\tilde{E}_1[S_3](u) = \sum_{\omega_2\omega_3} \tilde{p}^{U(u\omega_2\omega_3)} S_3(u\omega_2\omega_3)(1-\tilde{p})^{D(u\omega_2\omega_3)} S_3(u\omega_2\omega_3) = 25,$$

$$\tilde{E}_1[S_3](d) = \sum_{\omega_2\omega_3} \tilde{p}^{U(d\omega_2\omega_3)} S_3(d\omega_2\omega_3)(1-\tilde{p})^{D(d\omega_2\omega_3)} S_3(d\omega_2\omega_3) = 6.25。$$

下面在真实概率下给出条件期望的性质，它对于风险中性概率同样适用。

性质　设 N 为正整数，X 和 Y 为依赖于 $\omega_1,\cdots,\omega_N$ 的随机变量。对于给定的 $0 \leqslant n \leqslant N$，则

（i）条件期望的线性性。对于所有常数 c_1 和 c_2，我们有：

$$E_n[c_1 X + c_2 Y] = c_1 E_n[X] + c_2 E_n[Y] \tag{10.1.2}$$

证明：$E_n[c_1 X + c_2 Y](\omega_1,\cdots,\omega_n)$

$$= \sum_{\omega_{n+1},\cdots,\omega_N} \tilde{p}^{U(\omega_{n+1},\cdots,\omega_N)} \tilde{q}^{D(\omega_{n+1},\cdots,\omega_N)} \left[c_1 X(\omega_1,\cdots,\omega_N) + c_2 Y(\omega_1,\cdots,\omega_N) \right]$$

$$= \sum_{\omega_{n+1},\cdots,\omega_N} p^{U(\omega_{n+1},\cdots,\omega_N)} q^{D(\omega_{n+1},\cdots,\omega_N)} \left[c_1 X(\omega_1,\cdots,\omega_N) + c_2 Y(\omega_1,\cdots,\omega_N) \right]$$

$$= c_1 \sum_{\omega_{n+1},\cdots,\omega_N} p^{U(\omega_{n+1},\cdots,\omega_N)} q^{D(\omega_{n+1},\cdots,\omega_N)} X(\omega_1,\cdots,\omega_N) +$$

$$c_2 \sum_{\omega_{n+1},\cdots,\omega_N} p^{U(\omega_{n+1},\cdots,\omega_N)} q^{D(\omega_{n+1},\cdots,\omega_N)} Y(\omega_1,\cdots,\omega_N)$$

$$= c_1 E_n [X] (\omega_1, \cdots, \omega_n) + c_2 E_n [Y] (\omega_1, \cdots, \omega_n) \text{。}$$

（ii）提取已知量。如果 X 实际上只依赖于 $\omega_1, \cdots, \omega_n$，那么，

$$E_n [XY] = X \cdot E_n [Y] \tag{10.1.3}$$

证明：$E_n [XY] (\omega_1, \cdots, \omega_n)$

$$= \sum_{\omega_{n+1}, \cdots, \omega_N} p^{U(\omega_{n+1}, \cdots, \omega_N)} q^{D(\omega_{n+1}, \cdots, \omega_N)} X (\omega_1, \cdots, \omega_n) Y (\omega_1, \cdots, \omega_n, \omega_{n+1}, \cdots, \omega_N)$$

$$= X (\omega_1, \cdots, \omega_n) \sum_{\omega_{n+1}, \cdots, \omega_N} p^{U(\omega_{n+1}, \cdots, \omega_N)} q^{D(\omega_{n+1}, \cdots, \omega_N)} Y (\omega_1, \cdots, \omega_n, \omega_{n+1}, \cdots, \omega_N)$$

$$= X (\omega_1, \cdots, \omega_n) E_n [Y] (\omega_1, \cdots, \omega_n) \text{。}$$

（iii）累次条件期望。如果 $0 \leqslant n \leqslant m \leqslant N$，那么，

$$E_n [E_m [X]] = E_n [X], \quad \text{特别地}, \quad E [E_m [X]] = EX \tag{10.1.4}$$

证明：定义 $Z = E_m [X]$，则 Z 实际上仅依赖于 $\omega_1, \cdots, \omega_m$，

$$E_n [E_m [X]] (\omega_1, \cdots, \omega_n) = E_n [Z] (\omega_1, \cdots, \omega_n)$$

$$= \sum_{\omega_{n+1}, \cdots, \omega_N} p^{U(\omega_{n+1}, \cdots, \omega_N)} q^{D(\omega_{n+1}, \cdots, \omega_N)} Z (\omega_1, \cdots, \omega_n, \omega_{n+1}, \cdots, \omega_m)$$

$$= \sum_{\omega_{n+1}, \cdots, \omega_N} p^{U(\omega_{n+1}, \cdots, \omega_N)} q^{D(\omega_{n+1}, \cdots, \omega_N)} Z (\omega_1, \cdots, \omega_m) \sum_{\omega_{n+1}, \cdots, \omega_N} p^{U(\omega_{n+1}, \cdots, \omega_N)} q^{D(\omega_{n+1}, \cdots, \omega_N)}$$

$$= \sum_{\omega_{n+1}, \cdots, \omega_N} p^{U(\omega_{n+1}, \cdots, \omega_N)} q^{D(\omega_{n+1}, \cdots, \omega_N)} Z (\omega_1, \cdots, \omega_m)$$

$$= \sum_{\omega_{n+1}, \cdots, \omega_N} p^{U(\omega_{n+1}, \cdots, \omega_N)} q^{D(\omega_{n+1}, \cdots, \omega_N)} \sum_{\omega_{n+1}, \cdots, \omega_N} p^{U(\omega_{n+1}, \cdots, \omega_N)} q^{D(\omega_{n+1}, \cdots, \omega_N)} X (\omega_1, \cdots, \omega_N)$$

$$= \sum_{\omega_{n+1}, \cdots, \omega_N} p^{U(\omega_{n+1}, \cdots, \omega_N)} q^{D(\omega_{n+1}, \cdots, \omega_N)} X (\omega_1, \cdots, \omega_N) = E_n [X] (\omega_1, \cdots, \omega_n) \text{。}$$

（iv）独立性。如果 X 只依赖于 $\omega_{n+1}, \cdots, \omega_N$ 的结果，那么

$$E_n [X] = EX \tag{10.1.5}$$

证明：$E_n [X] (\omega_1, \cdots, \omega_N)$

$$= \sum_{\omega_{n+1}, \cdots, \omega_N} p^{U(\omega_{n+1}, \cdots, \omega_N)} q^{D(\omega_{n+1}, \cdots, \omega_N)} X (\omega_{n+1}, \cdots, \omega_N)$$

$$= \sum_{\omega_1, \cdots, \omega_n} p^{U(\omega_1, \cdots, \omega_n)} q^{D(\omega_1, \cdots, \omega_n)} \sum_{\omega_{n+1}, \cdots, \omega_N} p^{U(\omega_{n+1}, \cdots, \omega_N)} q^{D(\omega_{n+1}, \cdots, \omega_N)} X (\omega_{n+1}, \cdots, \omega_N)$$

$$= \sum_{\omega_1,\cdots,\omega_N} p^{U(\omega_1,\cdots,\omega_N)} q^{D(\omega_1,\cdots,\omega_N)} X(\omega_{n+1},\cdots,\omega_N) = EX。$$

（v）条件詹森不等式。如果 $\varphi(x)$ 为哑变量 x 的凸函数，那么：

$$E_n[\varphi(X)] \geqslant \varphi(E_n[X]) \tag{10.1.6}$$

证明从略。

下面我们通过几个例子来对上述性质进行说明。

例 2 在图 10.1 中，仍取 $\tilde{p} = \tilde{q} = \dfrac{1}{2}$，则有：

$$\tilde{E}_1[S_2](u) = \frac{1}{2} \times 32 + \frac{1}{2} \times 8 = 20$$

$$\tilde{E}_1[S_3](u) = \frac{1}{4} \times 64 + \frac{1}{4} \times 16 + \frac{1}{4} \times 16 + \frac{1}{4} \times 4 = 25。$$

故， $$\tilde{E}_1[S_2](u) + \tilde{E}_1[S_3](u) = 20 + 25 = 45。$$

而 $$\tilde{E}_1[S_2+S_3](H) = \frac{1}{4}(32+64) + \frac{1}{4}(32+16) + \frac{1}{4}(8+16) + \frac{1}{4}(8+4) = 45。$$

同理，可验证 $$\tilde{E}_1[S_2+S_3](T) = \tilde{E}_1[S_2](T) + \tilde{E}_1[S_3](T)。$$

故不管任何状态都有 $\tilde{E}_1[S_2+S_3] = \tilde{E}_1[S_2] + \tilde{E}_1[S_3]$，即线性关系成立。

例 3 假如要基于时刻 1 的信息估计 S_1S_3，根据定义有：

$$\tilde{E}_1[S_1S_3](u) = \frac{1}{4} \times 1024 + \frac{1}{4} \times 256 + \frac{1}{4} \times 256 + \frac{1}{4} \times 64 = 400。$$

根据提取已知量有

$$S_1(u)\tilde{E}_1[S_3](u) = 16 \times \left(\frac{1}{4} \times (64+16+16+4)\right) = 400。$$

同理可计算：

$$\tilde{E}_1[S_1S_3](d) = S_1(d)\tilde{E}_1[S_3](d)。$$

故不管任何状态提取已知量都成立：

$$E_1[S_1S_2] = S_1E_1[S_2]。$$

其他性质请读者自行验证。

第二节　鞅

鞅是一个随机过程，也是现代金融学中的基本概念之一。在这一随机过程中，当前观测值是对未来观测值的最好预测。它的一个重要特征就是由鞅所表达的动态过程没有系统性的趋势特征。而金融变量皆由信息所驱动，对某一金融变量的预测则高度依赖于当前可获得的信息。因此，研究这样一种随机过程对金融数量分析是十分必要的。

现在，我们结合上一节提出的条件期望概念，考虑第二章关于在风险中性概率测度下股票价格运动的结论：

$$
\tilde{E}_n\left[\frac{S_{n+1}(\omega_1,\cdots,\omega_n)}{(1+r)^{n+1}}\right]
$$

$$
=\frac{1}{(1+r)^n}\cdot\frac{1}{1+r}\left[\tilde{p}S_{n+1}(\omega_1,\omega_2,\cdots,\omega_n,u)+\tilde{q}S_{n+1}(\omega_1,\omega_2,\cdots,\omega_n,d)\right]
$$

$$
=\frac{1}{(1+r)^n}\cdot\frac{1}{1+r}\left[\tilde{p}uS_n(\omega_1,\omega_2,\cdots,\omega_n)+\tilde{q}S_n(\omega_1,\omega_2,\cdots,\omega_n)\right]
$$

$$
=\frac{S_n(\omega_1,\cdots,\omega_n)}{(1+r)^n}
$$

该式表明，在风险中性测度下，不支付红利的股票在时刻 n 的贴现值就是依据时刻 n 的信息对时刻 $n+1$ 的股票价格的现值的最佳估计。风险中性概率的选取正是用来强化这一事实，满足这一条件的过程就称为鞅。下面我们给出二叉树资产定价模型下的鞅定义。

定义 10.2.1　设 $M_0,M_1,\cdots M_N$ 为随机变量序列，每个 M_n 只依赖于前 n 次的运动结果（其中 M_0 为常量），这样的随机序列称为适应随机序列。

（i）如果 $M_n=E_n\left[M_{n+1}|\boldsymbol{F}_n\right],n=0,1,\cdots N-1$，则称这个过程为鞅。

（ii）如果 $M_n\leqslant E_n\left[M_{n+1}|\boldsymbol{F}_n\right],n=0,1,\cdots N-1$，则称这个过程为下鞅。

（iii）如果 $M_n\geqslant E_n\left[M_{n+1}|\boldsymbol{F}_n\right],n=0,1,\cdots N-1$，则称这个过程为上鞅。

下面的定义中 $\boldsymbol{F}_n$ 的定义是不变的，故在后面的表达式中均省略 $\boldsymbol{F}_n$。

注 1：定义中的（ii）式往往被称作"一步超前"条件。实际上，它蕴含了关于任意多步的类似条件。这是因为，当 $n\leqslant N-2$ 时，有

$$
M_n=E_n\left[M_{n+1}\right]=E_n\left[E_{n+1}\left[M_{n+2}\right]\right]=E_n\left[M_{n+2}\right]。
$$

更一般地，对于任意给的 m 和 n（$0\leqslant n\leqslant m\leqslant N$）均有

$$
M_n=E_n\left[M_{n+1}\right]=E_n\left[E_{n+1}\left[M_{n+2}\right]\right]=E_n\left[M_{n+2}\right]。
$$

注 2：鞅的期望为常数。这是因为如果 $M_0,M_1,\cdots,M_N$ 为鞅，则有

$$M_0 = E[M_n], \quad n = 0, 1, \cdots, N \text{。}$$

而 M_0 是常量，不是随机变量，$M_0 = E[M_n]$。这也就是说，鞅没有所谓递增和递减的趋势，它在下一时刻的均值总是等于当前时刻的值。

注 3：由于在我们的模型中，通常域流是不变的，所以我们又把这种情况下的鞅、上鞅和下鞅分别称为 P-鞅、P-上鞅和 P-下鞅。

显然，在风险中性概率测度下，股票的贴现价格过程是一个鞅。现在我们再用另一种方法证明这一结论，这种方法稍加修改便可应用于连续时间的情形，因而具有更强的启发意义。

$$\tilde{E}_n\left[\frac{S_{n+1}(\omega_1, \cdots, \omega_n)}{(1+r)^{n+1}}\right]$$

$$= \tilde{E}_n\left[\frac{S_n(\omega_1, \cdots, \omega_n)}{(1+r)^{n+1}} \cdot \frac{S_{n+1}(\omega_1, \omega_2, \cdots, \omega_n, \omega_{n+1})}{S_n(\omega_1 \cdots \omega_n)}\right]$$

$$= \frac{S_n(\omega_1, \cdots, \omega_n)}{(1+r)^n} \cdot \tilde{E}_n\left[\frac{1}{1+r} \cdot \frac{S_{n+1}(\omega_1, \omega_2, \cdots, \omega_n, \omega_{n+1})}{S_n(\omega_1 \cdots \omega_n)}\right]$$

$$= \frac{S_n(\omega_1, \cdots, \omega_n)}{(1+r)^n} \cdot \frac{1}{1+r} \tilde{E}_n\left[\frac{S_{n+1}(\omega_1, \omega_2, \cdots, \omega_n, \omega_{n+1})}{S_n(\omega_1 \cdots \omega_n)}\right]$$

$$= \frac{S_n(\omega_1, \cdots, \omega_n)}{(1+r)^n} \cdot \frac{\tilde{p}u + \tilde{q}d}{1+r}$$

$$= \frac{S_n(\omega_1, \cdots, \omega_n)}{(1+r)^n}$$

回顾前面关于二叉树期权定价模型的推导过程可以发现，组合过程 $\Delta_1, \Delta_2, \cdots, \Delta_{N-1}$ 实际上是一适应过程，如果投资者初始财富为 Π_0，则时刻 n 的财富为 Π_n，那么财富变化过程则可以下式给出

$$\Pi_{n+1} = \Delta_n S_{n+1} + (1 + r_f)(\Pi_n - \Delta_n S_n), \quad n = 0, 1, \cdots, N-1 \text{。}$$

显然，财富过程同样是一个适应过程。我们又知道，在风险中性测度下，股票价格的平均增长率就是无风险利率，所以无论投资者将财富如何在股票和货币之间分配，都将获得与无风险利率相同的平均增长率。所以和股票贴现价格过程一样，财富过程也是一个鞅。证明如下：

$$\tilde{E}_n\left[\frac{X_{n+1}}{(1+r)^{n+1}}\right] = \tilde{E}_n\left[\frac{\Delta_n S_{n+1}}{(1+r)^{n+1}} + \frac{X_n - \Delta_n S_n}{(1+r)^n}\right] = \tilde{E}_n\left[\frac{\Delta_n S_{n+1}}{(1+r)^{n+1}}\right] + \tilde{E}_n\left[\frac{X_n - \Delta_n S_n}{(1+r)^n}\right]$$

$$= \Delta_n \tilde{E}_n\left[\frac{S_{n+1}}{(1+r)^{n+1}}\right] + \frac{X_n - \Delta_n S_n}{(1+r)^n} = \Delta_n \frac{S_{n+1}}{(1+r)^{n+1}} + \frac{X_n - \Delta_n S_n}{(1+r)^n} = \frac{X_n}{(1+r)^n} \text{。}$$

由鞅的性质，有

$$\tilde{E}_n\left[\frac{X_n}{(1+r)^{n+1}}\right]=X_0，\quad n=0,\ 1,\ \cdots,\ N \tag{10.2.1}$$

从财富过程的鞅性质，我们可以得到两个重要的结论：

（1）在二叉树模型中不存在套利。这是因为如果存在套利，则可以从 $\Pi_0=0$ 开始建立投资组合过程，使其财富过程 $\Pi_0,\Pi_1,\cdots,\Pi_N$ 对于所有的股票价格运动轨迹 ω 都有

$\Pi_N(\omega)\geqslant 0$，并且至少对于一条轨迹 $\bar{\omega}$ 有 $\Pi_N(\bar{\omega})>0$，从而有 $\tilde{E}_n\left[\dfrac{\Pi_N}{(1+r)^N}\right]>0$，这与财富

过程是鞅的属性相违背。一般来说，如果一个模型中存在一个风险中性测度，则这个模型中就不存在套利。这一结论就是著名的资产定价第一基本定理。或者换句话说，无套利假设等价于存在对未来不确定状态的某种等价概率测度，使得每一种金融资产的折现价格过程在该等价概率测度下是一个鞅。

（2）从财富过程的鞅性质可以得到的第二个重要结论是风险中性定价公式。设 V_N 是一个随机变量，它表示衍生证券在 N 时刻的支付，并且依赖于前 N 次股票运动的结果。根据二叉树定价过程可知，存在财富过程 $\Pi_0,\Pi_1,\cdots,\Pi_N$ 和复制组合过程 $\Delta_1,\Delta_2,\cdots,\Delta_{N-1}$ 使得

不论股票价格运动的结果如何，相应的财富过程都满足 $\Pi_N=V_N$。由于 $\dfrac{X_n}{(1+r)^n}$，

（$n=0,\ 1,\ \cdots,\ N$）是一个鞅，则有鞅的"多步超前"性质，有

$$\frac{X_n}{(1+r)^n}=\tilde{E}_n\left[\frac{X_N}{(1+r)^N}\right]=\tilde{E}_n\left[\frac{V_N}{(1+r)^N}\right] \tag{10.2.2}$$

由于衍生产品在时刻 n 的价格满足 $V_n=X_n$，因此上式又可写为：

$$\frac{V_n}{(1+r)^{n+1}}=\tilde{E}_n\left[\frac{V_N}{(1+r)^N}\right]\text{ 或 }V_n=\tilde{E}_n\left[\frac{V_N}{(1+r)^{N-n}}\right] \tag{10.2.3}$$

到这，读者可能已经意识到，我们选择风险中性测度的目的正是为了使股票贴现价格过程是一个鞅，而这又进一步导致了风险中性测度下衍生证券的贴现价格过程仍然是一个鞅。这是一个非常有意义的结论，事实上，上一章能从单期模型直接推广到多期模型的理论依据也在于此。它大大简化了衍生证券的计算过程，如第九章中的例 4，我们可以利用多阶段风险中性定价公式直接计算，而不用再逐步递推。

例 4 在第九章例 4 的三阶段模型中我们可以得到

$$V_3(uuu)=(20-64,0)^+=0，\quad V_3(uud)=(20-16,0)^+=4$$
$$V_3(udu)=(20-16,0)^+=4，\quad V_3(duu)=(20-16,0)^+=4$$

$$V_3(udd) = (20 - 4, 0)^+ = 16, \quad V_3(dud) = (20 - 4, 0)^+ = 16$$
$$V_3(ddu) = (20 - 4, 0)^+ = 16, \quad V_3(ddd) = (20 - 1, 0)^+ = 19。$$

并由 $\tilde{P}_3(\omega_1, \omega_2, \omega_3) = \tilde{p}^{U(\omega_1, \omega_2, \omega_3)} \tilde{q}^{D(\omega_1, \omega_2, \omega_3)}$，得

$$\tilde{P}_3(uuu) = \tilde{P}_3(uud) = \tilde{P}_3(udu) = \tilde{P}_3(udd) = \tilde{P}_3(duu)$$
$$= \tilde{P}_3(dud) = \tilde{P}_3(ddu) = \tilde{P}_3(ddd) = \frac{1}{8}。$$

由多阶段风险中性定价公式，有

$$V_0 = \left(1 + \frac{1}{4}\right)^{-3} \times \frac{1}{8} \times (0 + 4 \times 3 + 16 \times 3 + 19) = 5.056。$$

结果与第九章例 4、例 5 完全相同，但计算过程得以大大简化。

此外，我们还要注意到，截止到目前，我们讨论的只是在某个单独时刻支付的衍生证券，而许多衍生证券，如附息债券和利率互换等，会有一系列的支付。对于这样的证券，我们有如下的定价和对冲公式。

定理 10.2.1 （现金流定价）考虑一个 N 时段二叉树模型，根据无套利条件有 $0 < d < 1 + r_f < u$，并且令

$$\tilde{p} = \frac{1 + r_f - d}{u - d}, \quad 1 - \tilde{p} = \frac{u - 1 - r_f}{u - d} \equiv \tilde{q}。$$

即风险中性概率。现在设 $C_0, C_1, \cdots, C_N$ 为支付现金流，它是一个随机变量序列，并且 C_n $(1 \leqslant n \leqslant N)$ 只依赖于 $\omega_1, \omega_2, \cdots, \omega_n$。则时刻 n 的衍生产品价格为

$$V_n = \tilde{E}_n \left[\sum_{k=n}^{N} \frac{C_k}{(1+r)^{k-n}} \right], \quad n = 0, 1, \cdots, N \tag{10.2.4}$$

并且价格过程 $\{V_n\}$，$n = 0, 1, \cdots, N$ 满足：

$$C_n(\omega_1, \omega_2, \cdots, \omega_n) = V_n(\omega_1, \omega_2, \cdots, \omega_n) - \frac{1}{1 + r_f} \left[\tilde{p} V_{n+1}(\omega_1, \omega_2, \cdots, \omega_n, u) + \tilde{q} V_{n+1}(\omega_1, \omega_2, \cdots, \omega_n, d) \right]。$$

定义

$$\Delta_n(\omega_1, \omega_2, \cdots, \omega_n) = \frac{V_{n+1}(\omega_1, \omega_2, \cdots, \omega_n, u) - V_{n+1}(\omega_1, \omega_2, \cdots, \omega_n, d)}{S_{n+1}(\omega_1, \omega_2, \cdots, \omega_n, u) - S_{n+1}(\omega_1, \omega_2, \cdots, \omega_n, d)}, \quad n = 0, 1, \cdots, N-1。$$

并且，如果令 $\Pi_0 = V_0$，并依时间向前递归定义资产组合价值过程 $\Pi_1, \Pi_2, \cdots, \Pi_N$ 如下：

$$\Pi_{n+1} = \Delta_n S_{n+1} + (1 + r_f)(\Pi_n - C_n - \Delta_n S_n), \quad n = 0, 1, \cdots, N-1。$$

则对所有的 n 和 $\omega_1, \omega_2, \cdots, \omega_n$，有

$$\Pi_n(\omega_1, \omega_2, \cdots, \omega_n) = V_n(\omega_1, \omega_2, \cdots, \omega_n) \tag{10.2.5}$$

由于支付 C_n 只依赖于 $\omega_1, \omega_2, \cdots, \omega_n$。则可以将其拿到条件期望函数的外面，即

$$V_n = C_n + \tilde{E}_n \left[\sum_{k=n+1}^{N} \frac{C_k}{(1+r)^{k-n}} \right], n = 0, 1, \cdots, N \qquad （10.2.6）$$

特别地，$V_N = C_N$。

证明：用归纳法。假设对于 $n \in \{0, 1, \cdots, N-1\}$ 和所有的 $\omega_1, \omega_2, \cdots, \omega_n$，有

$$\Pi_n (\omega_1, \omega_2, \cdots, \omega_n) = V_n (\omega_1, \omega_2, \cdots, \omega_n)。$$

我们需要证明

$$\Pi_{n+1} (\omega_1, \omega_2, \cdots, \omega_n, \omega_{n+1}) = V_{n+1} (\omega_1, \omega_2, \cdots, \omega_n, \omega_{n+1})。$$

这里我们只证明 $\Pi_{n+1} (\omega_1, \omega_2, \cdots, \omega_n, u) = V_{n+1} (\omega_1, \omega_2, \cdots, \omega_n, u)$ 的情形，对于 $\omega_{n+1} = d$ 的情况同理可证。

由 $V_n = C_n + \tilde{E}_n \left[\sum\limits_{k=n+1}^{N} \dfrac{C_k}{(1+r)^{k-n}} \right]$ 和累次条件期望性质，得

$$V_n = C_n + \tilde{E}_n \left[\sum_{k=n+1}^{N} \frac{C_k}{(1+r)^{k-n}} \right] = C_n + \tilde{E}_n \left[\frac{1}{(1+r)} \sum_{k=n+1}^{N} \frac{C_k}{(1+r)^{k-(n+1)}} \right]$$

$$= C_n + \tilde{E}_n \left[\frac{1}{(1+r)} \tilde{E}_{n+1} \left[\sum_{k=n+1}^{N} \frac{C_k}{(1+r)^{k-(n+1)}} \right] \right] = C_n + \tilde{E}_n \left[\frac{1}{(1+r)} V_{n+1} \right]。$$

即对所有的 $\omega_1, \omega_2, \cdots, \omega_n$，有

$$V_n (\omega_1, \omega_2, \cdots, \omega_n) - C_n (\omega_1, \omega_2, \cdots, \omega_n)$$

$$= \frac{1}{1+r_f} \left[\tilde{p} V_{n+1} (\omega_1, \omega_2, \cdots, \omega_n, u) + \tilde{q} V_{n+1} (\omega_1, \omega_2, \cdots, \omega_n, d) \right]。$$

由于在后半部分的证明中 $\omega_1, \omega_2, \cdots, \omega_n$ 是不变的，为了书写上的方便，我们将暂且把 $\omega_1, \omega_2, \cdots, \omega_n$ 省掉。

$$\Pi_{n+1} (u) = \Delta_n S_{n+1} (u) + (1+r_f)(\Pi_n - C_n - \Delta_n S_n)$$

$$= \frac{V_{n+1}(u) - V_{n+1}(d)}{S_{n+1}(u) - S_{n+1}(d)} \left[S_{n+1}(u) - (1+r_f) S_n \right] + (1+r_f)(V_n - C_n)$$

$$= \frac{V_{n+1}(u) - V_{n+1}(d)}{(u-d) S_n} \left[u - (1+r_f) \right] S_n + \tilde{p} V_{n+1}(u) + \tilde{q} V_{n+1}(d)$$

$$= \left(V_{n+1}(u) - V_{n+1}(d) \right) \frac{u - 1 - r_f}{(u-d)} + \tilde{p} V_{n+1}(u) + \tilde{q} V_{n+1}(d)$$

$$= \left(V_{n+1}(u) - V_{n+1}(d) \right) \tilde{q} + \tilde{p} V_{n+1}(u) + \tilde{q} V_{n+1}(d)$$

$$= (\tilde{p} + \tilde{q}) V_{n+1}(u) = V_{n+1}(u)$$

所以，结论是成立的。

第三节　马尔科夫过程

从二叉树股票价格过程可以看出，股票的当前价格和之后的路径是决定股票后期价格的有用信息，而与其之前如何到达当前价格的路径无关。这种只与当前信息相关而与历史信息无关的特性就称为马尔科夫（Markov）性。根据前面关于鞅的分析，那么我们自然要问：衍生产品价格在真实概率测度和风险中性测度下是否具有这种特性呢？这种特性又能够给我们进行衍生产品定价带来什么样的好处呢？为此，我们首先给出二叉树模型下的马尔科夫过程的定义。

定义 10.3.1（Markov 过程） 设 $X_0, X_1, \cdots, X_N$ 为适应过程，如果对 $\forall n$，$0 \leqslant n < N$ 以及每个函数 $f(x)$，存在另一个函数 $g(x)$（依赖于 n 和 f），使得

$$E_n \left[f(X_{n+1}) \right] = g(X_n) \qquad (10.3.1)$$

则称 $X_0, X_1, \cdots, X_N$ 为一个马尔科夫过程。

从马尔科夫过程的定义可以看出，$E_n \left[f(X_{n+1}) \right]$ 作为一个随机变量，它依赖于 $\omega_1, \cdots, \omega_n$ 的结果，但这种依赖是通过 X_n 来体现的，或者换句话说，X_n 集结了估计 $E_n \left[f(X_{n+1}) \right]$ 所需的所有历史信息。所以，就这种意义上说，函数 g 存在的意义远大于它的显式形式是什么的问题，这是因为函数 g 的存在告诉我们：如果衍生证券支付的随机性仅仅依赖 X_N，那么就一定存在一个衍生证券的定价算法，使得我们不需要关心存储路径的有关信息。下面要做的就是给出一种寻找函数 g 的方法。

10.3.1　马尔科夫性的判断

在本节的开始我们提到，股票的当前价格和之后的路径是决定股票后期价格的有用信息，而与其之前如何到达当前价格的路径无关。下面我们就通过马尔科夫过程的定义来刻画股票价格运动过程的这种特性。

例 5　股票价格在二叉树模型中，时刻 $n+1$ 的股价可由下式表示：

$$S_{n+1}(\omega_1, \cdots, \omega_n, \omega_{n+1}) = \begin{cases} uS_n(\omega_1, \cdots, \omega_n), \omega_{n+1} = u \\ dS_n(\omega_1, \cdots, \omega_n), \omega_{n+1} = d \end{cases}$$

于是有

$$E_n \left[f(S_{n+1}) \right](\omega_1, \cdots, \omega_n) = pf(uS_n(\omega_1, \cdots, \omega_n)) + qf(dS_n(\omega_1, \cdots, \omega_n))$$

为此，只需取哑变量 x 的函数 $g(x)$ 的形式为 $g(x) = pf(ux) + qf(dx)$，就有 $E_n \left[f(S_{n+1}) \right] = g(S_n)$，即有 $E_n \left[f(S_{n+1}) \right] = g(S_n)$。

显然，这里我们没有对概率测度做任何的限制，故对股票价格过程而言，在任何概率测度下它都是一个是马尔科夫过程。下面我们进一步来考察衍生证券的价格过程。

设衍生证券在时刻 N 的支付 V_N 为股票价格 S_N 的函数，即 $V_N = v_N(S_N)$，为求衍生证券在时刻 n 的价格 V_n，我们使用风险中性定价公式

$$V_n = \tilde{E}_n\left[\frac{V_N}{(1+r)^{N-n}}\right], \quad n = 0, 1, \cdots, N-1。$$

由于 $V_N = v_N(S_N)$ 且股票价格为马尔科夫过程，故存在函数 v_{N-1}，使得

$$V_{N-1} = \tilde{E}_{N-1}\left[\frac{V_N}{1+r}\right] = \frac{1}{1+r}\tilde{E}_{N-1}\left[v_N(S_N)\right] = v_{N-1}(S_{N-1})。$$

同理，存在函数 v_{N-2}，使得

$$V_{N-2} = \tilde{E}_{N-2}\left[\frac{V_{N-1}}{1+r}\right] = \frac{1}{1+r}\tilde{E}_{N-1}\left[v_{N-1}(S_{N-1})\right] = v_{N-2}(S_{N-2})。$$

依此类推，我们可以得到一个函数序列

$$v_n(S) = \frac{1}{1+r}\left[\tilde{p}v_{n+1}(uS) + \tilde{q}v_{n+1}(dS)\right], \quad n = N-1, N-2, \cdots, 1, 0 \tag{10.3.2}$$

这一算法对任何衍生证券的二叉树模型都是适用的，只要该衍生证券在时刻 N 的支付 V_N 为股票价格 S_N 的函数。尤其对于看涨期权和看跌期权，我们有相同的算法，唯一的区别在于二者关于 $v_N(S)$ 的表达式不同。对于看涨期权和看跌期权分别有

$$v_N(S) = \max(S-K, 0), \quad v_N(S) = \max(K-S, 0)$$

比较鞅和马尔科夫的特征可以发现，鞅对于马尔科夫而言是 $f(x) = g(x) = x$ 的特例，这就使得并不是所有的鞅都是马尔科夫过程。同样，也并不是每个马尔科夫过程都是鞅，例如，股票价格在真实概率和风险中性概率测度下都是马尔科夫过程，但在这两种测度下都显然不是鞅。然而值得一提的是，当 $pu + qd = 1$ 时，在真实概率测度下，股票价格却既是一个鞅，又是一个马尔科夫过程。不仅如此，我们还可以进一步证明，如果股票价格过程 S_n 在概率测度 P 下是一个马尔科夫过程，同时银行账户 $A(t)$ 是确定性函数，那么贴现价格过程 S_n^* 也是一个马尔科夫过程。进一步讲，如果不存在套利机会，假如贴现价格过程 S_n^* 在概率测度 P 下是一个马尔科夫过程，同时域流 $\mathbf{F}_n$ 是由 S_n^* 所生成的，那么在 S_n^* 是一个马尔科夫过程的条件下存在一个鞅测度 $\tilde{P}$。

除了马尔科夫过程的定义外，下面引理则是判断一个随机过程是否为马尔科夫过程的一个关键步骤。

引理 10.3.1（独立性） 在 N 阶二叉树模型中，设 $0 \leqslant n \leqslant N$，$X$ 只依赖于 $\omega_1, \omega_2, \cdots, \omega_n$，$Y$ 只依赖于 $\omega_{n+1}, \cdots, \omega_N$。

设对 $f(x, y)$（其中 x, y 是哑变量）有

$$g(x) = Ef(x, Y),$$

则有
$$E_n[f(X, Y)] = g(X)。 \tag{10.3.3}$$

证明：设 $\omega_1, \cdots, \omega_n$ 任意固定，通过条件期望定义

$$\tilde{E}_n[X](\omega_1, \omega_2, \cdots, \omega_n) = \sum_{\omega_{n+1}, \cdots, \omega_N} p^{U(\omega_{n+1}, \cdots, \omega_N)} q^{D(\omega_{n+1}, \cdots, \omega_N)} X(\omega_1, \cdots, \omega_n, \omega_{n+1}, \cdots, \omega_N),$$

有

$$E_n[f(XY)](\omega_1, \cdots, \omega_n) = \sum_{\omega_{n+1}, \cdots, \omega_N} f(X(\omega_1, \cdots, \omega_n), Y(\omega_{n+1}, \cdots, \omega_N)) p^{U(\omega_{n+1}, \cdots, \omega_N)} q^{D(\omega_{n+1}, \cdots, \omega_N)}。$$

然而

$$g(x) = E[f(x, Y)] = \sum_{\omega_{n+1}, \cdots, \omega_N} f(x, Y(\omega_{n+1}, \cdots, \omega_N)) p^{U(\omega_{n+1}, \cdots, \omega_N)} q^{D(\omega_{n+1}, \cdots, \omega_N)},$$

显然有

$$E_n[f(X, Y)] = g(X(\omega_1, \cdots, \omega_n))。$$

这个引理实际上推广了条件期望的"提取已知量"的性质。这是因为，随机变量 X 在时刻 n 变成"已知"，我们希望能在计算条件期望 $E_n[f(X, Y)]$ 时将它"提取出来"。但 X 存在于函数 f 的自变量中，不能简单地作为因子一样提取，于是用任意固定的哑变量 x 代替随机变量 X 来使其保持常量，然后计算随机变量 $f(x, Y)$ 的条件期望，它的随机性只是由于 Y 依赖于 $\omega_{n+1}, \cdots, \omega_N$。由条件期望的独立性，这个条件期望与 $E[f(x, Y)]$ 是相同的。最后，注意到 $E_n[f(X, Y)]$ 必须依赖于随机变量 X 的值，所以在计算得到 g 之后，再将哑变量 x 用随机变量 X 代回。

例 6 下面我们仍以例 5 中的股票价格过程为例来说明这一引理的应用。取 $X = S_n$，它只依赖于 $\omega_1, \cdots, \omega_n$；取 $Y = \dfrac{S_{n+1}}{S_n}$，它只依赖于 ω_{n+1}，且有 $Y = \begin{cases} u, \omega = u \\ d, \omega = d \end{cases}$。

现在要计算

$$E_n[f(S_{n+1})] = E_n[f(XY)]。$$

其中哑变量 x 取代 X，有

$$g(x) = E[f(xY)] = pf(ux) + qf(dx)。$$

因此，有 $E_n[f(S_{n+1})] = g(S_n)$。即股票价格过程是一个马尔科夫过程。

基于上述分析，我们可以得到如下定理：

定理 10.3.1 设 $X_0, X_1, \cdots, X_n$ 为二叉树模型中风险中性概率测度 $\tilde{P}$ 下的马尔科夫过程，设 $V_n(x)$ 为哑变量 x 的函数，考虑一个在时刻 N 支付 $V_N(X_n)$ 的衍生证券，则对于任

给的 n，$0 \leqslant n \leqslant N$，衍生证券价格 V_n 是 X_n 的某个函数 $\mathcal{V}_n$，即

$$V_n = \mathcal{V}_n(X_n)，\quad n = 0, 1, \cdots, N$$

并且存在一个计算 $\mathcal{V}_n$ 的递归算法（具体公式依赖于基本的马尔科夫过程 $X_0, X_1, \cdots, X_n$）。

对于引理 10.3.1 和定理 10.3.1，均可直接推广为多维马尔科夫过程。

习　题

1. 举例说明条件期望的累积条件期望和独立性两个性质。

2. 证明当 $pu + qd = 1$ 时，在真实概率测度下，股票价格却既是一个鞅，又是一个马尔科夫过程。

3. 设 $X(\cdot) \equiv \{X(n) \big| 0 \leqslant n \leqslant N\}$ 是一个 P-上鞅，对任何的可料过程 $a(\cdot) \equiv \{a(n) \big| 0 \leqslant n \leqslant N\}$，定义 $\hat{X}(n') \equiv \sum_{i=1}^{n'} a(i)[X(i) - X(i-1)]$，$0 \leqslant n' \leqslant N$。证明：如果 $a(\cdot)$ 是非负的，则 $\hat{X}(\cdot)$ 是一个 P-上鞅；若 $X(\cdot)$ 是一个 P-鞅，则无须 $a(\cdot)$ 非负，$\hat{X}(\cdot)$ 是一个 P-鞅。

4. 证明马尔科夫过程具有"多步超前"的特性。

5. 证明如果股票价格过程 S_n 在概率测度 P 下是一个马尔科夫过程，同时银行账户 $A(t)$ 是确定性函数，那么贴现价格过程 S_n^* 也是一个马尔科夫过程。

6. 证明若不存在套利机会，且贴现价格过程 S_n^* 在概率测度 P 下是一马尔科夫过程，同时域流 $\mathbf{F}_n$ 是由 S_n^* 所生成的，则在 S_n^* 是一个马尔科夫过程的条件下存在一个鞅测度 $\tilde{P}$。

第十一章　美式期权定价

在第七章中我们已经介绍了美式期权的定义，本章我们将在二叉树模型下给出美式期权定价的一般算法。在算法的构建过程中我们还将得到如下几个重要结论：①对非路径依赖的美式衍生产品，欧式衍生证券的定价算法几乎可以直接迁移过来；②与欧式期权的贴现价格在风险中性测度下是一个鞅不同，美式期权的贴现价格过程在风险中性测度下是一个上鞅。③对于不支付红利股票的看涨期权，提前实施并无意义，但对于其他情形（如看跌期权），这种提前实施将会因为获得提前实施溢价而具有实质性价值。本章算法的构建仍然采用与欧式期权定价类似的方式，即首先设想通过出售期权而获得初始成本，然后考虑如何构建投资组合来对冲期权的空头。由于美式期权可以提前行权，所以我们并不知道期权何时被执行，这样在到期日之前的任何时刻，都需要随时准备支付。正是因为期权随时可能被实施，所以必须确定对空方而言在最坏的行权时刻（也就是多方而言最佳的实施时刻，为了不形成说法上的混乱，本章对该时刻统一称为最佳实施时刻）进行对冲所需要的初始资本，这个初始成本就是期权价格。

本章分为三节：第一节，我们给出非路径依赖的美式衍生证券定价算法，即这里美式衍生证券的支付只与标的资产当前价格有关，而与其历史价格无关；第二节，介绍为了建立包括路径依赖情形在内的一般美式衍生证券定价算法所需要的停时概念；第三节，给出美式衍生证券的一般定价算法，并证明一个重要的结论——对于不支付红利的美式期权，提前行权是不明智的。

第一节　非路径依赖的美式衍生产品定价

从上一篇关于期权价格的分析可知，美式期权和欧式期权在到期日的价格是相同的。但美式期权可以在到期日之前的任何时间执行，因此与欧式期权不同，美式期权的定价过程要求在到期前的每一个离散时间节点上判断提前执行是否最优，由此计算出对应的期权价格。本节将讨论非路径依赖的美式衍生产品的定价，为此，我们首先回顾非路径依赖的欧式衍生产品的定价算法：

在 N 时段二叉树模型中，假设上升因子为 u、下降因子为 d，无风险利率为 r_f，并且满足无套利条件 $0 < d < 1 + r_f < u$。现在考虑一个衍生证券，假设它在时刻 N 的支付为

$g(S_N)$（其中g是某个给定的函数）。由于股票价格是马尔科夫过程，故可将衍生证券在任何时刻n的价值V_n表示为该时刻股票价格S_n的函数v_n，即$V_n=v_n(S_n)$，$n=0, 1, \cdots, N$。根据风险中性定价公式和马尔科夫简化形式，对于$0\leqslant n\leqslant N$，函数v_n可由以下欧式算法确定：

$$v_N=\max(g(S),0)$$

$$v_n(S)=\frac{1}{1+r_f}\left[\tilde{p}v_{n+1}(uS)+\tilde{q}v_{n+1}(dS)\right],\quad n=N-1,\ N-2,\ \cdots,\ 1,\ 0 \qquad （11.1.1）$$

其中$\tilde{p}=\dfrac{1+r_f-d}{u-d}$、$\tilde{q}=\dfrac{u-1-r_f}{u-d}$分别是股价上升和下降的风险中性概率。用以对冲空头的复制资产组合则由下式给出。

$$\Delta_n=\frac{v_{n+1}(uS_n)-v_{n+1}(dS_n)}{(u-d)S_n},\quad n=0,\ 1,\ \cdots,\ N \qquad （11.1.2）$$

现在来考虑美式衍生证券。这里仍然给定期权支付函数g，在任何时刻n（$n\leqslant N$），衍生证券的持有者可以行权并获得支付$g(S_N)$。用以对冲空头的复制资产组合的价值Π_n总是满足：

$$\Pi_n\geqslant g(S_n),\quad n=0,\ 1,\ \cdots,\ N。$$

衍生证券在每一时刻n的价值至少等于所谓的内在价值，而复制资产组合在时刻n的价值必须等于衍生证券的价值。于是，为了给美式衍生证券定价，应该对欧式算法做如下修改：

$$v_N=\max(g(S),0) \qquad （11.1.3）$$

$$v_n(S)=\max\left\{g(S),\frac{1}{1+r_f}\left[\tilde{p}v_{n+1}(uS)+\tilde{q}v_{n+1}(dS)\right]\right\},\quad n=N-1,\ N-2,\ \cdots,\ 1,\ 0 （11.1.4）$$

从而$V_n=v_n(S_n)$将是美式衍生证券在时刻n的价值。

例1　在如图11.1所示的二阶段模型中，设$r=\dfrac{1}{4}$，则$\tilde{p}=\tilde{q}=\dfrac{1}{2}$。求在时刻2到期的敲定价格为10的美式看跌期权价格。

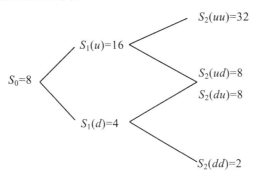

图11.1　股票价格的两阶段二叉树模型

解：依据美式期权算法

$$\begin{cases} v_n(S) = \max\{g(S), 0\}, v_n(S) = v_N(s), \ n = N \\ v_n(S) = \max\left\{g(S), \dfrac{1}{1+r_f}\left[\tilde{p}v_{n+1}(uS) + \tilde{q}v_{n+1}(dS)\right]\right\}, \ n = N-1, N-2, \cdots, 0 \end{cases}$$

若在时刻 n 行权，将支付 $10 - S_n$。

在时刻 2，有 $v_2(S) = \max\{10-S, 0\} \Rightarrow \begin{cases} V_2(32) = 0 \\ V_2(8) = 2 \\ V_2(2) = 8 \end{cases}$。

在时刻 1，有 $v_1(S) = \max\left\{g(S), \dfrac{1}{1+r_f}\left[\tilde{p}V_{n+1}(uS) + \tilde{q}V_{n+1}(dS)\right]\right\}$

$$\Rightarrow \begin{cases} V_1(16) = \max\left\{(10-16), \dfrac{4}{5}\left[\dfrac{1}{2}\times 0 + \dfrac{1}{2}\times 2\right]\right\} = 0.8 \\ V_1(4) = \max\left\{(10-4), \dfrac{4}{5}\left[\dfrac{1}{2}\times 2 + \dfrac{1}{2}\times 8\right]\right\} = 6 \end{cases}$$

在时刻 0，有 $V_0(4) = \max\left\{(10-8), \dfrac{4}{5}\left[\dfrac{1}{2}\times 0.8 + \dfrac{1}{2}\times 6\right]\right\} = 2.72$。显然，美式看跌期权价

格大于欧式看跌期权。从该例可以看出，在风险中性概率下，美式看跌期权的贴现价格
过程是一个上鞅。在每个节点上，美式看跌期权的贴现价格大于或等于紧接的两个节点
上贴现价格的平均值。

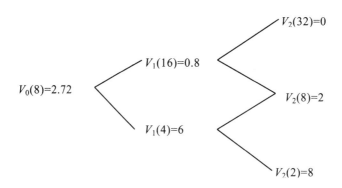

图 11.2　美式看跌期权的价格

现在我们来构建复制组合。以上面求得的 2.72 作为初始资本，计算 Δ_0，使得对冲

组合在时刻 1 的价值等于期权价值。如果 $\omega_1 = u$，则需有

$$0.8 = v_1\left(S_1(u)\right) = \Delta_0 S_1(u) + \left(1 + r_f\right)\left(\Pi_0 - \Delta_0 S_0(u)\right)$$

$$= 16\Delta_0 + \frac{5}{4}\left(2.72 - 8\Delta_0\right) = 6\Delta_0 + 3.4 \text{。}$$

由此可得，$\Delta_0 = -0.43$。同样，如果 $\omega_1 = d$，则需有

$$6 = v_1\left(S_1(d)\right) = \Delta_0 S_1(d) + \left(1 + r_f\right)\left(\Pi_0 - \Delta_0 S_0(d)\right)$$

$$= 4\Delta_0 + \frac{5}{4}\left(2.72 - 8\Delta_0\right) = -6\Delta_0 + 3.4 \text{。}$$

由此可得，$\Delta_0 = -0.43$。显然，$\omega_1 = u$ 和 $\omega_1 = d$ 对应的 Δ_0 相同，所以我们只要以初始资本 $\Pi_0 = 2.72$ 开始，并持有 Δ_0 份股票，则到时刻 1，无论 ω_1 取值如何，都有 $\Pi_0 = V_1 = v_1(S_1)$。当然，Δ_0 的计算也可以通过式（11.1.2）来计算。

　　假如 $\omega_1 = d$，期权的多头可能会在时刻 1 行权，这时空头需要支付 6 元（也就是对冲组合的价值）给多头，之后不用再做对冲；如果多头不行权，则空头仍需继续做对冲。在这种情况下，就需要继续考察下一时段结束时的期权价值：如果 $\omega_2 = u$，则 $v_2(8) = 2$；如果 $\omega_2 = d$，则 $v_2(2) = 8$。为应对这两种可能性，空方需要在时刻 1 建立对冲组合，其成本按照风险中性定价公式计算应为

$$\frac{4}{5}\left[\frac{1}{2}v_2(8) + \frac{1}{2}v_2(2)\right] = 4 \text{。}$$

然而此时空头的对冲组合价值为 6 元，这时空头就可以消费掉 2 元，将剩余的 4 元用于对冲。显然，这时多头错失了最优实施时刻。具体来说，空头在消费掉 2 元以后，可以将股票头寸调整为 $\Delta_1(d)$，$\Delta_1(d)$ 的值可以由式（11.1.2）算得：

$$\Delta_1(d) = \frac{v_2\left(uS_1(d)\right) - v_2\left(dS_1(d)\right)}{(u - d)S_1} = \frac{v_2(8) - v_2(2)}{(2 - 1/2)\cdot 4} = \frac{2 - 8}{6} = -1 \text{。}$$

为了说明确实是这样的，我们继续分两种情况来进行说明：

　　如果 $\omega_2 = u$，则应有 $2 = v_2\left(uS_1(d)\right) = 8\Delta_1(d) + \frac{5}{4}\left(4 - 4\Delta_1(d)\right) = 3\Delta_1(d) + 5$，如果 $\omega_2 = d$，则应有 $8 = v_2\left(dS_1(d)\right) = 2\Delta_1(d) + \frac{5}{4}\left(4 - 4\Delta_1(d)\right) = -3\Delta_1(d) + 5$。无论是哪一种情况，解得的 $\Delta_1(d)$ 都是 -1。

　　同理，我们可以计算 $\omega_1 = u$ 的情形。这样在时刻 1，$\Pi_1 = 0.8$，$\Delta_1(u) = -1/12$。如果 $\omega_2 = u$，则 $\Pi_2(uu) = 32\Delta_1(u) + \frac{5}{4}\left(0.8 - 16\Delta_1(u)\right) = v_2(32) = 0$，而若 $\omega_2 = d$，则 $\Pi_2(ud) = 8\Delta_1(u) + \frac{5}{4}$

$\left(0.80-16\Delta_1(u)\right)=v_2(8)=2$，二者解得的 $\Delta_1(u)$ 均为 $-1/12$。整个复制策略得以完成。

如果我们再计算一下该美式看跌期权的贴现价格过程就会发现，在每一个结点上的贴现价格都大于或等于其后继两个结点的贴现价格的平均值。所以该过程构成一个上鞅，而不是鞅。

第二节　停时

停时又称可选时，它是一个随机时刻。举例来说，一个赌徒决定在赢十次之后就停止赌博，那么停止赌博的时刻 τ 显然是一个随机变量，$\{\tau=n\}$ 也就意味着当他赌到 n 次时才赢了十次。F_n 是赌到第十次时赌徒所掌握的信息，也就是说，τ 该不该等于 n 是到第 n 次时才知道的，所以 $\{\tau=n\}\in F_n$，由此可知，若以 τ 表示事件发生的时刻，则 $\{\tau\leqslant n\}$ 表示随机事件在时刻 n 以前（含时刻 n）已经发生，F_n 可以理解为到时刻 n 为止能够得到的所有信息，故应有 $\{\tau\leqslant n\}\in F_n$。下面就给出停时的正确定义：

定义 11.2.1　设 $(X_n,F_n,n\geqslant 0)$ 是一个随机序列，且 X_n 为 F_n-可测的，由 Ω 到 $\{0,1,\cdots,\infty\}$ 的函数 τ 若满足：对每一个 $n\geqslant 0$，都有 $\{\tau=n\}\in F_n$，则 τ 称为一个关于 $(F_n,n\geqslant 0)$ 的停时，亦称为一个 F_n-时间。当 $P\{\tau=\infty\}=0$ 时，则称 τ 为有限停时。

一般而言，美式衍生证券应被实施的时刻也是随机的，它依赖于标的资产的价格变动。从上一节的例子中我们可以看出，如果 $\omega_1=d$（这时股票价格 $S_1(\omega_1)=S_1(d)$），那么在 1 时刻，美式看跌期权的持有人就应该行权。另一方面，如果 $\omega_1=u$（这时股票价格 $S_1(\omega_1)=S_1(u)$），那么在 1 时刻，该期权持有人就不应该行权，因为这时的股票价格使得该期权处于虚值状态。进一步讲，如果 $\omega_2=u$（这时股票价格 $S_2(\omega_1\omega_2)=S_2(uu)$），那么在 2 时刻，该期权还将处于虚值状态，该期权持有人仍旧不应该行权，而是让它作废；但是，如果 $\omega_2=d$，（这时股票价格 $S_2(\omega_1\omega_2)=S_2(ud)$），那么在 2 时刻，该期权就处于实值状态，则该期权持有者应该行权。我们用下面的随机变量 τ 来刻画上述行权法则所对应的时间属性：

$$\tau(uu)=\infty,\quad \tau(ud)=2,\quad \tau(du)=1,\quad \tau(dd)=1 \tag{11.2.1}$$

该随机变量的取值表示了不同路径上应该行权的时点（就问题本身而言，也可以看作通过行权而"停止"期权的对冲问题），这也就是下面要给出的二叉树模型下的停时的具体定义。

定义 11.2.2　在 N 时段二叉树模型中，停时 τ 是一个随机变量，取值为 $0,1,\cdots,N$ 或者 ∞，且满足如下条件：如果 $\tau(\omega_1,\cdots,\omega_n,\omega_{n+1},\cdots,\omega_N)=n$，那么对所有的 $\omega'_{n+1},\cdots,\omega'_N$ 都有

$$\tau(\omega_1,\cdots,\omega_n,\omega'_{n+1},\cdots,\omega'_N)=n \tag{11.2.2}$$

条件"如果 $\tau(\omega_1,\cdots,\omega_n,\omega_{n+1},\cdots,\omega_N)=n$，那么对所有的 $\omega'_{n+1},\cdots,\omega'_N$ 都有 $\tau(\omega_1,\cdots,\omega_n,\omega'_{n+1},$ $\cdots,\omega'_N)=n$"说明停时仅仅依赖于能获得的信息，如果停时出现在时刻 n，那么这一决定仅仅是基于前 n 次股票运动的结果，与随后的运动结果无关。只要有一个随机过程和一个停时，我们就能够定义一个"停止过程"。仍以该例进行说明：

我们现在以 X_n 来表示例子中美式看跌期权的贴现价格过程，即

$$X_0=1.36，\quad X_1(u)=0.32，\quad X_1(d)=2.4，$$
$$X_2(uu)=0，\quad X_2(ud)=0.64，\quad X_2(du)=0.64，\quad X_2(uu)=2.56。$$

设 τ 是定义（11.2.2）给出的停时，我们根据下面公式来定义一个停止过程 $X_{n\wedge\tau}$（$n\wedge\tau$ 表示 n 与 τ 的较小值）。令

$$X_{0\wedge\tau}=X_0，\quad X_{1\wedge\tau}=X_1。$$

这是因为，不论 $\omega_1\omega_2$ 取值如何，$0\wedge\tau=0$；而根据该例，不论 $\omega_1\omega_2$ 取值如何，$1\wedge\tau=1$，从而有

$$X_{0\wedge\tau}=X_0=1.36，\quad X_{1\wedge\tau}(u)=X_1(u)=0.32，\quad X_{1\wedge\tau}(d)=X_1(d)=2.4。$$

但 $2\wedge\tau$ 却不同，它因 $\omega_1\omega_2$ 取值不同而不同，如当 $\omega_1\omega_2=uu$ 或 ud 时，$2\wedge\tau=2$；而当 $\omega_1\omega_2=du$ 或 dd 时，$2\wedge\tau=1$。即

$$X_{2\wedge\tau}(uu)=X_2(uu)=0，\quad X_{2\wedge\tau}(ud)=X_2(ud)=0.64，$$
$$X_{2\wedge\tau}(du)=X_1(d)=2.4，\quad X_{2\wedge\tau}(dd)=X_1(d)=2.4。$$

需要注意的是，虽然在风险中性概率测度下，美式衍生证券的贴现价格过程是一个上鞅。然而，如果这个过程停止于最优实施时刻，它就会成为一个鞅。如果在某个时刻，严格的上鞅不等式成立，那么该衍生证券的持有人已经错失了最优实施机会。

从这个例子我们还可以进一步看出，可以通过停止一个非鞅过程得到一个鞅。当然，如果被停止的过程原本就是一个鞅，那么得到的停止过程一定是一个鞅，但可能与原来是不同的鞅。这是关于停时的一般定理（可选抽样定理，也称鞅结构保持定理）的一个结论。下面我们直接给出可选抽样定理：

定理 11.2.1（一般可选抽样定理） 设 X_n（$n=0,1,\cdots,N$）是一个鞅（上鞅、下鞅），τ 是一个停时，则 X_τ 是一个鞅（上鞅、下鞅）。

定理 11.2.1 的一个直观表达就是，将一个鞅（上鞅、下鞅）停止于停时得到的过程仍是一个鞅（上鞅、下鞅）。

引理 11.2.1 设 τ_1、τ_2 是停时（$\mathbf{F_n}$-时间），则 $\tau_1\wedge\tau_2$，$\tau_1\vee\tau_2$ 也是停时（$\mathbf{F_n}$-时间）。特别的，如果 τ 是一个停时（$\mathbf{F_n}$-时间），则 $n\wedge\tau$ 也是停时（$\mathbf{F_n}$-时间）。

基于这一结论，我们进一步引入下面的可选抽样第二定理。

定理 11.2.2（可选抽样第二定理） 设 X_n（$n=0,1,\cdots,N$）是一个下鞅，τ 是一个停时，则 $EX_{n\wedge\tau}\leqslant EX_n$；如果 X_n 是一个上鞅，则 $EX_{n\wedge\tau}\geqslant EX_n$；如果 X_n 是一个鞅，则 $EX_{n\wedge\tau}=EX_n$。

这里我们仅举例说明定理 11.2.1 中关于鞅的结论。这两个定理的证明可参阅随机过

程或随机分析方面的文献。

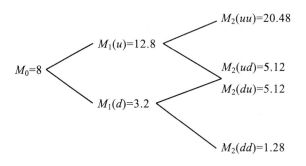

图 11.3　股价贴现过程

考虑例 1 对应的股价贴现过程 $M_n = \left(\dfrac{4}{5}\right)^n S_n$（如图 11.3 所示）。显然该过程在风险中性测度 $\tilde{p} = \tilde{q} = \dfrac{1}{2}$ 下是一个鞅，图中的每一个结点处的值都是与其相邻的两个结点处的值的平均值。同样的过程停止于定理（11.2.1）给出的停时 τ，对应结果如图 11.4 所示。从图中可以发现，每一个结点处的值仍然是与其相邻的两个结点处的值的平均值。

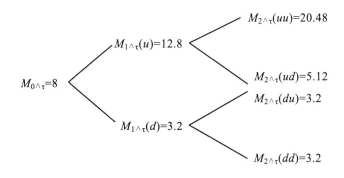

图 11.4　基于停时的股价贴现过程

需要的注意的是，如果股价贴现过程不是止于停时，而是某个关于时间的随机变量，那么这一过程就可能破坏鞅的性质。

第三节　一般美式衍生产品定价模型

本节讨论内在价值可能路径依赖的美式衍生证券。为此，我们首先定义其价格过程并推导相关性质，然后介绍对冲这类衍生证券空头的策略并研究最优实施时刻。

仍假设在 N 时段二叉树模型中，上升因子为 u，下降因子为 d，无风险利率为 r_f，并且满足无套利条件 $0 < d < 1 + r_f < u$；并定义 φ_n 为取值在 $\{n, n+1, \cdots, N, \infty\}$ 中的所有停时 τ 的集合，其中集合 φ_0 包含了所有停时，而 φ_N 中的一个停时，可以在某些路径上取值为 N，另一些路径上取值为 ∞，但不会有其他值。这种情况下，我们就可以依据所定义的停时集合在风险中性测度下给出一个美式期权的价格过程：

定义 11.3.1 对 $\forall n \in \{0, 1, \cdots, N\}$，设 G_n 是依赖于 $\omega_1, \cdots, \omega_n$ 的随机变量。具有内在价值过程 G_n 的美式衍生证券是一个合约，它可以在时刻 N 之前的任何时刻（包括时刻 N）被实施，并且如果在时刻 n 被实施，支付为 G_n。

现在我们来对这一定义进行分析。假定未定权益的空头在时刻 n 以价格 x 出售一份该种未定权益，并将所得现金投资于货币市场。设 $\mathbf{H}(\cdot) = (h_0(\cdot), \mathbf{h}(\cdot))$ 为一个适当选取的定义于 $[n, N]$ 上的自融资策略，并记相应的财富过程为 $V(n, n, x, \mathbf{H})$，则 $V(n, n, x, \mathbf{H}) = x$。未定权益的空头期望通过自融资策略来对冲多头在任何时刻 n'（$n' \in \{n, n+1, \cdots, N\}$）可能执行权益而使他必须兑现的支付。于是应该有

$$V(n', n, x, \mathbf{H}) \geqslant G_n, \quad n \leqslant n' \leqslant N \tag{11.3.1}$$

由于 $\mathbf{H}$ 是自融资的，所以有

$$V(n', n, x, \mathbf{H}) = A(n')h_0(n'+1) + S(n')\left[\mathbf{h}(n'+1)\right]^T = A(n')h_0(n') + S(n')\left[\mathbf{h}(n')\right]^T。$$

从而

$$h_0(n') = \frac{V(n', n, x, \mathbf{H}) - S(n')\left[\mathbf{h}(n')\right]^T}{A(n')}。$$

因此

$$V^*(n'-1, n, x, \mathbf{H}) \equiv \frac{V(n'-1, n, x, \mathbf{H})}{A(n'-1)} = h_0(n') + \frac{S(n'-1)\left[\mathbf{h}(n')\right]^T}{A(n'-1)}$$

$$= \frac{V(n', n, x, \mathbf{H})}{A(n')} - \left[\frac{S(n')}{A(n')} - \frac{S(n'-1)}{A(n'-1)}\right]\left[\mathbf{h}(n')\right]^T \equiv V^*(n', n, x, \mathbf{H}) - \Delta S^*(n')\left[\mathbf{h}(n')\right]^T。$$

于是有

$$V^*(n', n, x, \mathbf{H}) = A(n')\left\{\frac{x}{A(n)} - \sum_{i=n+1}^{n'} \Delta S^*(i)\left[\mathbf{h}(i)\right]^T\right\}, \quad n \leqslant n' \leqslant N \tag{11.3.2}$$

综合式（11.3.1）、（11.3.2）可知，未定权益空头希望选择自融资策略 $\mathbf{H}(\cdot)$ 使得

$$\frac{x}{A(n)} - \sum_{i=n+1}^{n'} \Delta S^*(i)\left[\mathbf{h}(i)\right]^T \geqslant \frac{G_{n'}}{A(n')} \equiv G_{n'}^*, \quad n \leqslant n' \leqslant N \tag{11.3.3}$$

实际上这就相当于选择 $\{\mathbf{F}_n\}_{n \geqslant 0}$-可料过程 $\mathbf{H}(\cdot)$ 使式（11.3.3）成立。由于未定权益多头可能执行未定权益的时刻一般依赖于所发生的状态（或事件），所以式（11.3.3）应进一

步加强为

$$\frac{x}{A(n)} - \sum_{i=n+1}^{\tau} \Delta S^*(i)\big[\mathbf{h}(i)\big]^T \geqslant \frac{G_\tau}{A(\tau)} \equiv G_\tau^*, \quad \forall \tau \in \varphi_n \qquad (11.3.4)$$

假定市场是无套利的，于是存在一个等价鞅测度 $\tilde{P}$，使得

$$\zeta(n') = \sum_{i=n+1}^{n'} \Delta S^*(i)\big[\mathbf{h}(i)\big]^T, \quad n \leqslant n' \leqslant N$$

是一个 $\tilde{P}$-鞅（参见上一章的习题 3）。再由有界可选抽样定理，对于 $\forall \tau \in \varphi_n$，有

$$E_Q\left[\sum_{i=n+1}^{\tau} \Delta S^*(i)\big[\mathbf{h}(i)\big]^T \bigg| \mathbf{F}_n\right] = E_Q\big[\zeta(\tau)\big|\mathbf{F}_n\big] = \zeta(n) = 0。$$

因此，在式（11.3.4）的两边取 $E_Q\big[\cdot\big|\mathbf{F}_n\big]$ 可得，

$$\frac{x}{A(n)} \geqslant E_Q\big[G_\tau^*\big|\mathbf{F}_n\big], \quad \forall \tau \in \varphi_n。$$

依据"公平"原则，我们有理由引入以下美式风险中性定价公式

$$V_n = \max_{\tau \in \varphi_n} \tilde{E}_n\left[I_{\{\tau \leqslant N\}} \frac{1}{(1+r_f)^{\tau-n}} G_\tau\right], \quad n = 0, 1, \cdots, N \qquad (11.3.5)$$

来定义这一合约的价格过程。其中 I 为示性函数。

简单地说，该风险中性定价公式的含义是，在时刻 $0, 1, \cdots, n-1$ 都未被实施的情况下如何确定美式衍生证券在时刻 n 的价值。具体来说，在时刻 n，衍生证券多头可以选择立即实施或是推迟到以后某个时刻再实施。如果实施，行权日期可以依赖于直至行权时刻的股价路径，但仅限于此，或者说，行权日期将是一个停时 τ。由于时刻 n 之前没有行权，故必有 $\tau \in \varphi_n$。当然，如果多头直至到期日也不行权，即 $\tau = \infty$，那么他获得的支付将为 0。而公式中的 $I_{\{\tau \leqslant N\}}$ 则意味着，对 $\tau = \infty$ 的那些路径需要用 0 替代 $I_{\{\tau \leqslant N\}} \dfrac{1}{(1+r_f)^{\tau-n}} G_\tau$。

一旦多头根据 $\tau \in \varphi_n$ 行权，衍生证券在时刻 n 的价值就是其支付在风险中性概率测度下的期望值。因此多头所要做的就是选择停时 τ，使得该值尽可能大。

由此，可立即推得：

$$V_N = \max(G_N, 0) \qquad (11.3.6)$$

这是因为，如果取 $n = N$，式（11.3.5）则为

$$V_N = \sup_{\tau \in \varphi_N} I_{\{\tau \leqslant N\}} \frac{1}{(1+r_f)^{\tau-N}} G_\tau。$$

而 S_N 中的停时只能取 N 和 ∞，对于这样的停时有

$$I_{\{\tau \leqslant N\}} \frac{1}{\left(1+r_f\right)^{\tau-N}} G_\tau = I_{\{\tau \leqslant N\}} G_N \text{。}$$

为了使其尽可能大，应该按如下方式选取 $\tau(\omega_1, \cdots, \omega_N)$：

$$\tau(\omega_1, \cdots, \omega_N) = \begin{cases} N, \text{若} G_N(\omega_1, \cdots, \omega_N) > 0 \\ \infty, \text{若} G_N(\omega_1, \cdots, \omega_N) < 0 \end{cases} \text{。}$$

对于这样选取的 τ 有 $I_{\{\tau=N\}} G_N = \max\{G_N, 0\}$，从而式（11.3.6）成立。

例 2　在图 11.1 所示的股票价格的两阶段二叉树模型中，求一个敲定价格为 10 的美式看跌期权的价格。

解：首先，对于 $N = 2$，求 $V_N = \max(G_N, 0)$。在本模型中有

$$V_2(uu) = 0 \text{，} V_2(ud) = 2 \text{，} V_2(du) = 2 \text{，} V_2(dd) = 8 \text{。}$$

然后，对于 $n = 1$，求 $V_n = \max\limits_{\tau \in \varphi_n} \tilde{E}_n \left[I_{\{\tau \leqslant N\}} \frac{1}{\left(1+r_f\right)^{\tau-n}} G_\tau \right]$。

有

$$V_1(H) = \max_{\tau \in \varphi_1} \left[I_{\{\tau \leqslant 2\}} \left(\frac{4}{5}\right)^{\tau-1} G_\tau \right](u) \tag{11.3.7}$$

为了使式（11.3.7）右端的条件期望尽可能大，应取 $\tau(uu) = \infty$（在 uu 的情形不行权）且 $\tau(ud) = 2$（在 ud 的情形，于时刻 2 行权）。由于在时刻 2 是否行权的决定取决于时刻 2 能获得的信息，这符合停时所要求的性质。这一行权策略使得式（11.3.7）等于

$$V_1(u) = \frac{1}{2} \times 0 + \frac{1}{2} \times \left(\frac{4}{5}\right)^{\tau-1} G_2(ud) = 0.8 \text{。}$$

然后考虑 $\omega_1 = d$ 的情形，这时：

$$V_1(d) = \max_{\tau \in \varphi_1} \left[I_{\{\tau \leqslant 2\}} \left(\frac{4}{5}\right)^{\tau-1} G_\tau \right](d) \tag{11.3.8}$$

为了在已知 $\omega_1 = d$ 的情况下使式（11.3.8）右端的条件期望尽可能大，我们需要考虑两种可能（如图 11.5）：在时刻 1 行权或者在时刻 2 行权。如果取 $\tau(du) = \tau(dd) = 1$，则：

$$\tilde{E}_1\left[I_{\{\tau\le2\}}\left(\frac{4}{5}\right)^{\tau-1}G_\tau\right](d)=G_1(d)=6 \text{。}$$

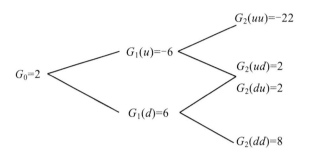

图 11.5　美式看跌期权的内在价值

如果取 $\tau(du)=\tau(dd)=2$，则：

$$\tilde{E}_1\left[I_{\{\tau\le2\}}\left(\frac{4}{5}\right)^{\tau-1}G_\tau\right](d)=\frac{4}{5}\left(\frac{1}{2}\times2+\frac{1}{2}\times8\right)=4 \text{。}$$

于是，由式（11.3.8）可知 $V_1(d)=6$。

最后，对于 $n=0$ 有：

$$V_0=\max_{\tau\in\varphi_0}\tilde{E}\left[I_{\{\tau\le2\}}\left(\frac{4}{5}\right)^{\tau-1}G_\tau\right] \qquad（11.3.9）$$

这时有许多停时可以考虑，但是，只有下列停时才能使得 $E\left[I_{\{\tau\le2\}}\left(\frac{4}{5}\right)^{\tau}G_\tau\right]$ 尽可能大：

$$\tau(uu)=\infty,\quad\tau(ud)=2,\quad\tau(du)=\tau(dd)=1 \qquad（11.3.10）$$

选取这一停时，式（11.3.9）成为：

$$V_0=\frac{1}{4}\times0+\frac{1}{4}\times\left(\frac{4}{5}\right)^2G_2(ud)+\frac{1}{2}\times\frac{4}{5}\times G_1(d)=\frac{1}{4}\times\frac{16}{25}\times2+\frac{1}{2}\times\frac{4}{5}\times6=2.72 \qquad（11.3.11）$$

上面得到的期权价格与例 1 中的价格是一致的，唯一的区别是两例中函数 V_n 的自变量不同。

最后，基于式（11.3.5），我们将式（11.1.2）和（11.1.3）给出的非路径依赖美式定价算法推广到路径依赖的情形。

定理 11.3.2　对于定义 11.3.1 中给出的路径依赖的衍生证券价格过程，我们有如下美式定价算法（证明从略）：

$$V_N(\omega_1,\cdots,\omega_N)=\max\{G_N(\omega_1,\cdots,\omega_N),0\} \qquad（11.3.12）$$

$$V_n(\omega_1,\cdots,\omega_n) =$$
$$\max\left\{G_n(\omega_1,\cdots,\omega_n),\frac{1}{1+r}\left[\tilde{p}V_{n+1}(\omega_1,\cdots,\omega_n,H)+\tilde{q}V_{n+1}(\omega_1,\cdots,\omega_n,T)\right]\right\} \qquad (11.3.13)$$

本节的最后，我们证明一个重要的结论：对于无红利支付的美式看涨期权，提前实施是无益的。

首先，注意到期权价格总是大于股价减去执行价格的现值（现值用函数 $PV(\cdot)$ 来表示），即

$$C > S - PV(K) > S - K \qquad (11.3.14)$$

现在假设 $C \leqslant S - PV(K)$，则应该买入看涨期权，卖出股票，然后按无风险利率投资执行价格的现值。到期时，该头寸的现金流为 $\max(S-K,0)-S+K$，这时无论 S 相对于 K 的大小如何，这一收益总是大于等于 0 的。显然这是一个套利头寸，因而式（11.3.14）成立。这也就是说，在二叉树的任何一个节点上，看涨期权的价格都不会低于提前执行价值 $S-K$，所以不应该提前执行。

然而看跌期权则不同，类似于上面的分析可得，看跌期权的价格总是高于执行价格的现值减去股价：

$$P > PV(K) - S$$

在这种情况下，看跌期权的价格小于执行价格（注意，不是执行价格的现值）减去股价确实是可能的，即 $K-S > P > PV(K)-S$。在这种情况下，提起执行期权是最优选择。

习　题

1. 试说明停时在美式衍生证券中的意义。

2. 比较欧式衍生证券、非路径依赖美式衍生证券和路径依赖美式衍生证券在定价算法中的异同。

3. 假设某个股票的当前价格是 50 美元，到期时间为 $T=3$，股票价格每期上升或下降幅度为 10%，无风险利率为 5%。求一个敲定价格为 48 美元时的美式看跌期权和欧式看跌期权的价格，比较二者的大小，并说明原因。

4. 假设某个股票的当前价格是 50 美元，到期时间为 $T=3$，股票价格每期上升或下降幅度为 10%，无风险利率为 5%。求一个敲定价格为 48 美元时的美式看涨期权和欧式看涨期权的价格，比较二者的大小，并说明原因。

5. 给出第 3 题的空头对冲策略。

第十二章 期权定价的连续时间模型

关于期权连续时间模型的研究最早可以追溯到 1900 年法国数学家巴舍利耶发表的博士论文《投机的理论》，其中巴舍利耶首次采用布朗运动来描述股票的价格，并提出了一个关于股票期权的定价公式。但该公式建立在诸多不现实的假设之上，如利率为零、股票价格可以取负值等。遗憾的是，这一具有重大启发意义的研究在当时并未得到重视。幸运的是，美国著名经济学家萨缪尔森在查阅文献时发现了这篇论文，并于 1964 年对这一模型存在的弊端进行了修正，他以股票收益率来替代巴舍利耶模型中的股票价格，即假设股票价格服从几何布朗运动，从而克服了原模型中股票价格为负的问题。但萨缪尔森提出的模型存在另一个弊端，即公式中的变量依赖于投资人的风险偏好，这就使得公式的应用受到极大限制。但萨缪尔森关于股票价格服从几何布朗运动的假设却对期权定价理论的研究起到了很好的促进作用。1973 年，布莱克和舒尔茨在《政治经济学杂志》上发表的《期权定价和公司负债》一文中提出的期权定价模型克服了萨缪尔森的模型中变量依赖于投资者偏好的弊端，并在模型中将投资者引入到一个风险中性的环境之中。之后，著名金融学家莫顿在其《合理的期权定价理论》一文中继续对 Black-Scholes 模型进行推广，从而奠定了现代金融学发展历程中的第二次华尔街革命。本书纳入这唯一的连续时间模型的目的有三：一是因为该模型本身就是金融数学和金融工程的一个重要理论支撑；二是因为它是离散时间金融模型和连续时间金融模型相联系的一个典型例证；三是为以后学习连续时间金融模型提供一个感性的认识。出于导入性目的，本章只介绍基于可交易资产标的的 Black-Scholes 模型。

第一节 股票价格的连续时间模型

早在 1900 年巴舍利耶就首次用布朗运动刻画了股票价格运动，即股价 $S(t)$ 满足：

$$dS(t) = \sigma dW(t)。$$

但这一模型存在两个明显的缺陷：一是股价可能会出现负值，二是假定无论初始价格为何值，固定时间长度的价格差服从相同的正态分布，这个假设显然不太合理。之后斯普瑞克（C. Sprenkle）和萨缪尔森（P. Samuelson）分别于 1961 年和 1964 年对上述股票价

格模型进行改进，即以股票价格的收益率来代替 $S(t)$，也就是假设股票价格 $S(t)$ 服从几何布朗运动

$$\frac{\mathrm{d}S(t)}{S(t)} = \mu\mathrm{d}t + \sigma\mathrm{d}W(t) \tag{12.1.1}$$

我们通常将该式称为萨缪尔森股票价格模型。由伊藤[①]（Ito）公式，该式还可改写为

$$\mathrm{d}\ln S(t) = \left(\mu - \frac{1}{2}\sigma^2\right)\mathrm{d}t + \sigma\mathrm{d}W(t) \tag{12.1.2}$$

事实上，可以证明在风险中性测度下（或等价鞅测度下），股票多期二叉树模型的极限形式即为几何布朗运动。为此，我们仍用 T（$T>0$）来表示时间边界，以 N 来表示期数，为简单起见，设每两个时期的时间间隔相等，时间间隔用 Δt 表示，即 $\Delta t = \dfrac{T}{N}$。这样，对于 0 到 T 之间的任意时点 t 就可以表示为 Δt 的倍数，即 $t = n\Delta t$，其中 $n = 1, 2, \cdots, N$。取

$$u = \mathrm{e}^{\sigma\sqrt{\Delta t}}, \quad d = \mathrm{e}^{-\sigma\sqrt{\Delta t}}$$

并定义随机变量 Y_i，如果在 $i\Delta t$ 时刻股票价格上涨，则 $Y_i = 1$；如果下跌，则 $Y_i = 0$。于是，股票价格在前 n 变化过程中的上涨次数可记为 $\sum\limits_{i=1}^{n} Y_i$，下跌次数可记为 $n - \sum\limits_{i=1}^{n} Y_i$，从而在 t（$= n\Delta t$）时刻的股票价格可以表示为：

$$S(t) = S(n\Delta t) = S_0 u^{\sum\limits_{i=1}^{n} Y_i} d^{\,n - \sum\limits_{i=1}^{n} Y_i} = S_0 d^n \left(\frac{u}{d}\right)^{\sum\limits_{i=1}^{n} Y_i}。$$

两边同时除以 S_0，得

$$\frac{S(t)}{S_0} = d^n \left(\frac{u}{d}\right)^{\sum\limits_{i=1}^{n} Y_i} = d^{\frac{t}{\Delta t}} \left(\frac{u}{d}\right)^{\sum\limits_{i=1}^{\frac{t}{\Delta t}} Y_i}。$$

两边取对数得，

$$\ln\left(\frac{S(t)}{S_0}\right) = \frac{t}{\Delta t}\ln d + \ln\left(\frac{u}{d}\right)\sum_{i=1}^{\frac{t}{\Delta t}} Y_i = -\frac{t\sigma}{\sqrt{\Delta t}} + 2\sigma\sqrt{\Delta t}\sum_{i=1}^{\frac{t}{\Delta t}} Y_i。$$

令 $\Delta t \to 0$，即 $n \to \infty$ 时，由中心极限定理知，$\sum\limits_{i=1}^{\frac{t}{\Delta t}} Y_i$ 极限分布为正态分布，并由正态分布的线性性质知，$\ln\left(\dfrac{S(t)}{S_0}\right)$ 亦服从正态分布，并且

---

① 参见本章附录 A。

$$E\left[\ln\left(\frac{S(t)}{S_0}\right)\right] = -\frac{t\sigma}{\sqrt{\Delta t}} + 2\sigma\sqrt{\Delta t}\sum_{i=1}^{\frac{t}{\Delta t}} E[Y_i] = -\frac{t\sigma}{\sqrt{\Delta t}} + 2\sigma\sqrt{\Delta t}\frac{t}{\Delta t}p$$

$$= -\frac{t\sigma}{\sqrt{\Delta t}} + 2\sigma\sqrt{\Delta t}\frac{t}{\Delta t}\left(\frac{e^{\mu\Delta t} - d}{u - d}\right) = -\frac{t\sigma}{\sqrt{\Delta t}} + 2\sigma\sqrt{\Delta t}\frac{t}{\Delta t}\left(\frac{e^{\mu\Delta t} - e^{-\sigma\sqrt{\Delta t}}}{e^{\sigma\sqrt{\Delta t}} - e^{-\sigma\sqrt{\Delta t}}}\right)$$

$$= -\frac{t\sigma}{\sqrt{\Delta t}} + 2\sigma\sqrt{\Delta t}\frac{t}{\Delta t}\left(\frac{e^{\mu\Delta t} - e^{-\sigma\Delta t}}{e^{\sigma\Delta t} - e^{-\sigma\Delta t}}\right) \approx -\frac{t\sigma}{\sqrt{\Delta t}} + 2\sigma\sqrt{\Delta t}\frac{t}{\Delta t}\left(\frac{\mu\Delta t + \sigma\sqrt{\Delta t} - \frac{1}{2}\sigma^2\Delta t}{2\sigma\sqrt{\Delta t}}\right)$$

$$= \left(\mu - \frac{1}{2}\sigma^2\right)t$$

$$\text{var}\left[\ln\left(\frac{S(t)}{S_0}\right)\right] = 4\sigma^2\Delta t\sum_{i=1}^{\frac{t}{\Delta t}}\text{var}(Y_i) = 4\sigma^2 tp(1-p) \to \sigma^2 t \text{。}$$

从而有，

$$\ln\left(\frac{S(t)}{S_0}\right) = \left(\mu - \frac{1}{2}\sigma^2\right)t + \sigma W(t),$$

特别地，若取风险中性概率 $q = \dfrac{e^{r\Delta t} - d}{u - d}$，则有

$$\ln\left(\frac{S(t)}{S_0}\right) = \left(r - \frac{1}{2}\sigma^2\right)t + \sigma W(t) \text{ 或 } S(t) = S_0 e^{\left(\mu - \frac{\sigma^2}{2}\right)t + \sigma W(t)} \tag{12.1.3}$$

显然 $S(t)$ 服从几何布朗运动。

第二节 Black-Scholes 方程

在进行模型的推导之前，我们先给出 Black-Scholes 模型的假设条件：

（1）证券价格遵循几何布朗运动，即

$$\frac{dS_t}{S_t} = \mu dt + \sigma dW_t, \text{ 即 } dS_t = [\mu dt + \sigma dW_t]S_t \tag{12.2.1}$$

或
$$d\ln S_t = \left(\mu - \frac{1}{2}\sigma^2\right)dt + \sigma dW_t;$$

（2）允许卖空标的证券；

（3）没有交易费用和税收，所有证券都是完全可分的；

（4）在期权有效期内标的证券没有现金收益支付；

（5）不存在无风险套利机会；

（6）证券交易是连续的，价格变动也是连续的；

（7）在期权有效期内，无风险利率 r 为常数。

12.2.1 Black-Scholes 方程

在这些前提假设下，我们可以开始推导期权应该满足的方程。现在假设我们持有一个期权，在到期时刻 T 的收益仅仅依赖于该时点的股票价格，这种期权常被称为与路径无关的欧式未定权益，其收益用函数表示为

$$h(S_T) = (S_T - K)^+ \quad \text{或} \quad h(S_T) = (K - S_T)^+ \qquad (12.2.2)$$

前者表示期权为欧式看涨期权，后者表示期权为欧式看跌期权。这里我们无须指定它是欧式看涨期权还是欧式看跌期权。现在假设对于 t 时刻的股票价格 S，对应的期权价格为 V，它是时刻 t 时刻股票价格 S 和时刻 t 的二元函数，即 $V = V(S,t)$（之所以这样表示是强调 V 是一个二元确定函数）由 Ito 引理，有

$$dV = \left(\mu S_t \frac{\partial V}{S} + \frac{1}{2} \sigma^2 S_t^2 \frac{\partial^2 V}{\partial^2 S^2} + \frac{\partial V}{\partial t} \right) dt + \sigma S_t \frac{\partial V}{S} dW_t \qquad (12.2.3)$$

这里的 $\dfrac{\partial V}{S}$ 的含义实际上是 $\left. \dfrac{\partial V(S,t)}{S} \right|_{S=S_t}$，这样表达仅仅是为了与大多数教材一致。

和二叉树定价模型的思路一样，我们构造一个由一份期权和数量为 $-\Delta_t$ 的标的资产组成的投资组合，这样在 t 时刻的投资组合价值为

$$\Pi_t = V - \Delta_t S_t \qquad (12.2.4)$$

这里需要注意的是 Δ_t 在时间段 dt 是确定的，但不同的 dt 内 Δ_t 是未必相同的。那么在一个 dt 时间内，投资组合价值的变化为：

$$d\Pi_t = dV - \Delta_t dS_t。$$

现在将式（12.2.1）和式（12.2.3）代入到上式中，得

$$d\Pi_t = \left(\mu S_t \frac{\partial V}{S} + \frac{1}{2} \sigma^2 S_t^2 \frac{\partial^2 V}{\partial^2 S^2} + \frac{\partial V}{\partial t} \right) dt + \sigma S_t \frac{\partial V}{S} dW_t - \Delta_t \left[\mu dt + \sigma dW_t \right] S(t)$$

$$= \left(\mu S_t \frac{\partial V}{S} + \frac{1}{2} \sigma^2 S_t^2 \frac{\partial^2 V}{\partial^2 S^2} + \frac{\partial V}{\partial t} - \mu \Delta_t S(t) \right) dt + \sigma S_t \left(\frac{\partial V}{S} - \Delta_t \right) dW_t。$$

由该式可以看出，只需令

$$\Delta_t = \frac{\partial V}{S} \qquad (12.2.5)$$

即可消除不确定性来源 dW_t 的影响，这时有

$$d\Pi_t = \left(\frac{\partial V}{\partial t} + \frac{1}{2}\sigma^2 S_t^2 \frac{\partial^2 V}{\partial^2 S^2} \right)dt \text{。}$$

鉴于这是一个增量可以完全确定的投资组合，故根据无套利原理，其收益率应为无风险收益率，于是有

$$d\Pi_t = r\Pi_t = \left(\frac{\partial V}{\partial t} + \frac{1}{2}\sigma^2 S_t^2 \frac{\partial^2 V}{\partial^2 S^2} \right)dt \text{。}$$

将式（12.2.4）和（12.2.5）代入上式，并在等式两边同时除以 dt 得，

$$rS\frac{\partial V}{\partial S} + \frac{1}{2}\sigma^2 S^2 \frac{\partial^2 V}{\partial^2 S^2} + \frac{\partial V}{\partial t} = rV(S,t) \tag{12.2.6}$$

这就是著名的 Black-Scholes（偏微分）方程。

12.2.2 Black-Scholes 更一般形式的推导

在上文中，我们从假设可交易资产满足的微分方程出发，利用复制策略推导了 Black-Scholes 方程，但在某些情况下，作为出发点的随机微分方程不一定是模拟可交易资产的，如利率衍生产品的定价，这里的随机微分方程是关于利率的，而利率又是不可交易的资产，利率相关的产品（如债券）才是可交易的资产。因此，为了使推导更具一般性，本节将采用另一种方法来推导 Black-Scholes 方程，并介绍一个重要的概念——风险的市场价格。

首先，我们从一个基本量 S 满足的随机微分方程出发，设 S 和它的随机微分方程为

$$dS = \mu(t,S)Sdt + \sigma(t,S)SdW_t \tag{12.2.7}$$

为了简化记号，我们在不至于混淆的情况下省略下标 t。现在假设有两个依赖于 S 和 t 的衍生产品，其价值分别记为 f 和 g。

$$df = \mu_1 f dt + \sigma_1 f dW_t$$
$$dg = \mu_2 g dt + \sigma_2 g dW_t \text{。}$$

实际上收益率 μ_i 和波动率 σ_i（$i = 1$，2）可以由 Ito 引理给出

$$\mu_1 = \frac{\mu S\frac{\partial f}{\partial S} + \frac{1}{2}\sigma^2 S^2 \frac{\partial^2 f}{\partial^2 S^2} + \frac{\partial f}{\partial t}}{f}, \sigma_1 = \frac{\sigma S}{f} \cdot \frac{\partial f}{\partial S}$$

$$\mu_2 = \frac{\mu S\frac{\partial g}{\partial S} + \frac{1}{2}\sigma^2 S^2 \frac{\partial^2 g}{\partial^2 S^2} + \frac{\partial g}{\partial t}}{g}, \sigma_2 = \frac{\sigma S}{g} \cdot \frac{\partial g}{\partial S} \tag{12.2.8}$$

现在来构造一个投资组合

$$V = \alpha f + \beta g \tag{12.2.9}$$

使该投资组合是自融资的，即该投资组合的价值变化仅源于投资组合中各种资产价值的变化，而且不买卖任何证券，也不再投入额外的资金。于是有

$$V = \alpha f + \beta g = \left(\alpha\mu_1 f + \beta\mu_2 g\right)\mathrm{d}t + \left(\alpha\sigma_1 f + \beta\sigma_2 g\right)\mathrm{d}W \qquad (12.2.10)$$

并且我们要求该投资组合没有任何的盈亏不确定性，于是便有

$$\alpha\sigma_1 f + \beta\sigma_2 g = 0 \qquad (12.2.11)$$

联立式（12.2.9）和式（12.2.11）得

$$\alpha = \frac{-\sigma_2 V}{\left(\sigma_1 - \sigma_2\right)f}, \quad \beta = \frac{\sigma_1 V}{\left(\sigma_1 - \sigma_2\right)f}.$$

令

$$\tilde{\alpha} = \frac{-\sigma_2}{\left(\sigma_1 - \sigma_2\right)}, \quad \tilde{\beta} = \frac{\sigma_1}{\left(\sigma_1 - \sigma_2\right)}.$$

由此可见，$\tilde{\alpha}$ 和 $\tilde{\beta}$ 满足

$$\tilde{\alpha} + \tilde{\beta} = 1, \quad \tilde{\alpha}\sigma_1 + \tilde{\beta}\sigma_2 = 0.$$

根据这个解，再由无套利原理，无风险投资组合只能获得无风险收益，所以投资组合 V 满足

$$\mathrm{d}V = \left(\tilde{\alpha}\mu_1 + \tilde{\beta}\mu_2\right)V\mathrm{d}t = rV\mathrm{d}t.$$

于是有

$$\tilde{\alpha}\mu_1 + \tilde{\beta}\mu_2 = r = \left(\tilde{\alpha} + \tilde{\beta}\right)r = \tilde{\alpha}r + \tilde{\beta}r.$$

从而有

$$\frac{\left(\mu_1 - r\right)}{\sigma_1} = \frac{\left(\mu_2 - r\right)}{\sigma_2} \qquad (12.2.12)$$

因此，我们可以得出结论：对于任何一个基于变量 S 和时间 t 的衍生产品，其值

$$\frac{\left(\mu - r\right)}{\sigma} = \lambda \qquad (12.2.13)$$

是固定的，也就是说，对于相同的标的构建的不同衍生产品之间具有相同的 λ 值，这个值就称作风险的市场价格。之所以称之为风险的市场价格，是因为它表示了单位波动率所带来的超额收益率。有了这个术语，我们可以将上述结论重述为：金融市场中只依赖于同一标的衍生证券的风险具有相同的市场价格。否则，就存在套利机会。

将式（12.2.8）中的

$$\mu_1 = \frac{\mu S \dfrac{\partial f}{S} + \dfrac{1}{2}\sigma^2 S^2 \dfrac{\partial^2 f}{\partial^2 S^2} + \dfrac{\partial f}{\partial t}}{f}, \quad \sigma_1 = \frac{\sigma S}{f}\cdot\dfrac{\partial f}{\partial S}$$

代入到式（12.2.13），并整理得

$$\left(\mu - \lambda\sigma\right)S\frac{\partial f}{\partial S} + \frac{1}{2}\sigma^2 S^2 \frac{\partial^2 f}{\partial^2 S^2} + \frac{\partial f}{\partial t} = rf \qquad (12.2.14)$$

该方程对所有基于 S 和 t 的衍生产品都成立。特别地，当 S 是可交易资产时，该方程对 S 自身也是成立的，于是把式（12.2.13）代入式（12.2.14）得

$$rS\frac{\partial f}{\partial S} + \frac{1}{2}\sigma^2 S^2 \frac{\partial^2 f}{\partial^2 S^2} + \frac{\partial f}{\partial t} = rf\left(S,t\right) \text{。}$$

第三节　Black-Scholes 期权定价公式

有了 Black-Scholes 方程

$$rS\frac{\partial V}{\partial S} + \frac{1}{2}\sigma^2 S^2 \frac{\partial^2 V}{\partial^2 S^2} + \frac{\partial V}{\partial t} = rV\left(S,t\right) \qquad (12.3.1)$$

我们进一步在无风险利率 r 和波动率 σ 为常数的条件下，导出它的闭形式解。一方面，Black-Scholes 方程中要给出终值条件，即到期日的收益函数，而抛物方程的求解一般要给出初值条件，所以我们需要把时间进行倒置。另一方面，为了把 Black-Scholes 偏微分方程变为常微分方程，我们需要做必要的代换。这里我们令

$$f\left(S,t\right) = \mathrm{e}^{r(T-t)}V\left(S,t\right) \text{。}$$

则式（12.3.1）变为

$$rS\frac{\partial f}{\partial S} + \frac{1}{2}\sigma^2 S^2 \frac{\partial^2 f}{\partial^2 S^2} + \frac{\partial f}{\partial t} = 0 \text{。}$$

再令 $s = \log S$，得

$$\left(r - \frac{1}{2}\sigma^2\right)\frac{\partial f}{\partial s} + \frac{1}{2}\sigma^2 \frac{\partial^2 f}{\partial^2 s^2} + \frac{\partial f}{\partial t} = 0 \text{。}$$

这样就得到了一个常系数抛物型方程。

再然后令

$$x = s + \left(r - \frac{1}{2}\sigma^2\right)\left(T-t\right), \quad \tau = T-t$$

则有

$$\frac{\partial f}{\partial \tau} = \frac{1}{2}\sigma^2 \frac{\partial^2 f}{\partial^2 x^2} \qquad (12.3.2)$$

该方程就是有名的热传导方程，其中 f 是 x 和 τ 的函数。给定初始条件 $f\left(x,0\right) = h\left(x\right)$，它的解可以表示为积分形式

$$f(x,\tau)=\int_{-\infty}^{+\infty}u(x-y,\tau)h(y)\mathrm{d}y \tag{12.3.3}$$

其中$u(x,t)$是热核。

对式（12.3.2）应用傅立叶变换可以得到热核$u(x,t)$的闭的表达式

$$u(x,t)=\frac{1}{\sqrt{2\pi\tau}\sigma}\mathrm{e}^{-\frac{x^2}{2\sigma^2\tau}}。$$

考虑式（12.3.1），对任何具有如下收益函数的衍生产品

$$V(S,T)=h(S)，$$

其对应的变换函数

$$f(x,0)=h(\mathrm{e}^x)$$

代入式（12.3.3），得

$$V(S,T)=\frac{\mathrm{e}^{-r(T-t)}}{\sqrt{2\pi(T-t)}\sigma}\int_{-\infty}^{+\infty}\mathrm{e}^{-\frac{\left(\log S+\left(r-\sigma^2/2\right)(T-t)-y\right)^2}{2\sigma^2(T-t)}}h(\mathrm{e}^y)\mathrm{d}y \tag{12.3.4}$$

至此，我们便在形式上得到了 Black-Scholes 方程的解。下面便将此结果应用于欧式看涨、看跌期权的定价上。

基于欧式看涨期权的收益函数$h(S_T)=(S_T-K)^+$，并利用式（12.3.4）可以得到看涨期权的闭形式公式：

$$c(S,K,t)$$

$$=\frac{\mathrm{e}^{-r(T-t)}}{\sqrt{2\pi(T-t)}\sigma}\int_{-\infty}^{+\infty}\mathrm{e}^{-\frac{\left(\log S+\left(r-\sigma^2/2\right)(T-t)-y\right)^2}{2\sigma^2(T-t)}}\left(\mathrm{e}^y-K\right)^+\mathrm{d}y$$

$$=\frac{\mathrm{e}^{-r(T-t)}}{\sqrt{2\pi(T-t)}\sigma}\int_{\log K}^{+\infty}\mathrm{e}^{-\frac{\left(\log S+\left(r-\sigma^2/2\right)(T-t)-y\right)^2}{2\sigma^2(T-t)}}\mathrm{e}^y\mathrm{d}y-\frac{\mathrm{e}^{-r(T-t)}}{\sqrt{2\pi(T-t)}\sigma}K\int_{\log K}^{+\infty}\mathrm{e}^{-\frac{\left(\log S+\left(r-\sigma^2/2\right)(T-t)-y\right)^2}{2\sigma^2(T-t)}}\mathrm{d}y$$

$$=S\frac{1}{\sqrt{2\pi}}\int_{-d_1}^{+\infty}\mathrm{e}^{-\frac{x^2}{2}}\mathrm{d}x-\mathrm{e}^{-r(T-t)}K\frac{1}{\sqrt{2\pi}}\int_{-d_2}^{+\infty}\mathrm{e}^{-\frac{x^2}{2}}\mathrm{d}x$$

$$=SN(d_1)-\mathrm{e}^{-r(T-t)}KN(d_2)$$

$$\tag{12.3.5}$$

其中

$$d_1=\frac{\log S/K+\left(r+\sigma^2/2\right)(T-t)}{\sigma\sqrt{T-t}}，\quad d_2=\frac{\log S/K+\left(r-\sigma^2/2\right)(T-t)}{\sigma\sqrt{T-t}}。 \tag{12.3.6}$$

对欧式看跌期权,利用其收益函数 $h(S_T) = (K - S_T)^+$ 类似可得(或者依据平价关系得)

$$P(S,K,t) = e^{-r(T-t)}KN(-d_2) - SN(-d_1) \qquad (12.3.7)$$

另一种变换方式下的推导可参见孙健博士所著的《金融衍生产品定价模型》。

为使读者进一步理解 Black-Scholes 期权定价模型,我们下面用一个简单的例子来说明该模型的计算过程。

例1 假设某种不支付红利股票的市价为 42 元,无风险利率为 10%,经估计得到该股票的年波动率为 20%,求以该股票为标的资产、执行价格为 40 元、期限为半年的欧式看涨期权和看跌期权价格。

在本例中,各相关参数为:$S = 42$,$K = 40$,$r = 0.01$,$\sigma = 0.2$,$T = 0.5$。计算过程可分为三步:

第一步,先计算出 d_1 和 d_2。

$$d_1 = \frac{\ln(42/40) + (0.1 + 0.2^2/2)0.5}{0.2\sqrt{0.5}} = 0.7693, \quad d_2 = 0.7693 - 0.2\sqrt{0.5} = 0.6278。$$

第二步,计算 $N(d_1)$ 和 $N(d_2)$。由标准正态分布表可查得

$$N(d_1) = N(0.7693) \approx 0.7791, \quad N(d_2) = N(0.6278) \approx 0.7349,$$

并由此可得

$$N(-d_1) = 1 - N(d_1) = 0.2209, \quad N(-d_2) = 1 - N(d_2) = 0.2651。$$

第三步,将上述结果及已知条件代入公式(12.3.5)。

这样,欧式看涨期权价格为:

$$c = 42 \times 0.7791 - 40e^{-0.1 \times 0.5} \times 0.7349 = 4.76。$$

欧式看跌期权价格为:

$$p = 40 \times e^{-0.1 \times 0.5} \times 0.2651 - 42 \times 0.2209 = 0.81。$$

第四节　期权价格的敏感性分析

在上一节中,我们可以看出决定和影响期权价格的各个要素,以及这些要素对期权价格的影响方向。事实上,根据 Black-Scholes 期权定价公式,我们还可以更深入地了解各要素对期权价格的影响程度,也就是期权价格对这些因素的敏感性。本节我们将介绍期权价格对其四个参数(标的资产市场价格、到期时间、波动率和无风险利率)的敏感性指标。

12.4.1　Delta（Δ 或 δ）

用 f 表示期权的价格，S 表示标的资产的价格，则：

$$\Delta = \frac{\partial f}{\partial S} \tag{12.4.1}$$

它用于衡量期权价格对标的资产市场价格变动的敏感度。根据 Black-Scholes 期权定价公式

$$c = SN(d_1) - Xe^{-r(T-t)}N(d_2)，$$
$$p = Xe^{-r(T-t)}N(-d_2) - SN(-d_1)。$$

可以得到无收益资产看涨期权的 Delta 值为：

$$\Delta = N(d_1) \tag{12.4.2}$$

无收益资产欧式看跌期权的 Delta 值为：

$$\Delta = -N(-d_1) = N(d_1) - 1 \tag{12.4.3}$$

显然，看涨期权与看跌期权的 Delta 之值差为 1，这也正好与平价关系互相呼应。

例 2　考虑一个某标的资产的 3 个月期的、执行价格为 15 元的看涨期权，设标的资产的当前价格为 18 元，波动率为每年 15%，并假设无风险利率为 10%。于是将 $S=18$，$K=15$，$r=10\%$，$\sigma=15\%$，$T-t=1/4$ 代入到式（12.4.2），即得该看跌期权的 Delta 值为 $N(d_1)=0.997$。

12.4.2　Gamma（Γ）

期权的 Gamma（Γ）是一个与 Delta 联系密切的敏感性指标，甚至可以认为是 Delta 的敏感性指标，它用于衡量该证券的 Delta 值对标的资产价格变化的敏感度，它等于期权价格对标的资产价格的二阶偏导数，也等于期权的 Delta 对标的资产价格的一阶偏导数。从几何上看，它反映了期权价格与标的资产价格关系曲线的凸度。

值得注意的是，由于看涨期权与看跌期权的 Δ 之间只相差一个常数，因此两者的 Γ 值总是相等的。

$$\Gamma = \frac{\partial^2 f}{\partial S^2} = \frac{\partial \Delta}{\partial S} \tag{12.4.4}$$

根据 Black-Scholes 无收益资产期权定价公式，我们可以算出无收益资产欧式看涨期权和欧式看跌期权的 Γ 值为：

$$\Gamma = \frac{N'(d_1)}{S\sigma\sqrt{T-t}} \tag{12.4.5}$$

无收益资产期权的 Γ 值总为正值，相应的，期权空头的 Γ 值则总为负值。

例 3　考虑一个某标的资产的 3 个月期的、执行价格为 15 元的看跌期权，设标的资产的当前价格为 18 元，波动率为每年 15%，并假设无风险利率为 10%。则将 $S=18$，$K=15$，$r=10\%$，$\sigma=15\%$，$T-t=1/4$ 代入到式（12.4.5），即得该看跌期权的 Gamma：$\Gamma=0.0727$。

12.4.3 Theta（Θ）

$$\Theta = \frac{\partial f}{\partial t} \tag{12.4.6}$$

它用于衡量期权价格对时间变化的敏感度，是期权价格变化与时间变化的比率，期权价格对时间 t 的偏导数。根据 Black-Scholes 期权定价公式，对于无收益资产的欧式看涨期权而言，

$$\Theta = -\frac{SN'(d_1)\sigma}{2\sqrt{T-t}} - rXe^{-r(T-t)}N(d_2) \tag{12.4.7}$$

对于无收益资产的欧式看跌期权而言，

$$\Theta = -\frac{SN'(d_1)\sigma}{2\sqrt{T-t}} - rXe^{-r(T-t)}N(-d_2) \tag{12.4.8}$$

例 4 考虑一个某标的资产的 3 个月期的、执行价格为 15 元的看跌期权，设标的资产的当前价格为 18 元，波动率为每年 15%，并假设无风险利率为 10%。于是将 $S = 18$、$K = 15$、$r = 10\%$、$\sigma = 15\%$、$T - t = 1/4$ 代入到式（12.4.8），即得该看跌期权的 Theta：$\Theta = -0.2594$。

现在我们来考察 Delta、Gamma 和 Theta 之间的关系。在本章第二节，我们曾讨论过无收益资产的看涨期权价格 f 必须满足 Black-Scholes 微分方程式（12.2.6），即：

$$\frac{\partial f}{\partial t} + rS\frac{\partial f}{\partial S} + \frac{1}{2}\sigma^2 S^2 \frac{\partial^2 f}{\partial S^2} = rf \, 。$$

根据我们在本节的定义，

$$\frac{\partial f}{\partial t} = \Theta, \; \frac{\partial f}{\partial S} = \Delta, \; \frac{\partial^2 f}{\partial S^2} = \Gamma \, 。$$

因此有：

$$\Theta + rS\Delta + \frac{1}{2}\sigma^2 S^2 \Gamma = rf \tag{12.4.9}$$

该公式对无收益资产的单个期权和多个期权组合都是适用的。

关于 Delta，Theta 和 Gamma 三者之间的符号关系如表 12.1 所示。

表 12.1　Delta、Theta 和 Gamma 三者之间的符号关系

	Delta	Theta	Gamma
多头看涨期权	+	−	+
多头看跌期权	−	−	+
空头看涨期权	−	+	−
空头看跌期权	+	+	−

从上表中可以看出，Gamma 的符号总是与 Theta 的符号相反。

12.4.4　Vega（Λ）

期权的 Vega（Λ）用于衡量该证券的价值对标的资产价格波动率的敏感度，它等于期权价格对标的资产价格波动率（σ）的偏导数，即：

$$\Lambda = \frac{\partial f}{\partial \sigma}\qquad（12.4.10）$$

证券组合的 Λ 值等于该组合中各证券的数量与各证券的 Λ 值乘积的总和。证券组合的 Λ 值越大，说明其价值对波动率的变化越敏感。

标的资产远期和期货合约的 Vega 值等于零。

对于无收益资产看涨期权和欧式看跌期权而言，

$$\Lambda = SN'(d_1)\sqrt{T-t}\qquad（12.4.11）$$

对于有收益资产看涨期权和欧式看跌期权而言，

$$\Lambda = SN'(d_1)\sqrt{T-t}\,\mathrm{e}^{-q(T-t)}\qquad（12.4.12）$$

例 5　考虑一个某标的资产的 3 个月期的、执行价格为 15 元的看跌期权，设标的资产的当前价格为 18 元，波动率为每年 15%，并假设无风险利率为 10%。于是将 $S=18$、$K=15$、$r=10\%$、$\sigma=15\%$、$T-t=1/4$ 代入到（12.4.12）式，即得该看跌期权的的 Vega：$\Lambda = 0.8843$。

12.4.5　Rho（ρ）

期权的 Rho 用于衡量期权价格对利率变化的敏感度，它等于期权价格对利率的偏导数：

$$rho = \frac{\partial f}{\partial r}\qquad（12.4.13）$$

对于无收益资产看涨期权而言，

$$rho = X(T-t)\mathrm{e}^{-r(T-t)}N(d_2)\qquad（12.4.14）$$

对于无收益资产欧式看跌期权而言，

$$rho = X(T-t)\mathrm{e}^{-r(T-t)}[N(d_2)-1]\qquad（12.4.15）$$

标的资产的 Rho 值为 0。因此我们可以通过改变期权或期货头寸来使证券组合处于 Rho 中性状态。

例 6　考虑一个某标的资产的 3 个月期的、执行价格为 15 元的看跌期权，设标的资产的当前价格为 18 元，波动率为每年 15%，并假设无风险利率为 10%。于是将 $S=18$、$K=15$，$r=10\%$，$\sigma=15\%$，$T-t=1/4$ 代入式（12.4.15），即得该看跌期权的 Rho：$\rho = -0.014$。

习　题

1. 设有两个期权，一个是看涨期权，一个是看跌期权，二者的执行价格均为 19 元，离期权到期还有 6 个月。如果标的资产的当前价格为 18 元，波动率为 20%，无风险利率为 3.5%。求：（1）看涨期权的期权价格；（2）看跌期权的期权价格。

2. 考虑一个某标的资产的 4 个月期的、执行价格为 300 元的看涨期权，设标的资产的当前价格为 305 元，红利率为每年 3%，波动率为每年 25%，并假设无风险利率为 8%。求该看涨期权的 Delta、Gamma、Theta、Vega 和 Rho。

3. 比较离散时间期权定价模型，思考连续时间框架下的衍生产品定价与离散时间框架下的衍生产品定价的异同。

附录 A

定义 A1　伊藤过程（Ito 过程）　$\{X(t),t\geqslant 0\}$ 为均方连续随机过程，$a(x,t)$、$b(x,t)$ 是二元连续函数，若对任给的 $0\leqslant t_0<t<T$ 有

$$X(t)-X(t_0)=\int_{t_0}^t a(X(s),s)\mathrm{d}s+\int_{t_0}^t b(X(s),s)\mathrm{d}W(s) \qquad （A1）$$

或等价地写为微分形式

$$\mathrm{d}X(t)=a(X(t),t)\mathrm{d}t+b(X(t),t)\mathrm{d}W(t) \qquad （A2）$$

则称随机过程 $\{X(t),t\geqslant 0\}$ 为一伊藤过程（Ito 过程），（A1）称为伊藤随机积分方程，（A2）称为伊藤随机微分方程。

定理 A1　伊藤公式（Ito 公式）　若 $\{X(t),t\geqslant 0\}$ 为 Ito 过程，即

$$\mathrm{d}X(t)=a(X(t),t)\mathrm{d}t+b(X(t),t)\mathrm{d}W(t)$$

二元函数 $y=f(x,t)$ 具有连续二阶偏导数，则随机过程 $Y(t)\equiv f(X(t),t)$ 满足积分方程：

$$Y(t)-Y(t_0)=\int_{t_0}^t [\frac{\partial f}{\partial t}+a\frac{\partial f}{\partial X}+\frac{b^2}{2}\cdot\frac{\partial^2 f}{\partial X^2}]\mathrm{d}s+\int_{t_0}^t b\frac{\partial f}{\partial X}\mathrm{d}W(s) \qquad （A3）$$

或等价的微分形式

$$\mathrm{d}Y(t)=(\frac{\partial f}{\partial t}+a\frac{\partial f}{\partial X}+\frac{b^2}{2}\cdot\frac{\partial^2 f}{\partial X^2})\mathrm{d}t+b\frac{\partial f}{\partial X}\mathrm{d}W(t)\quad(a.e.) \qquad （A4）$$

第五篇 利率期限结构与
固定收益产品定价

在前面介绍的 Black-Scholes 理论中，关于利率是常数的假设会与利率期权的存在形成直接的矛盾。假如利率是确定的，即在未来的时期内可以做确定性预测的话，那么在时刻 t 就可以知道在到期日 T，期权是价内还是价外，而到期的价外期权在到期日之前的时间里是毫无价值的，而到期的价内期权不过是远期交易而已。这样一来，利用 Black-Scholes 模型定价利率期权也就变得毫无意义。所以，对诸如随机利率期权定价方法的研究就变得很有实际意义。与前面用一个基础的随机过程来模拟股票价格一样，期限结构模型则是用随机过程来模拟利率的随机变化行为。

固定收益证券（产品）是一个相对模糊的概念，它既包括发行人承诺的在固定时点给付事先约定的支付的证券，如标准的存款和债券；同时也包括其支付依赖于未来某些利率或基础债券价格变动的证券，如债券或利率的期权和期货、利率互换、利率上限和下限等。固定收益证券的价格大多通过各种利率和收益率来表示，所以，了解固定收益产品定价就相当于了解利率的行为，而关于利率行为的研究则是利率期限结构研究的主题。为此，本篇分为三章：第一章介绍利率期限结构理论；第二章介绍固定收益产品定价；第三章介绍利率衍生产品定价的二叉树模型。它们分别构成本书的第十三、十四、十五章。限于本书的定位，这一章我们仅就离散的情形予以分析。

第十三章　利率期限结构理论

第一节　利率期限结构的定义

在第一篇的第一章，我们已经介绍了与无风险债券相关的几个基本概念。为了给出利率期限结构的定义，我们进一步讨论这几个概念之间的关系。

13.1.1 贴现率

我们假设一个在交易日 t 交易的、到期日为 T（$T \geqslant t$）的零息债券的市场价格为 B_t^T [①]。这一价格反映了发生在到期日 T 的支付的贴现因子（discount factor）的。如果市场上存在很多具有不同到期日的零息债券，则可以构造一个 t 时刻的市场贴现函数。注意 $B_t^t = 1$，即当前的 1 美元就是 1 美元。再考虑货币的时间价值有

$$1 \geqslant B_t^T \geqslant B_t^S \geqslant 0 , \quad t \leqslant T \leqslant S 。$$

一个附息债券可以看作零息债券的组合。如果这一点得不到满足，则市场上将会存在套利机会。而无套利是金融资产定价的基石，因为一个存在套利机会的市场不是一个处于均衡状态的市场。下面我们通过一个例子来看一下一个附息债券是如何被分解为零息债券的组合的。

例 1　假设有一个面值为 100 元、票面利率为 10%、3 年到期的债券。假定有面值为 1、到期日分别为 1、2 和 3 年的零息债券在市场上交易。假定这些零息债券的价格分别为

$$B_t^{t+1} = 0.95 , \quad B_t^{t+2} = 0.90, \ B_t^{t+3} = 0.85 。$$

则该债券的价格为

$$B_t = 10 \times 0.95 + 10 \times 0.90 + 110 \times 0.85 = 112 。$$

假如该息票债券的价格高于 112 元，则我们可以通过买入该息票债券，卖出 10 份 1 年期零息债券、10 份 2 年期零息债券和 110 份 3 年期零息债券而获得无风险利润；相反，如

---

① 为了表示上的方便，本篇用 B_t^T 代替前面几篇中的 $B(t,T)$，并且风险中性测度用 Q 代替前面几篇中的 $\tilde{P}$。

果价格低于 112 元，则我们可以通过卖出该息票债券，买入 10 份 1 年期零息债券、10 份 2 年期零息债券和 110 份 3 年期零息债券，同样可以获得无风险利润。所以，112 元就是该息票债券的"合理"价格。

值得注意的是，上述例子中息票债券的三次支付时间分别为 1、2、3 年，而我们假定恰好有期日分别为 1、2 和 3 年的零息债券在市场上交易，所以我们非常顺利地解决了息票债券的定价问题。然而，如果市场上并非所有相关的零息债券都能够交易，那么我们就无法保证上述计算方式是无套利的。即使这样，也不是说这种计算方法就毫无价值。比如一个投资者通过相关信息确定了未来不同时点的贴现函数，那么他就可以通过这一贴现函数来对任何的现金流进行估值，只是这种情况不在本书的讨论范围内。此外，贴现函数是市场债券价格的反映，是市场上供求双方相互作用的结果。我们不妨把贴现函数想象成一个十分复杂的、关于市场上各个参与者的贴现函数的"平均"。而且实际情况是，大多数市场上只有少量的零息债券在交易，因此关于贴现函数的信息多从附息债券的价格中推导出来。

虽然贴现因子包含了关于现金流的丰富的信息，但在观念上与投资者的习惯还是有一定的差距。一般投资者更多的是关注利息、利率和收益率，而非贴现函数。所以我们有必要将贴现函数与这些概念联系起来，既顾及理论上的需要，也顾及投资者的习惯。为此，我们进一步讨论收益率、即期利率和远期利率之间的关系。为了动态特征的描述，与第一篇不同，这里我们将当前时刻记为 t。为此，一些必要的概念将会重述，符号也将发生相应的变化。

13.1.2 收益率、即期利率和远期利率

债券的收益率是使得债券的全部未来支付的现值等于当前债券价格的贴现率。在大多数市场中，债券的收益率是以年复利率来报价的。那么，对于一个当前价格为 B_t，在 $T_1, T_2, \cdots, T_n$ 时刻的支付分别为 $Y_1, Y_2, \cdots, Y_n$ 的债券而言，其年复利 $\hat{y}$ 满足：

$$B_t = \sum_{T_i > t} Y_i \left(1 + \hat{y}\right)^{-(T_i - t)} \text{。}$$

特别的，对于一个在 T 时刻支付 1 的零息债券（可以看作附息债券的特例），在 $t \leqslant T$ 时刻的年复利 $\hat{y}_t^T$ 使得

$$B_t = \left(1 + \hat{y}_t^T\right)^{-(T-t)}$$

成立，因此

$$\hat{y}_t^T = \left(B_t^T\right)^{-1/(T-t)} - 1 \qquad (13.1.1)$$

就是到期日为 T 的零息票债券收益率、零息票债券利率或即期利率。

从式（13.1.1）可以看出，如果固定当前时刻 t，则零息票债券的收益率便可以看作到期日 T 的函数，即 $T \to \hat{y}_t^T$。这种以到期日为自变量、以收益率为因变量建立起来的函数关系，我们称之为收益率曲线，它是一种表示利率期限结构的方法。由于零息票债券

价格和零息票债券收益率之间存在一一对应关系，故贴现函数 $T \rightarrow B_t^T$ 与收益率曲线 $T \rightarrow \hat{y}_t^T$ 包含了完全相同的信息。令投资者感兴趣的是，这样建立起来的模型不仅能够确定某一特定时刻的收益率曲线，还能够反映收益率曲线沿时间正向运动的演化过程，这类模型我们就称之为利率期限结构模型。而另一方面，如果固定某个时点，随着收益率曲线的正向移动，我们将看到基于该时点的未来某个时间的即期利率，这就涉及又一个概念——远期利率。

与即期利率反映的是从现在开始到未来某个日期到期的一笔贷款的价格相比，远期利率所反映的则是未来两个日期之间的贷款价格。我们用 $f_t^{T,S}$（$t \leqslant T < S$）来表示基于时刻 t 的、从时刻 T 到时刻 S 的复利远期利率，或者换句话说，它是基于时刻 t 视角的、T 时刻的到期日为 $S-T$ 的即期利率。而从贴现率的角度来讲，它又是 t 时刻在 T 和 S 之间所应采用的合适的贴现率。所以，如果我们要从时刻 S 贴现到时刻 t，就可以考虑先从时刻 S 贴现到时刻 T、再从时刻 T 贴现到时刻 t，从而有

$$\left(1+\hat{y}_t^S\right)^{-(S-t)} = \left(1+\hat{y}_t^T\right)^{-(T-t)}\left(1+f_t^{T,S}\right)^{-(S-T)} \tag{13.1.2}$$

则

$$f_t^{T,S} = \frac{\left(1+\hat{y}_t^T\right)^{-(T-t)/(S-T)}}{\left(1+\hat{y}_t^S\right)^{-(S-t)/(S-T)}} - 1 \, 。$$

此外，我们还可以用零息票价格（或者贴现率）将式（13.1.2）表示为

$$B_t^S = B_t^T \left(1+f_t^{T,S}\right)^{-(S-T)} \, 。$$

从而有

$$f_t^{T,S} = \left(\frac{B_t^T}{B_t^S}\right)^{1/(S-T)} - 1 \, 。$$

由于 $B_t^t = 1$，所以

$$f_t^{t,S} = \left(\frac{B_t^t}{B_t^S}\right)^{1/(S-T)} - 1 = \left(B_t^S\right)^{-1/(S-T)} - 1 = \hat{y}_t^S \, 。$$

如果 $f_t^{T,S}$ 为基于时刻 t 的、从时刻 T 到时刻 S 的连续复利远期利率，类似于离散复利远期利率，有

$$B_t^S = B_t^T \mathrm{e}^{-f_t^{T,S}(S-T)} \, 。$$

因此

$$f_t^{T,S} = -\left(\frac{\ln B_t^S - \ln B_t^T}{S-T}\right) \tag{13.1.3}$$

又 $B_t^T = \mathrm{e}^{-y_t^T(T-t)}$（其中 y_t^T 是连续复利债券收益率）

$$f_t^{T,S} = \frac{y_t^S(S-t) - y_t^T(T-t)}{S-T} \qquad (13.1.4)$$

如果极限 $f_t^T \equiv \lim\limits_{S \to T} f_t^{T,S}$ 存在，则将 f_t^T 称为瞬时远期利率，并将函数 $T \to f_t^T$ 称为远期利率期限结构。更进一步来说，我们假设贴现函数 B_t^T 可微，则由式（13.1.3）可以定义瞬时远期利率

$$f_t^T = \lim_{S \to T} f_t^{T,S} = -\frac{\partial \ln B_t^T}{\partial T} = -\frac{\partial B_t^T \big/ \partial T}{B_t^T}。$$

反之，则有

$$B_t^T = \mathrm{e}^{-\int_t^T f_t^u \mathrm{d}u}。$$

或假设贴现函数 B_t^T 可微，则由式（13.1.4）可以定义瞬时远期利率

$$f_t^T = \lim_{S \to T} f_t^{T,S} = \frac{\partial \left[y_t^T(T-t) \right]}{\partial T} = y_t^T + \frac{\partial y_t^T}{\partial T}(T-t)。$$

由此可以看出，远期利率在一定程度上反映了零息票债券收益率的斜率。特别地，当零息票债券收益率曲线为直线时，远期利率与零息票债券收益率相等。

而由 $B_t^T = \mathrm{e}^{-y_t^T(T-t)}$ 和 $B_t^T = \mathrm{e}^{-\int_t^T f_t^u \mathrm{d}u}$，得

$$y_t^T = \frac{1}{T-t} \int_t^T f_t^u \mathrm{d}u。$$

这也就是说，零息票债券收益率是远期利率的平均值。

第二节　利率期限结构理论

许多不同的理论都试图解释利率的期限结构，早期的理论主要分为三大流派，即纯粹预期假说、流动性偏好假说和市场分割假说。

13.2.1　纯粹预期假说

纯粹预期假说最早是由伊文·费歇尔（Irving Fisher）（1896）提出，是最古老的期限结构理论，也是最著名、最容易应用的、定量化的期限结构理论。该理论认为，收益率曲线是预期远期利率的函数，这样收益率曲线将被分解为一个预期的将来的短期利率数列，投资者依此获得相应的持有期收益。从而该理论认为利率曲线的形状是由人们对未来利率的预期所决定的：收益曲线向上倾斜意味着投资者预期短期利率将走高；收益

曲线向下倾斜意味着投资者预期短期利率将走低；收益曲线呈水平状态则意味着投资者预期短期利率将保持不变。既然收益率曲线已经隐含了预期的短期利率，那么对投资者而言，持有一个 20 年期的零息债券，就相当于连续持有 20 个一年期的零息债券，并且和连续持有两个 10 年期的债券没有区别。这一假说的传统形式认为，长期债券的预期年平均收益率是预期短期利率的几何平均。用第一节的术语来说，就是预期的未来即期利率等于收益率曲线隐含的远期利率。所以，根据这一理论，我们可以计算出一个预期的短期即期利率数列。反过来，作为一个整体，它们可以产生收益曲线所表示的任何给定期限的市场利率。

应用第一节的符号，该理论可以表示为

$$\left(1+r_t\right)^t = \left(1+r_1\right)\left(1+f_1^{1,2}\right)\left(1+f_2^{2,3}\right)\cdots\left(1+f_{t-1}^{t-1,t}\right) \tag{13.2.1}$$

从而有

$$f_{t-1}^{t-1,t} = \frac{\left(1+r_t\right)^t}{\left(1+r_{t-1}\right)^{t-1}} - 1 \tag{13.2.2}$$

有时为了计算上的简化，也常做如下的技术处理，将几何平均转化为算术平均。

由于 $\left(1+r_2\right)^2 = 1 + 2r_2 + r_2^2$ 和 $\left(1+r_1\right)\left(1+f_1^{1,2}\right) = 1 + r_1 + f_1^{1,2} + r_1 \cdot f_1^{1,2}$ 中 r_2^2 和 $r_1 \cdot f_1^{1,2}$ 都非常小，当二者可以忽略不计时，由式（13.2.1）有 $1 + r_1 + f_1^{1,2} = 1 + 2r_2$。即

$$r_2 = \frac{r_1 + f_1^{1,2}}{2} 。$$

类似地，可以推出

$$r_t = \frac{r_1 + f_1^{1,2} + f_2^{2,3} + \cdots + f_{t-1}^{t-1,t}}{t} \tag{13.2.3}$$

例 2　假设在今后 5 年里，1 年期的利率预期分别为 5%，6%，7%，8%和 9%，则利用式（13.2.3），可分别得 2、3、4、5 年期债券的利率。以 2 年期和 5 年期为例：

预期 2 年利率为：$\dfrac{5\% + 6\%}{2} = 5.5\%$。

预期 5 年期利率为：$\dfrac{5\% + 6\% + 7\% + 8\% + 9\%}{5} = 7\%$。

即由此可以计算得到 1 年至 5 年期预期即期利率分别为 5%，5.5%，6.0%，6.5%和7%。本例中，短期利率上升的趋势使得回报率曲线向上倾斜，且期限越长，利率越高。当投资者发现估计利率与市场利率不一致时，将会对未来的预期进行调整。

13.2.2　流动性偏好假说

按照纯粹预期假设，市场数据应该基本满足式（13.2.3）的线性关系，但实证结果表明，按照市场数据计算得到的收益率曲线却往往比按照纯粹预期理论得到的收益率曲线要高。为了解释这种偏差，希克斯（J.R.Hicks）（1939）和科尔伯特（J.M.Culbertson）

通过引入风险因素对纯预期理论进行了修正,进而提出了流动性偏好假说。该假说认为,长期利率是预期短期利率与流动性报酬（补偿或升水）之和。这时因为,该理论假设大多数投资者偏好持有短期证券,为了吸引投资者持有较长期限的债券,必须向其支付流动性补偿。比如,如果投资者希望持有 2 年期的债券,他可以购买 2 年期的债券,也可以购买 3 年期的债券而在两年后将其卖出,但卖出的价格却取决于当时的市场价格,因而与直接持有 2 年期债券相比,具有额外的风险。流动性报酬就是对这种额外风险的补偿,其数额就是市场为将期限延长到预定期限所需的超额收益。所以流动性偏好利率又可以表达为:

$$r_t = \frac{r_1 + f_1^{1,2} + f_2^{2,3} + \cdots + f_{t-1}^{t-1,t}}{t} + L_t \qquad (13.2.4)$$

其中, L_t 为到期时间 t 的风险升水。

13.2.3 市场分割假说

市场分割假说认为,市场划分是由不同投资需求的各种投资者所决定的,不同的投资者会偏好投资于收益率曲线的不同部分。为了吸引投资者偏离其在收益率曲线上的位置,就应该给其进行补偿。按照市场分割理论,预期的未来即期利率与隐含的远期利率之间没有正式关系,收益率曲线形状是供给与需求的函数。

虽然这些假说相对于后来的利率期限结构模型显得相对粗糙,但其对利率期限理论的发展却起到了不可忽视的作用。事实上,如果我们仔细分析后来的期限结构模型,仍不难看到这些假说的影子。

第三节　收益率曲线的构建

从前面利率期限结构的定义可知,关于利率期限结构最清晰的描述就是不同期限的零息债券的收益率。但遗憾的是,在大多数国家,金融市场上交易的债券不是零息债券,而是附息债券。也就是说,我们很难直接从零息债券来构建利率期限结构,而是要从零息债券与附息债券的关系着手,通过附息债券来构建收益率曲线。这里我们介绍三种典型的方法:一是自助法（bootstrapping）,也称息票剥离法（coupon stripping）;二是三次样条插值法;三是 Nelson-Siegel 参数法。这三种方法的共同之处则在于对收益率曲线连续、光滑的认知,而这种认知则有着其现实的金融学意义:如果某一到期日的收益率远高于另一个非常邻近到期日的收益率,那么理性的债券持有人将会选择高收益的债券;相反,债券的发行人则会按照低收益率对应的到期日设计、发行债券。这种需求和供给方面的矛盾将使得两个邻近到期日之间的收益率缺口逐渐消失。事实上,这一金融学背景的分析不仅为曲线的连续、光滑的假设提供了现实基础,同时它也为以插值计算结果代替相应到期日缺失的债券收益率提供了理论依据。

13.3.1 自助法

自助法的基本思想是：通过不同债券组合构建零息票债券，以推导出零息票债券的无套利价格并进而求出对应的收益率。如果债券市场具有足够多的不同期限的附息债券，而且在支付日上有重叠，那么自助法就能够产生非常合适的整个零息票债券收益率曲线。这种方法的局限性在于，它最多只能提供所考察支付日的零息票债券的收益率。为了取得更完整的、连续的收益率曲线，必须在相邻的两个支付日进行插值计算。

自助法首先需要面对的一个问题就是大多数市场上仅有少数的零息债券（附息债券在倒数第二个付息日和最后的支付日之间这一段也被看作零息债券）发行和交易，而且这些债券的到期时间都非常短。为了获得更长的关于市场零息债券的收益率信息，我们需要通过构造附息债券的组合来得到更长期限的等价零息债券。这些原有零息债券的收益率和构造的零息债券的收益率一起形成收益率曲线模型的数据基础。我们通过一个例子来演示这一过程。

例 3 考虑一个由两只可交易的子弹型债券构成的市场：一只债券一年后到期，息票率为 10%；另一只债券两年后到期，息票率为 5%。两只债券均为一年一次付息，面值均为 100 元。现在我们由这两只债券合成为一只两年期的零息债券。

事实上我们可以看到，第一只债券的支付结构与零息债券相同，只不过非贴现发行，所以我们可以将其看作面值为 110 元、价格为 100 元的一年期零息债券。按照零息债券票面值为 1 的假设，可以将其看作 110 只面值为 1、当前价格为 $B_t^{t+1} = 100 \div 110 \approx 0.9091$ 的零息债券，B_t^{t+1} 也就是它的贴现因子。而第二只债券则可以看作由 5 个一年期零息票债券和 105 个两年期零息票债券构成的组合，因此该两年期子弹型债券的价格 $\left(B_{2,t}\right)$ 可表示为

$$B_{2,t} = 5B_t^{t+1} + 105B_t^{t+2} 。$$

由 $B_{2,t} = 100$ 和 $B_t^{t+1} \approx 0.9091$ 可计算出

$$B_t^{t+2} = \frac{1}{105}\left(B_{2,t} - 5B_t^{t+1}\right) 。$$

假设两年期子弹型债券的价格 90 元，代入上式则得两年期的贴现因子 $B_t^{t+2} \approx 0.8139$。这样我们就由 1/105 份的两年期子弹型债券和−5/105 份的零息债券构造了一个两年期零息债券，并由贴现因子可以求出零息债券的收益率和远期利率。

现在将上面的例子一般化。假设有 N 只债券，到期日分别为 $1,2,\cdots,N$，每一期间只发生一笔支付，每一笔支付的支付日相同。首先可以用最短到期日的债券计算 B_t^{t+1}，然后可以用到期日第二短的债券价格和已经计算出的 B_t^{t+1} 计算 B_t^{t+2}。给定贴现因子 $B_t^{t+1}, B_t^{t+2}, \cdots, B_t^{t+N}$，我们就可以计算出零票债券收益率，从而得到相应的收益率曲线。这一方法称之为自助法或收益率曲线剥离法。

事实上，这一方法还可以应用于 N 个到期日并不完全相同的情形。只要 N 只债券一共至多有 N 个不同的支付日，并且至多只有一个支付日没有任何一个债券发生支付，就

可以为这些支付日构造零息债券并计算与其相应的贴现因子和收益率。我们用 $Y_{i,j}$ 表示债券 i（$i=1, 2, \cdots, N$）在时间 $t+j$（$j=1, 2, \cdots, N$）的支付。这些支付中可能某些为零，例如债券在 $t+N$ 前到期。令 $B_{i,t}$ 表示债券 i 的价格，则有

$$
\begin{bmatrix} B_{1,t} \\ B_{2,t} \\ \vdots \\ B_{N,t} \end{bmatrix} = \begin{bmatrix} Y_{11} & Y_{12} & \cdots & Y_{1N} \\ Y_{21} & Y_{22} & \cdots & Y_{2N} \\ \vdots & \vdots & \ddots & \vdots \\ Y_{N1} & Y_{N2} & \cdots & Y_{NN} \end{bmatrix} \begin{bmatrix} B_t^{t+1} \\ B_t^{t+2} \\ \vdots \\ B_t^{t+N} \end{bmatrix}
\tag{13.3.1}
$$

对债券所规定的这些条件可以确保支付矩阵不是奇异矩阵，因此存在唯一解。

对于每一支付日 $t+j$，我们可以构建一个包含 N 个债券的组合，使得该组合在支付日 $t+j$ 的支付等价于一只零息债券的支付金额 1。用 $w_i(j)$ 表示在支付日 $t+j$ 到期的零息债券复制组合中债券 i 的数量，则有

$$
\begin{bmatrix} 0 \\ 0 \\ \vdots \\ 1 \\ \vdots \\ 0 \end{bmatrix} = \begin{bmatrix} Y_{11} & Y_{21} & \cdots & \cdots & \cdots & Y_{N1} \\ Y_{12} & Y_{22} & \cdots & \cdots & \cdots & Y_{N2} \\ \vdots & \vdots & \ddots & \vdots & \vdots & \vdots \\ Y_{1j} & Y_{2j} & \cdots & \cdots & \cdots & Y_{Nj} \\ \vdots & \vdots & \vdots & \vdots & \ddots & \vdots \\ Y_{1N} & Y_{2N} & \cdots & \cdots & \cdots & Y_{NN} \end{bmatrix} \begin{bmatrix} w_1(j) \\ w_2(j) \\ \vdots \\ w_j(j) \\ \vdots \\ w_N(j) \end{bmatrix}
\tag{13.3.2}
$$

式（13.3.1）的解（$B_t^{t+1}, B_t^{t+2}, \cdots, B_t^{t+N}$）和式（13.3.2）的解（$w_1(j), w_2(j), \cdots w_N(j)$）之间存在着如下关系：

$$
\sum_{i=1}^{M} w_i(j) B_{i,t} = B_t^{t+j}
\tag{13.3.3}
$$

所以我们可以先构建零息债券，也就是对 $j=1, 2, \cdots, N$ 解方程组式（13.3.2），然后利用式（13.3.3）计算贴现因子。

例 4 在例 3 中我们考察了一个两年期票面利率为 5% 的子弹型债券。现在假设还有一个具有相同支付日的两年期还本债券在交易，这一债券一年后的支付为 58 元，两年后的支付为 54 元，假设该债券的市场价格为 98 元，则

$$
\begin{pmatrix} 90 \\ 98 \end{pmatrix} = \begin{pmatrix} 5 & 105 \\ 58 & 54 \end{pmatrix} \begin{pmatrix} B_t^{t+1} \\ B_t^{t+2} \end{pmatrix} 。
$$

解该方程组得 $B_t^{t+1} \approx 0.9330$，$B_t^{t+2} \approx 0.8127$。

更一般地，假设市场上有 N 只债券在交易，共有 M 个不同的支付日，那么方程组（13.3.2）有 N 个方程 M 个未知数。则当 $N>M$ 时，方程组可能无解，因为这可能找不到与 N 个债券价格一致的贴现因子。如果找不到这样的解，则市场上一定存在套利机会。

例 5 在上面两例中，我们一共考察了三只债券，现在假设这三只债券存在于同一个市场中，显然这是一个三只债券、两个支付日的情形。两个贴现因子 B_t^{t+1}、B_t^{t+2} 应同时

满足如下三个方程：

$$110B_t^{t+1} = 100，\quad 5B_t^{t+1} + 105B_t^{t+2} = 90，\quad 58B_t^{t+1} + 54B_t^{t+2} = 98$$

该方程组无解。在例 3 中我们已经求得 $B_t^{t+1} \approx 0.9091$、$B_t^{t+2} \approx 0.8139$，而在例 4 中我们求得 $B_t^{t+1} \approx 0.9330$，$B_t^{t+2} \approx 0.8127$。如果第一个解正确，则分期还本债券的价格就应该为 $58 \times 0.9091 + 54 \times 0.8139 \approx 96.68$。这就意味着分期还本债券被错误定价了。

　　在某些市场中，政府债券具有不同的支付日。方程组（13.3.2）中方程的个数小于未知量的个数。在这种情况下，方程组存在无穷多解，即可以找到许多组既与观察价格一致也与无套利原则一致的贴现因子。

　　自助法只能为所交易的债券提供某些支付日的贴现因子信息，但对未来某些日期的市场贴现因子信息则无能为力。在下面要介绍的两种方法中，我们将考虑如何估计整个贴现函数 $T \to B_t^T$（至少是足够大的 T）。在下文中，由于时间 t 是固定的，为了简化符号，我们将定义 $\bar{B}(\tau) = B_t^{t+\tau}$、$\bar{y}(\tau) = y_t^{t+\tau}$ 和 $\bar{f}(\tau) = f_t^{t+\tau}$。并且这两种方法都基于一个共同的假设，即贴现函数具有参数未知的特定函数形式。这些未知参数可以通过观察到的债券价格和由这一函数计算得到的债券的理论价格采用最小二乘法进行估计。基于对收益率曲线连续、光滑的认知，通常假设这些曲线为多项式或指数函数。

13.3.2　三次样条插值法

　　多项式样条法假设利率期限结构以贴现因子表示，而且贴现因子 $D(t)$ 是到期日 t 的连续多项式分段函数。在此类模型中，多项式的阶数决定了期限结构曲线的平滑程度和拟合程度，同时也影响到待估参数的数量。由于大多数情况下取三次函数，故在利率期限结构模型中多项式样条法多指三次样条插值法。这里插值的含义是，到期日所在的坐标轴被分割成一系列的区间，在不同的区间上贴现函数被同一类型但独立的函数所描述。之所以这样做，是因为对大量的债券和不同的到期日，试图用一个相对简单的函数来描述是非常困难的。但要保证收益率曲线连续、光滑的特性，就必须对用以分割区间的到期日做某些限制。

　　给定到期日 $T_1 \leqslant T_2 \leqslant \cdots \leqslant T_N$ 的 N 只债券，将到期时间坐标轴按"节点" $0 = \tau_0 < \tau_1 < \cdots < \tau_k = T_N$ 分割成子区间。对贴现函数 $\bar{B}(\tau)$ 的样条估计表达式形如：

$$\bar{B}(\tau) = \sum_{j=0}^{k-1} G_j(\tau) I_j(\tau)。$$

这里，$G_j(\tau)$ 是基函数，$I_j(\tau)$ 是阶梯函数，

$$I_j(\tau) = \begin{cases} 1, \tau \geqslant \tau_j \\ 0, 其他 \end{cases}$$

因此

$$\bar{B}(\tau) = \begin{cases} G_0(\tau), \tau_0 \leqslant \tau \leqslant \tau_1 \\ G_0(\tau) + G_1(\tau), \tau_1 \leqslant \tau \leqslant \tau_2 \\ \cdots \\ G_0(\tau) + G_1(\tau) + \cdots G_{k-1}(\tau), \tau \geqslant \tau_{k-1}. \end{cases}$$

这里的基函数 $G_j(\tau)$ 是连续可微的，这一要求保证了各"节点"处的光滑特性。多项式样条的基函数是多项式函数，这里我们取三次样条

$$G_j(\tau) = \alpha_j + \beta_j(\tau - \tau_j) + \gamma_j(\tau - \tau_j)^2 + \delta_j(\tau - \tau_j)^3 \qquad （13.3.4）$$

$\alpha_j, \beta_j, \gamma_j, \delta_j$ 都是常数。对于 $\tau \in [0, \tau_1)$，有

$$\bar{B}(\tau) = \alpha_0 + \beta_0\tau + \gamma_0\tau^2 + \delta_0\tau^3 \qquad （13.3.5）$$

由于 $\bar{B}(0) = 1$，必有 $\alpha_0 = 1$。对于 $\tau \in [\tau_1, \tau_2)$，有

$$\bar{B}(\tau) = （1 + \beta_0\tau + \gamma_0\tau^2 + \delta_0\tau^3） + [\alpha_1 + \beta_1(\tau - \tau_1) + \gamma_1(\tau - \tau_1)^2 + \delta_1(\tau - \tau_1)^3] \quad （13.3.6）$$

为了使式（13.3.5）和式（13.3.6）在节点 $\tau = \tau_1$ 处光滑，我们要求

$$\bar{B}(\tau_1^-) = \bar{B}(\tau_1^+) \qquad （13.3.7）$$

$$\bar{B}'(\tau_1^-) = \bar{B}'(\tau_1^+) \qquad （13.3.8）$$

$$\bar{B}''(\tau_1^-) = \bar{B}''(\tau_1^+) \qquad （13.3.9）$$

条件式（13.3.7）隐含着 $\alpha_1 = 0$。对式（13.3.5）和式（13.3.6）两边进行求导，得

$$\bar{B}'(\tau) = \beta_0 + 2\gamma_0\tau + 3\delta_0\tau^2, \quad \tau \in [0, \tau_1)$$

$$\bar{B}'(\tau) = \beta_0 + 2\gamma_0\tau + 3\delta_0\tau^2 + \beta_1 + 2\gamma_1(\tau - \tau_1) + 3\delta_1(\tau - \tau_1)^2, \quad \tau \in [\tau_1, \tau_2)$$

条件式（13.3.8）同样隐含着 $\beta_1 = 0$。两边再次求导，得

$$\bar{B}''(\tau) = 2\gamma_0 + 6\delta_0\tau, \quad \tau \in [0, \tau_1)$$

$$\bar{B}''(\tau) = 2\gamma_0 + 6\delta_0\tau + 2\gamma_1(\tau - \tau_1) + 6\delta_1(\tau - \tau_1), \quad \tau \in [\tau_1, \tau_2)$$

因此，由式（13.3.9）可得 $\gamma_1 = 0$。同理，我们可以证明对所有的 $j = 1, 2, \cdots, k-1$，有 $\alpha_j = \beta_j = \gamma_j = 0$。由此，三次样条可以简化为

$$\bar{B}(\tau) = （1 + \beta_0\tau + \gamma_0\tau^2 + \delta_0\tau^3） + \sum_{j=1}^{k-1} \delta_1(\tau - \tau_1)^3 I_j(\tau).$$

令 $t_1, t_2, \cdots, t_M$ 表示从当前时刻 t 到数据集中所有支付日的时间间隔，令 Y_{im} 表示债券 i 在 t_m

期的支付，则债券 i 的当前市场价格 $B_i = \sum_{m=1}^{M} Y_{im} B(t_m)$。由于等式中并非所有的零息债券都存在交易，因此需要引入误差项 ε_i 使得

$$B_i = \sum_{m=1}^{M} Y_{im} B(t_m) + \varepsilon_i。$$

其中 $\varepsilon_i \sim N(0, \sigma^2)$，并且不同债券的误差彼此独立。我们的目标是求得合适的参数使得 $\sum_{i=1}^{N} \varepsilon_i^2$ 最小，对此，一般采用最小二乘法求得。

三次样条插值法的不足在于：（1）在某些到期日，贴现函数的值可以用自助法中的无套利原理得出；而三次样条所估计出来的贴现函数值并不必然与这些值相等，因此，应用该方法估计的贴现函数可能违背无套利原理这一基本原则。（2）该方法估计的贴现函数并不保障具有经济意义上的可信形式，特别的，贴现函数应该为正的递减函数，但三次样条估计的结果未必如此。此外，针对三次样条模型带来的输入敏感性等问题，还发展了类似的 B 样条模型、指数样条模型等数值模型，这里不再赘述。

13.3.3 Nelson-Siegel 模型

Nelson-Siegel 模型是 Charles Nelson 和 Andrew Siegel 在 1987 年提出的一个参数拟合模型。这个模型相对于样条拟合是一个更为简单的参数估计方法，而且这些参数都具有明显的金融学意义，这就使得模型本身更容易被理解。Nelson-Siegel 模型通过建立远期瞬时利率的函数，从而推导出即期利率（或到期收益率）的函数形式。其结构如下：

$$\overline{f}(\tau) = \beta_0 + \beta_1 e^{-\tau/\theta} + \frac{\tau}{\theta} \beta_2 e^{-\tau/\theta} \qquad （13.3.10）$$

其中 $\beta_0, \beta_1, \beta_2, \theta$ 为待估参数。由于这些常数对所有到期期限都适用，因此不存在样条插值的问题。而且由指数函数作为基本初等函数构成的初等函数形式保证了该曲线是一条光滑而且应用非常灵活的曲线。

如果将函数 $\overline{f}(\tau)$ 看作三个函数的叠加，即 $\overline{f}(\tau) = \overline{f}_1(\tau) + \overline{f}_2(\tau) + \overline{f}_3(\tau)$。其中，$\overline{f}_1(\tau) = \beta_0$，$\overline{f}_2(\tau) = \beta_1 e^{-\tau/\theta}$，$\overline{f}_3(\tau) = \frac{\tau}{\theta} \beta_2 e^{-\tau/\theta}$。则直线 $\overline{f}_1(\tau) = \beta_0$ 将确定长期远期利率走势，曲线 $\overline{f}_2(\tau) = \beta_1 e^{-\tau/\theta}$ 将主要影响短期远期利率，$\overline{f}_3(\tau) = \frac{\tau}{\theta} \beta_2 e^{-\tau/\theta}$ 将主要影响中期远期利率。而参数 θ 的取值决定了 $\overline{f}(\tau)$ 中非常数项将影响多大的到期时间间隔，β_0、β_1 和 β_2 则决定了三条曲线的相对权重。

依据到期收益率、即期利率和远期利率之间的关系，由远期利率函数 $\overline{f}(\tau)$ 可以导出即期利率曲线

$$\overline{y}(\tau) = \frac{1}{\tau} \int_0^{\tau} \overline{f}(u) \mathrm{d}u = \beta_0 + \beta_1 \frac{1 - e^{-\tau/\theta}}{\tau/\theta} + \beta_2 \left(\frac{1 - e^{-\tau/\theta}}{\tau/\theta} - e^{-\tau/\theta} \right) \qquad （13.3.11）$$

根据参数之间的独立性，该式还可简化为

$$\overline{y}(\tau) = a + b\frac{1 - \mathrm{e}^{-\tau/\theta}}{\tau/\theta} + c\mathrm{e}^{-\tau/\theta}。$$

虽然 Nelson-Siegel 将对短期、中期、长期远期利率的影响均纳入模型之中，但在拟合过程中发现，随着到期期限的增加，斜率和曲率将迅速衰减到零，因此该模型对中长期的拟合效果仍然不足。针对这一不足，Svensson（1994）提出了一个对 Nelson-Siegel 方程的扩展形式，即再引入一个新的参数 β_3 使即期利率曲线变为

$$\overline{y}(\tau) = \frac{1}{\tau}\int_0^\tau \overline{f}(u)\mathrm{d}u = \beta_0 + \beta_1\frac{1 - \mathrm{e}^{-\tau/\theta}}{\tau/\theta} + \beta_2\left(\frac{1 - \mathrm{e}^{-\tau/\theta}}{\tau/\theta} - \mathrm{e}^{-\tau/\theta}\right) + \beta_3\left(\frac{1 - \mathrm{e}^{-\tau/\theta'}}{\tau/\theta'} - \mathrm{e}^{-\tau/\theta}\right)$$

另外，其他的一些扩展也被多位学者考虑过，但在增强解释能力的同时也导致了其灵活性不足的后果。

第四节　随机动态期限结构模型

在上一节中我们引入了基于特定参数的贴现函数、到期收益率函数和远期利率函数的估计方法，但这种方法的不足之处在于用它们所估计出的贴现函数与基于无套利原则从市场价格中推导出来的贴现因子并不一致，而且这些方法也没有对偏离无套利的结果进行适当的改进措施。此外，这些方法另一个本质上的不足则在于它们只考虑了某一具体时点的利率期限结构，而没有考虑利率期限结构随时间变动的影响。动态期限结构模型就是在这一背景下发展起来的，由于它们大多采用随机过程作为基本的描述工具，这里我们把这类模型又称作随机动态期限结构模型。关于这类模型的讨论我们将结合利率衍生产品定价在下一章一并介绍。

习　题

1. 假设有一个面值为 100 元、票面利率为 5%、3 年到期的债券，而且有面值为 100、到期日分别为 1、2 和 3 年的零息债券在市场上交易，价格分别为 95 元、90 元和 85 元。请为该债券进行定价。

2. 考虑一个由两只可交易的子弹型债券构成的市场：一只债券一年后到期，息票率为 12%；另一只债券两年后到期，息票率为 6%。两只债券均为一年一次付息，面值均为 100 元。请用这两只债券合成为一只两年期的零息债券。

3. 就例 5 的情形，试给出一种套利策略。

4. 假设有一个交易 10 只债券的市场, 所有债券的面值均为 100 元, 票面利率为 5%, 每年附息一次, 到期日分别为 1, 2, …, 10 年。当前价格如下表所示:

到期年	债券价格	到期年	债券价格
1	102.01	6	104.26
2	103.30	7	104.56
3	104.15	8	105.05
4	104.50	9	105.48
5	104.36	10	105.42

试用自助法计算贴现因子、到期收益率和一年期远期利率。

5. 已知政府债券在某一日的收益率曲线如下表所示, ①求三次样条曲线 $Y(t)$; ②用 $Y(t)$ 求 $f(0,t)$。

到期日（年）	收益率（%）	到期日（年）	收益率（%）
1/4	4.5	2	5.0
1/2	4.6	5	5.1
1	4.75	10	5.25

6. 比较自助法、三次样条插值法和 Nelson-Siegel 模型的优缺点。

第十四章　固定收益产品定价

　　鉴于固定收益产品定义的广泛性，我们无法罗列其所有的具体形式，而是依据对利率期限结构模型需求上的差异，将其分为两大类：一类是基础固定收益证券，其收益一般表现为固定现金流，因此我们又把这类产品称为具有固定现金流的固定收益产品，如债券；另一类是与利率或债券相关但其收益并不表现为固定现金流的产品，由于这类证券大多以衍生产品的形式出现，为此我们将这类产品称为利率衍生产品，如债券期权、利率远期、利率互换、利率上下限等。本章我们将结合利率期限结构的讨论逐渐将债券定价和利率衍生产品定价问题引入其中。

第一节　基本期限结构模型

　　尽管在前面几篇的章节中已经讨论过金融产品定价的一般方法，但包含在风险证券之中的固定收益证券，由于其区别于一般风险证券的特质而作为一个独立的主题来讨论是值得的。有时我们也将这种情形的证券市场模型广泛地称为期限结构模型。

14.1.1 利率期限结构模型的基本特征

　　一般来说，一个证券市场模型要成为期限结构模型需要满足三个基本条件：①它必须是一个多期模型；②利率必须是一个严格正的、可料过程，因此在 $(t-1,t]$ 时段的利率 r_t 在时点 $t-1$ 是已知的。由利率与银行账户的关系，$r_t = (A_t - A_{t-1})/A_{t-1}$，其中 $t=1$，$\cdots$，T，$A_0 = 1$。故假设 $r_t > 0$ 意味着银行账户过程 $\{A_t : t=0,1,\cdots,T\}$ 是依时间严格递增的；③包含在风险证券之中的是零息债券的集合。对于每一个 τ（$\tau \in [1,T]$），定义满足到期日 τ 的零息债券为在时点 τ 上的价格为 1 的证券。它在时刻 t 的价格记为 B_t^τ，故 $B^\tau = \{B_t^\tau : 0 \leqslant t \leqslant \tau\}$ 是一个满足 $B_\tau^\tau = 1$ 的适应过程。对于 $t > \tau$ 的情况，B^τ 没有定义。由于期限结构模型包括每一个零息债券 B^τ，$\tau = 1$，$\cdots$，T，所以在每一时刻 t 上存在零息债券价格 $\{B_t^{t+1}, B_t^{t+2}, \cdots, B_t^T\}$ 的集合，这一集合就称为零息债券价格的期限结构。

14.1.2 零息债券期限结构模型

　　期限结构模型作为一个固定收益产品定价模型必须是无套利的，因此必存在一个风

险中性测度 Q，使得在该测度下零息债券的贴现价格是一个鞅。也就是说，必存在一个满足 $Q(\omega) > 0$ 的概率测度 Q，使得对于任意的 $\omega \in \Omega$ 和任意的 $\tau (\tau \in [1, T])$，有

$$B_s^\tau = \tilde{E}\left[A_s Z_t^\tau (A_t)^{-1} \Big| \mathbf{F}_s \right], \quad 0 \leqslant s \leqslant t \leqslant \tau, \tag{14.1.1}$$

而 $B_\tau^\tau = 1$ 以及 $A_t (A_s)^{-1} = (1 + r_{s+1})(1 + r_{s+2}) \cdots (1 + r_t)$，这样取 $t = \tau$，可以看到已知任何一个风险中性测度 Q，零息债券必须满足如下重要关系

$$B_s^\tau = \tilde{E}\left[A_s (A_t)^{-1} \Big| \mathbf{F}_s \right] = E\left[\left((1 + r_{s+1})(1 + r_{s+2}) \cdots (1 + r_t) \right)^{-1} \Big| \mathbf{F}_s \right]. \tag{14.1.2}$$

由于 $r_t > 0$，对于每一个固定的 s 和 ω，蕴含着 $\tau \to Z_s^\tau(\omega)$ 是一个满足 $B_s^{s+1}(\omega) < 1$ 的严格递减的函数。特别的，在式（14.1.1）取 $\tau = s + 1$，有

$$1 + r_{s+1} = 1 / B_s^{s+1}, \quad s = 0, 1, \cdots, T-1。 \tag{14.1.3}$$

对大多数的证券市场而言，由于风险证券的未来值是不确定的，所以通常的做法是从建立概率空间所有的 $(\Omega, \mathbf{F}, P)$ 开始，然后由即期利率 r 及真实概率测度 P 计算出风险中性概率测度 Q。由于标的资产和衍生资产具有相同的风险中性测度，故可用求出来的这个风险中性概率测度为衍生产品定价。但是，由于零息债券的未来值是确定的，所以采取不同于一般风险证券建模的方法建立期限结构模型是可能的：首先规定一个概率空间所有的 $(\Omega, \mathbf{F}, P)$，然后在一个风险中性概率测度 Q 下描述即期利率的演化过程，最后再用式（14.1.2）提供对零息债券价格的说明。采用这种方法的好处是，不用考虑即期利率和零息票债券在现实概率测度下的概率行为，并且这两种算法都保证了所有资产的贴现价格是鞅，从而所有投资组合的贴现价格也都是鞅。

为了说明后一种方法带来的便利性，我们通过两个例子对上述方法进行比较。

例1 设 $T = 3$，$\Omega = \{\omega_1, \omega_2, \cdots, \omega_6\}$。在时刻 1、时刻 2 对空间的划分分别为 $\{\omega_1, \omega_2\} \cup \{\omega_3, \omega_4\} \cup \{\omega_5, \omega_6\}$ 和 $\{\omega_1\} \cup \{\omega_2\} \cup \{\omega_3\} \cup \{\omega_4\} \cup \{\omega_5\} \cup \{\omega_6\}$，时刻 3 的划分同时刻 2。这样，"真实概率"测度 P 就可以被详细地规定出来，但由于定价需要的是风险中性概率，它的值是多少并不重要。

为此，对于即期利率 r，我们设

$$r_1 = 0.3, \quad r_2(\omega) = \begin{cases} 0.45, \omega = \{\omega_1, \omega_2\} \\ 0.30, \omega = \{\omega_3, \omega_4\} \\ 0.15, \omega = \{\omega_5, \omega_6\} \end{cases}, \quad r_3(\omega) = \begin{cases} 0.50, \omega = \omega_1 \\ 0.40, \omega = \omega_2 \\ 0.35, \omega = \omega_3 \\ 0.25, \omega = \omega_4 \\ 0.20, \omega = \omega_5 \\ 0.10, \omega = \omega_6 \end{cases}。$$

接下来我们就可以对零息债券价格过程 B^1、B^2、B^3 做出详细的规定。

首先，可依据式（14.1.3）由 $r_3(\omega)$ 求出所有 $B_2^3(\omega)$。如表 14.1 中倒数第二列所示。

表 14.1 例 1 的数据

ω	$B_0^1(\omega)$	$B_0^2(\omega)$	$B_1^2(\omega)$	$B_0^3(\omega)$	$B_1^3(\omega)$	$B_2^3(\omega)$	$Q(\omega)$
ω_1					0.48	0.6667	0.1154
ω_2			0.6897			0.7143	0.1846
ω_3	0.7692	0.6043		0.48	0.60	0.7407	0.1012
ω_4			0.7692			0.8000	0.1988
ω_5					0.75	0.8333	0.2459
ω_6			0.8696			0.9091	0.1541

其次，在式（14.1.1）中取 $t=s+1$，有

$$B_s^\tau = E_Q\left[\left(1+r_{s+1}\right)^{-1} B_{s+1}^\tau \big| \mathbf{F}_s\right] = \left(1+r_{s+1}\right)^{-1} E_Q\left[B_{s+1}^\tau \big| \mathbf{F}_s\right] \tag{14.1.4}$$

考虑 $B_1^3(\omega_1,\omega_2)$ 的详细说明。由式（14.1.4）和无套利原理知，$B_1^3(\omega_1,\omega_2)$ 的值应满足：

$$B_2^3(\omega_1) < \left(1+r_2(\omega_1,\omega_2)\right)B_1^3(\omega_1,\omega_2) < B_2^3(\omega_2)$$

即 $0.6667 < 1.45B_1^3(\omega_1,\omega_2) < 0.7143$，为此，可取 $B_1^3(\omega_1,\omega_2)=0.48$。同理，

$$B_2^3(\omega_3) < \left(1+r_2(\omega_3,\omega_4)\right)B_1^3(\omega_3,\omega_4) < B_2^3(\omega_4),$$

即 $0.7407 < 1.30B_1^3(\omega_3,\omega_4) < 0.8000$，可取 $B_1^3(\omega_3,\omega_4)=0.60$。

$$B_2^3(\omega_5) < \left(1+r_2(\omega_5,\omega_6)\right)B_1^3(\omega_5,\omega_6) < B_2^3(\omega_6)$$

即 $0.8333 < 1.15B_1^3(\omega_5,\omega_6) < 0.9091$，可取 $B_1^3(\omega_5,\omega_6)=0.75$。

而对于 $B_1^2(\omega)=\left(1+r_2(\omega)\right)^{-1}$，有

$$B_1^2(\omega_1,\omega_2)=\left(1+0.45\right)^{-1}=0.6897,$$
$$B_1^2(\omega_3,\omega_4)=\left(1+0.30\right)^{-1}=0.7692,$$
$$B_1^2(\omega_5,\omega_6)=\left(1+0.15\right)^{-1}=0.8696。$$

类似的，对于 $B_0^1(\omega)$，有 $B_0^1(\omega)=\left(1+r_1\right)^{-1}=\left(1+0.30\right)^{-1}=0.7692$。

再来考虑 B_0^2 和 B_0^3。由于 $B_0^2=\left(1+r_1\right)^{-1}E_Q\left[B_1^2\big|\mathbf{F}_0\right]$ 和 $B_0^3=\left(1+r_1\right)^{-1}E_Q\left[B_1^3\big|\mathbf{F}_0\right]$，于是有

$$1.30B_0^2 = 0.6897p + 0.7692q + 0.8696\left(1-p-q\right)$$
$$1.30B_0^3 = 0.48p + 0.60q + 0.75\left(1-p-q\right)。$$

其中 $p=Q(\omega_1)+Q(\omega_2)$，$q=Q(\omega_3)+Q(\omega_4)$。又 $p>0$，$q>0$，$p+q<1$。不妨设 $p=q=0.3$，从而有 $B_0^2=0.6043$ 和 $B_0^3=0.48$。

完成了对零息债券价格的说明，接下来要做的就是计算风险中性概率测度 Q。这里通过式（14.1.4）首先计算出条件风险中性概率。根据债券价格描述过程，其中已确定

的第一期的风险中性概率关系为：$Q(\omega_1)+Q(\omega_2)=0.3$，$Q(\omega_3)+Q(\omega_4)=0.3$，并由此可以推出 $Q(\omega_5)+Q(\omega_6)=0.4$。再根据式（13.1.4），有 $B_1^3=(1+r_2)^{-1}E_Q\left[B_2^3\big|\mathbf{F}_s\right]$，就 ω_1 或 ω_2 而言，有 $(1+r_2(\omega_1,\omega_2))B_1^3(\omega_1,\omega_2)=\hat{q}B_2^3(\omega_1)+(1-\hat{q})B_2^3(\omega_2)$，即

$$(1+0.45)\cdot 0.48=0.6667\hat{q}+0.7143(1-\hat{q})。$$

从而有 $\hat{q}=Q\left(B_2^3(\omega_1)=0.6667\big|B_1^3(\omega_1,\omega_2)=0.48\right)=0.3845$。同理可得

$$\hat{q}=Q\left(B_2^3(\omega_3)=0.7407\big|B_1^3(\omega_3,\omega_4)=0.60\right)=0.3373，$$

$$\hat{q}=Q\left(B_2^3(\omega_5)=0.8333\big|B_1^3(\omega_5,\omega_6)=0.75\right)=0.6148。$$

又 $Q\left(B_2^3(\omega_1)=0.6667\right)=Q\left(B_1^3(\omega_1,\omega_2)=0.48\right)Q\left(B_2^3(\omega_1)=0.6667\big|B_1^3(\omega_1,\omega_2)=0.48\right)$，即

$$Q\left(B_2^3(\omega_1)=0.6667\right)=0.3\times 0.3845=0.1154。$$

进而有

$$Q\left(B_2^3(\omega_2)=0.7143\right)=0.3-0.1154=0.1846。$$

同理，我们可以算得

$$Q\left(B_2^3(\omega_3)=0.7407\right)=0.1012，\quad Q\left(B_2^3(\omega_4)=0.8000\right)=0.1988，$$

$$Q\left(B_2^3(\omega_5)=0.8333\right)=0.2459，\quad Q\left(B_2^3(\omega_6)=0.9091\right)=0.1541。$$

这样我们就完成了该模型的一个详细说明。下面我们再通过一个例子来说明后一种方法。

　　例 2　同例 1，设 $T=3$，$\Omega=\{\omega_1,\omega_2,\cdots,\omega_6\}$。在时刻 1 和时刻 2 对空间的划分分别为 $\{\omega_1,\omega_2\}\cup\{\omega_3,\omega_4\}\cup\{\omega_5,\omega_6\}$，$\{\omega_1\}\cup\{\omega_2\}\cup\{\omega_3\}\cup\{\omega_4\}\cup\{\omega_5\}\cup\{\omega_6\}$，时刻 3 的划分同时刻 2。

　　对即期利率 r，设

$$r_1=0.30，\quad r_2(\omega)=\begin{cases}0.45,\omega=\{\omega_1,\omega_2\}\\0.30,\omega=\{\omega_3,\omega_4\}\\0.15,\omega=\{\omega_5,\omega_6\}\end{cases}，\quad r_3(\omega)=\begin{cases}0.50,\omega=\omega_1\\0.40,\omega=\omega_2\\0.35,\omega=\omega_3\\0.25,\omega=\omega_4\\0.20,\omega=\omega_5\\0.10,\omega=\omega_6\end{cases}。$$

现在我们通过直接取 $Q(\omega_1)=Q(\omega_2)=\cdots=Q(\omega_6)=1/6$（该值列于表 14.2 中最后一列）。这样就完成了该模型的详细说明。那么接下来就是要借助式（14.1.2）和式（14.1.4）来推导零息债券的价格过程。

　　首先，我们可以依据式（14.1.3）由 $r_3(\omega)$ 求出所有 $B_2^3(\omega)$。如表 14.2 中倒数第二列

所示。

对于 $s=1$，$\tau=3$ 和 $\omega=\omega_1$ 或 $\omega=\omega_2$，对应于式（14.1.4），有

$$B_1^3\left(\omega_1,\omega_2\right)=\frac{1}{1+r_2}\left[\frac{1}{2}B_2^3\left(\omega_1\right)+\frac{1}{2}B_2^3\left(\omega_2\right)\right]=\frac{1}{2}\times\frac{0.6667}{1.45}+\frac{1}{2}\times\frac{0.7143}{1.45}=0.4762。$$

类似的有 $B_1^3\left(\omega_3,\omega_4\right)=0.5926$，$B_1^3\left(\omega_5,\omega_6\right)=0.7576$。

对于 $s=1$，$\tau=3$ 和 $\omega=\omega_1$ 或 $\omega=\omega_2$，对应于式（14.1.4），有

$$B_0^3=\frac{1}{1+r_1}\left[\frac{1}{3}B_1^3\left(\omega_1\right)+\frac{1}{3}B_1^3\left(\omega_3\right)+\frac{1}{3}B_1^3\left(\omega_5\right)\right]$$

$$=\frac{1}{3}\times\frac{0.4762}{1.30}+\frac{1}{3}\times\frac{0.5926}{1.30}+\frac{1}{3}\times\frac{0.7576}{1.30}=0.4683。$$

对于 $B_1^2\left(\omega\right)=\left(1+r_2\left(\omega\right)\right)^{-1}$，有

$$B_1^2\left(\omega_1,\omega_2\right)=\left(1+0.45\right)^{-1}=0.6897，$$

$$B_1^2\left(\omega_3,\omega_4\right)=\left(1+0.30\right)^{-1}=0.7692，$$

$$B_1^2\left(\omega_5,\omega_6\right)=\left(1+0.15\right)^{-1}=0.8696。$$

对于 $s=0$，$\tau=2$，对应于式（14.1.4），有

$$B_0^2=\frac{1}{1+r_1}\left[\frac{1}{3}B_1^2\left(\omega_1\right)+\frac{1}{3}B_1^2\left(\omega_3\right)+\frac{1}{3}B_1^2\left(\omega_5\right)\right]$$

$$=\frac{1}{3}\times\frac{0.6897}{1.30}+\frac{1}{3}\times\frac{0.7692}{1.30}+\frac{1}{3}\times\frac{0.8696}{1.30}=0.5971。$$

将数据总结于表 14.2。

表 14.2　例 2 的数据

ω	$B_0^1(\omega)$	$B_0^2(\omega)$	$B_1^2(\omega)$	$B_0^3(\omega)$	$B_1^3(\omega)$	$B_2^3(\omega)$	$Q(\omega)$
ω_1			0.6897		0.4762	0.6667	0.1667
ω_2						0.7143	0.1667
ω_3	0.7692	0.5971	0.7692	0.4683	0.5926	0.7407	0.1667
ω_4						0.8000	0.1667
ω_5			0.8696		0.7576	0.8333	0.1667
ω_6						0.9091	0.1667

需要进一步说明的是，虽然用以说明例 1 和例 2 模型的方法都比较容易实现，但都没有考虑与时刻 0 期限结构的一致性问题。然而这一点对整体期限结构模型的构造是必要的，为此，下面的例子将以 0 时刻的观测值为出发点，利用式（14.1.1）～式（14.1.4）去引进无套利的利率和零息债券价格的未来值，来达到期限结构建模的目的。

例 3　设 $T=3$，$\Omega=\{\omega_1,\omega_2,\cdots,\omega_6\}$。在时刻 1 和时刻 2 对空间的划分分别为 $\{\omega_1,\omega_2\}\cup\{\omega_3,\omega_4\}\cup\{\omega_5,\omega_6\}$，$\{\omega_1\}\cup\{\omega_2\}\cup\{\omega_3\}\cup\{\omega_4\}\cup\{\omega_5\}\cup\{\omega_6\}$，时刻 3 的划分同时刻 2。现在假定时刻 0 可观测到的信息为：$r_1=0.30$，$B_0^1=0.77$，$B_0^2=0.60$，$B_0^3=0.47$。为了引入利率 r 和零息债券价格的未来值，我们需要借助式（14.1.3）和式（14.1.4）向前推进一个时段，并在此过程中引入风险中性概率测度。

以 $B_1^2(\omega_1,\omega_2)=0.69$，$B_1^2(\omega_3,\omega_4)=0.77$ 和 $B_1^2(\omega_5,\omega_6)=0.89$ 以及 $Q(B_1^2=0.69)=0.3$（这些值是任取的）开始，在式（14.1.4）中取 $s=0$，$\tau=2$，则

$$(1+r_1)B_0^2=E_Q\left[B_1^2\big|\mathbf{F}_0\right]=0.3\cdot B_1^2(\omega_1)+\hat{q}\cdot B_1^2(\omega_3)+(0.7-\hat{q})\cdot B_1^2(\omega_5)$$

代入相应数值得，$Q(B_1^2=0.77)=\hat{q}=0.4167$，$Q(B_1^2=0.89)=0.7-\hat{q}=0.2833$。从而有 $r_2(\omega_1,\omega_2)=0.4493$，$r_2(\omega_3,\omega_4)=0.2987$，$r_2(\omega_5,\omega_6)=0.1236$。

再来考虑 B_1^3，取 $s=0$，$\tau=3$，则

$$(1+r_1)B_0^3=E_Q\left[B_1^3\big|\mathbf{F}_0\right]=0.3B_1^3(\omega_1,\omega_2)+0.4167B_1^3(\omega_3,\omega_4)+0.2833B_1^3(\omega_5,\omega_6)$$

现在可以对 $B_1^3(\omega_1)$、$B_1^3(\omega_3)$、$B_1^3(\omega_5)$ 中的两个做任意说明，如取 $B_1^3(\omega_3,\omega_4)=0.60$，$B_1^3(\omega_5,\omega_6)=0.76$，得 $B_1^3(\omega_1,\omega_2)=0.4857$。

最后考虑 B_2^3，这里对 B_2^3 的取值应保证在 $s=1$，$\tau=3$ 时式（14.1.4）成立，即保证条件风险中性概率的存在。如：要使下式成立

$$(1+r_2(\omega_1))B_1^3(\omega_1)=E_Q\left[B_2^3\big|\mathbf{F}_0\right]=\hat{q}\cdot B_2^3(\omega_1)+(1-\hat{q})\cdot B_2^3(\omega_2)$$

可取
$$B_2^3(\omega_1)=0.67,\quad B_2^3(\omega_2)=0.71,$$

则　　$Q(B_2^3=0.67\big|B_1^3=0.4857)=\hat{q}=0.1525$，$Q(B_2^3=0.71\big|B_1^3=0.4857)=1-\hat{q}=0.8475$。

同理，取
$$B_2^3(\omega_3)=0.74,\quad B_2^3(\omega_4)=0.80,$$

得　　$Q(B_2^3=0.74\big|B_1^3=0.76)=\hat{q}=0.3463$，$Q(B_2^3=0.80\big|B_1^3=0.76)=1-\hat{q}=0.6537$。

取
$$B_2^3(\omega_5)=0.83,\quad B_2^3(\omega_6)=0.91,$$

得　　$Q(B_2^3=0.83\big|B_1^3=0.76)=\hat{q}=0.7008$，$Q(B_2^3=0.91\big|B_1^3=0.76)=1-\hat{q}=0.2992$。

从而可以求出 $r_3(\omega_i)$（$i=1,2,\cdots,6$）。再利用条件概率的乘法公式即可得 $\omega=\omega_i$（$i=1,2,\cdots,6$）处的概率。所有这些数据汇总于表 14.3。

表 14.3　例 3 的数据

ω	$B_1^2(\omega)$	$B_1^3(\omega)$	$B_2^3(\omega)$	r_2	r_3	$Q(\omega)$
ω_1	0.69	0.4857	0.67	0.4493	0.4925	0.0458
ω_2			0.71		0.4085	0.2543
ω_3	0.77	0.60	0.74	0.2987	0.3514	0.1443
ω_4			0.80		0.25	0.2724
ω_5	0.89	0.76	0.83	0.1236	0.2048	0.1985
ω_6			0.91		0.0989	0.0848

14.1.3 收益率曲线与远期利率期限结构

由第一章的知识已经知道，零息债券的不同价格对应着不同的到期收益率，二者之间是一一对应关系。一个到期收益率过程 $Y^\tau = \left\{ Y_t^\tau : t = 0, \cdots, \tau - 1 \right\}$ 是一适应的随机过程，其中每一个 Y_t^τ 可以看作一个时期的利率，它与债券价格之间的关系（按复利）是：

$$B_t^\tau \left(1 + Y_t^\tau \right)^{\tau - t} = 1, \quad 0 \leqslant t < \tau \leqslant T$$

或者表示为

$$Y_t^\tau = \left[B_t^\tau \right]^{1/t - \tau} - 1, \quad 0 \leqslant t < \tau \leqslant T \tag{14.1.5}$$

与零息债券期限结构中使用的 r 相联系，有 $Y_t^{t+1} = r_{t+1}$。由到期收益率的定义可知，在到期日之前的任何一个时刻 t 都有集合 $\left\{ Y_t^{t+1}, \cdots, Y_t^T \right\}$ 与之相对应，我们称这个集合为利率期限结构或收益率曲线（集合）。显然，它与用零息债券价格表示的期限结构 $\left\{ B_t^{t+1}, \cdots, B_t^T \right\}$ 是等价的。如果将例 1 中的零息债券期限结构转化为到期收益率曲线集合，则如表 14.4 所示。

表 14.4　到期收益率曲线

ω	Y_0^1	Y_0^2	Y_0^3	Y_1^2	Y_1^3	Y_2^3
ω_1	0.3	0.2864	0.2772	0.4499	0.4434	0.50
ω_2						0.40
ω_3				0.3001	0.2910	0.35
ω_4						0.25
ω_5				0.1500	0.1547	0.20
ω_6						0.10

关于期限结构模型的另一个重要概念是远期利率。假设在时刻 s，考虑一个以到期日为 τ 的零息债券为标的的远期合约在时刻 t 的价格（$s \leqslant t \leqslant \tau$）。由远期价格公式和式（14.1.2）得

$$\mathbf{F}_s = \frac{B_s^\tau}{E_Q \left[A_s / A_t \big| \mathbf{F}_s \right]} = \frac{B_s^\tau}{B_s^t}, \quad 0 \leqslant s \leqslant t \leqslant \tau \leqslant T \tag{14.1.6}$$

特别的，对于 $\tau = t+1$ 的特殊情况，有

$$\mathbf{F}_s = B_s^{t+1}/B_s^t, \quad 0 \leqslant s \leqslant t \leqslant \tau \leqslant T \qquad (14.1.7)$$

它是在时刻 s、以 $t+1$ 时刻到期的零息债券为标的的远期合约在时刻 t 的价格，对应于式（14.1.7）中的远期价格 $\mathbf{F}_s$ 的收益率记为 $f(s,t)$。由于在时刻 t，以利率 $f(s,t)$ 投资的 B_s^{t+1}/B_s^t 现金将在 $t+1$ 时刻变为 1 单位现金，所以有

$$f(s,t) = B_s^t / B_s^{t+1} - 1 \qquad (14.1.8)$$

由于 $f(s,t)$ 是与单时期相联系的，故称之为远期即期利率或直接称为远期利率。现在式（14.1.8）中取 $t=s$，则有

$$f(s,s) = r_{s+1}, \quad 0 \leqslant s < T \qquad (14.1.9)$$

其含义在于，如果立即交割，那么远期利率就等于即期利率。并且由式（14.1.8）可以看出，对于 $t \geqslant s$，$f(s,t)$ 是 $\mathbf{F}_s$-可测的随机变量，所以，对每一个固定的 t，$s \to f(s,t)$ 是一个适应的随机过程。

集合 $\{f(s,s),\cdots,f(s,T-1)\}$ 称为在时刻 s 的远期利率期限结构。由式（14.1.8）可以进一步看出，由零息债券期限结构可以推出远期利率期限结构，反之亦然。因此，期限结构的三种形式之间是等价的。并且，由 $B_s^\tau = \prod_{t=s+1}^{\tau} B_s^t / B_s^{t-1}$ 和式（14.1.8）可得

$$B_s^\tau = \prod_{t=s+1}^{\tau} \left[1 + f(s,t-1)\right]^{-1}$$

如果将例 1 中的零息债券期限结构转化为远期利率期限结构，则如表 14.5 所示。

表 14.5 远期利率期限结构

ω	$f(0,0)$	$f(0,1)$	$f(0,2)$	$f(1,1)$	$f(1,2)$	$f(2,2)$
ω_1				0.45	0.4369	0.50
ω_2						0.40
ω_3	0.3	0.2729	0.2590	0.30	0.2820	0.35
ω_4						0.25
ω_5				0.15	0.1595	0.20
ω_6						0.10

第二节　固定收益产品定价

有了对于期限结构模型的描述，现在我们就可以依据传统的风险中性定价公式来对

一些简单的固定收益产品进行定价。

14.2.1 债券与期权

首先考察一个以零息债券 B^s 为标的的、到期时刻为 τ、执行价格为 K 的欧式看涨期权的定价问题。由于期权在时刻 τ 的价值为

$$V_\tau = \left(B_\tau^s - K\right)^+ \quad (0 \leqslant \tau < s \leqslant T) \tag{14.2.1}$$

现在要计算 V_τ 在时刻 t 的价值 V_t（$t < \tau$）。根据风险中性定价公式，则有

$$V_t = A_t E_Q\left[\left(B_\tau^s - K\right)^+ \middle/ A_\tau \middle| \mathbf{F}_t\right] \tag{14.2.2}$$

例 4　假设 $K = 0.75$，$\tau = 2$，$s = 3$。在例 2 给出的利率期限结构模型下，求期权在 $t = 0$ 时刻债券期权的价格。

解：由 $V_0 = A_0 E_Q\left[\left(B_2^3 - K\right)^+ \middle/ A_2 \middle| \mathbf{F}_2\right] = E_Q\left[\left(B_2^3 - K\right)^+ \middle/ A_2\right]$，得

$$V_0 = 0.1667 \times 0.0500/1.69 + 0.1667 \times 0.0833/1.495 + 0.1667 \times 0.1591/1.495 = 0.0319$$

由第一章的关于附息债券的介绍已经知道，附息债券可以看作零息债券的线性组合。这里我们假设一个附息债券在每一个预订的时间 t_n 支付 C_n（$n = 1, 2\cdots, N$），其中 $t < t_1 < \cdots < t_N$。由风险中性定价公式（14.1.1），在时刻 t_n 支付 C_n 的未定权益在时刻 t 的价格为 $B_t^{t_n} C_n$，我们用 B_t 来表示该债券在时刻 t 的价格，则有

$$B_t = \sum_{n=1}^N B_t^{t_n} C_n \tag{14.2.3}$$

例 5　假设 $C_1 = 10$，$t_1 = 2$，$C_2 = 110$，$t_2 = 3$。利率期限结构模型同例 1。分别求 B_0 和 B_1。

解：$B_0 = 10 B_0^2 + 110 B_0^3 = 10 \cdot 0.6043 + 110 \cdot 0.48 = 58.843$；

$$B_1 = 10 B_1^2 + 110 B_1^3 = \begin{cases} 59.697, \omega = \omega_1, \omega_2 \\ 73.692, \omega = \omega_3, \omega_4 \\ 91.196, \omega = \omega_5, \omega_6 \end{cases}$$

现在假设有一个以该附息债券为标的的、到期时刻为 τ、执行价格为 K 的欧式看涨期权，故该期权在时刻 τ 的价格为 $V_\tau = \left(B_\tau - K\right)^+$（$t \leqslant \tau < t_1$）。由风险中性定价公式（14.1.1），该期权在时刻 t 的价格为

$$V_t = A_t E_Q\left[\left(\sum_{n=1}^N B_\tau^{t_n} C_n - K\right)^+ \middle/ A_\tau \middle| \mathbf{F}_t\right] \tag{14.2.4}$$

例 6　现在假设有一个以该附息债券为标的的欧式看涨期权，其执行价格为 $K = 70$，执行日期 $T = 1$。利率期限结构模型同例 1。求期权在时刻 0 的价格。

解：$V_0 = \left(0.1012 + 0.1988\right) \times 3.692/1.3 + \left(0.2459 + 0.1541\right) \times 21.196/1.3 = 7.3738$。

14.2.2 互换与期权

互换是两个交易者之间签署的一项协议，二者的支付以相同的本金为基础，其中一方以浮动利率支付给另一方，而另一方则以固定利率支付给该方。互换的一个最简单的解释是比较优势原理，即一些公司在固定利率市场具有比较优势，另一些公司则在浮动利率市场具有比较优势。在取得新的贷款时，一个公司选择进入具有比较优势的市场将会获得更大收益。然而，这就可能带来如下情况：打算以浮动利率借款的公司在固定利率市场具有比较优势，而打算以固定利率借款的公司却在浮动利率市场具有比较优势。这时就产生了对互换的需求，因为它具有将固定利率换成浮动利率或将浮动利率换成固定利率的效果。

下面我们通过一个简单的例子来了解互换的实施过程以及比较优势原理在互换中的作用。

假设有 A、B 两家公司都打算借入 3 年期的 1000 万元，二者在市场上的借款利率分别如表 14.6 所示。

表 14.6　A、B 公司的借款利率

公司	固定利率	浮动利率
公司 A	10.00%	6 个月期 LIBOR+0.30%
公司 B	11.20%	6 个月期 LIBOR+1.00%

现在假设 A 打算借入与 6 个月期 LIBOR 相关的浮动利率资金，而 B 打算以固定利率借入资金。这时我们发现，B 公司无论在固定利率还是在浮动利率上都比 A 公司要高，即 B 公司的信用等级要低于 A 公司。然而，进一步比较二者在固定利率和浮动利率上的差异可以发现，B 公司在固定利率上比 A 公司高 1.2%，但在浮动利率上只比 A 公司高 0.7%。这时我们就说 B 公司在浮动利率市场上具有比较优势，而 A 公司在固定利率市场上具有比较优势。这种比较优势上的差异就产生了可获得利润的互换。具体来说，就是 A 公司以 10% 的利率借入固定利率资金，而 B 公司以 LIBOR+1.00% 的利率借入浮动利率资金。这时双方总的筹资成本降低了 0.5%（即（11.20%+6 个月期 LIBOR+0.30%）–（10.00%+6 个月期 LIBOR+1.00%））。为简单起见，我们假设 A 与 B 直接接触，并且利益平分。这样 A 公司只需以 LIBOR+0.05%（LIBOR+0.30% – 0.25%）的利率按本金 1000 万元支付给 B，而 B 只需以 10.95%（11.20% – 0.25%）的利率按本金 1000 万元支付给 A。这里需要注意的一点是利息支付周期为 6 个月。

现在来考虑一般的情形，假设互换在一个时间区间内，每一期都有支付发生，其中浮动利率是根据即期利率 r 来确定的，实际的支付可以发生在每一期的期末（这种结算方式称为拖后结算），也可以发生在每一个时期的期初（这种结算方式称为预先结算）。当协议达成时，普通互换的初始浮动支付是根据即期利率来确定的，这一点无论对于拖后结算还是预先结算都是成立的。另外还存在一种远期开始互换，这种互换在协议达成时，其初始支付是以其后的即期利率为依据来确定的。从定义不难看出，互换的价值实际上就是净现金流的期望现值，这样对一方交易者而言的价值就是对另一方价值的相反数。这里，支付方互换的价值是从支付固定利率并接受浮动利率的角度来看的，接收方互换的价值则正好相反。这一节我们将集中讨论本金为 1 的、每一期拖后结算的支付方远期互换。

设固定利率为 K，对于以 r_τ 为基础的初始利率支付，交易者将支付 K 并在时刻 τ 支付 r_τ，类似的支付将在直到时刻 s 期间内的每一期发生。这样，该支付方远期开始互换在时刻 t（$t<s$）的价值为

$$V_t = E_Q\left[\sum_{u=\tau}^{s} \frac{A_t}{A_u}(r_u - K)\bigg|\mathbf{F}_t\right], \quad t < \tau \leqslant s \leqslant T \tag{14.2.5}$$

下面我们进一步来简化这一公式。

由 $B_{u-1}^u = (1+r_u)^{-1}$，有

$$V_t = E_Q\left[\sum_{u=\tau}^{s} \frac{A_t}{A_u}\left(\frac{1}{B_{u-1}^u} - (1+K)\right)\bigg|\mathbf{F}_t\right] = E_Q\left[\sum_{u=\tau}^{s} \frac{A_t}{A_u B_{u-1}^u}\bigg|\mathbf{F}_t\right] - (1+K)E_Q\left[\sum_{u=\tau}^{s} \frac{A_t}{A_u}\bigg|\mathbf{F}_t\right]$$

$$= \sum_{u=\tau}^{s} E_Q\left[\frac{A_t}{A_u B_{u-1}^u}\bigg|\mathbf{F}_t\right] - (1+K)\sum_{u=\tau}^{s} B_t^u$$

再次利用 $B_{u-1}^u = (1+r_u)^{-1}$，可以得到

$$V_t = \sum_{u=\tau}^{s} E_Q\left[\frac{A_t}{A_u B_{u-1}^u}\bigg|\mathbf{F}_t\right] - (1+K)\sum_{u=\tau}^{s} B_t^u = \sum_{u=\tau}^{s} B_t^{u-1} - (1+K)\sum_{u=\tau}^{s} B_t^u \tag{14.2.6}$$

$$= B_t^{u-1} - K\sum_{u=\tau}^{s} B_t^u - (1+K)B_t^s = B_t^{\tau-1} - \sum_{u=\tau}^{s} C_u B_t^u$$

这里 $C_u = K$，$u = \tau, \cdots, s-1$；$C_s = 1+K$。特别的，对于普通互换，由于 $\tau = t+1$，其在时刻 t 的价格为

$$V_t = 1 - \sum_{u=t+1}^{s} C_u B_t^u \tag{14.2.7}$$

即等于 1 减去附息债券在时刻 t 的价格，并且债券的面值为 1，息票率为 K。这也就是许多金融工程文献中提到互换的债券分解定价法。

远期互换比率 κ 是使得远期互换在时刻 t 的价格为零的固定比率 K 的值，即

$$\kappa = \kappa(t,\tau,s) \equiv \frac{B_t^{\tau-1} - B_t^s}{B_t^\tau + \cdots + B_t^s} \tag{14.2.8}$$

（普通）互换比率则是远期互换比率在 $\tau = t+1$ 下的特例，即 $\kappa = \kappa(t,t+1,s)$。

例 7　现在假设 $K = 0.3$，$t = 0$，$\tau = 1$，$s = 3$。利率期限结构模型同例 1。求支付方互换在时刻 0 的价格。

解：由式（14.2.6），得

$$V_0 = B_0^0 - KB_0^1 - KB_0^2 - (1+K)B_0^3 = 1 - 0.3 \times (0.7692 + 0.6043) - 1.3 \times 0.48 = -0.0361$$

即支付方互换和接收方互换的价格分别为-0.0361 和0.0361。

互换期权，即关于利率互换的期权，它赋予投资者在未来的某个时间进行某个确定的利率互换的权利。为了说明互换期权是如何被使用的，我们来看一个简单的例子：假设某公司知道在未来的 6 个月内要签署一份五年期浮动利率贷款协议，该公司希望将浮动利率支付方式转化为固定利率支付方式。这时该公司可以通过支付一定的费用（即期权费)来获得一份互换期权已取得将浮动利率支付方式转化为固定利率支付方式的权利。比如，换成 6 个月后开始每年固定利率为 10%的 5 年期贷款。如果 6 个月后发现 5 年期互换的固定利率小于 10%，则公司可以放弃执行互换期权的权利而选择一份常规互换；相反，如果 6 个月后发现 5 年期互换的固定利率大于 10%，则公司可以选择执行互换期权，从而获得比市场上更有利的互换。下面给出互换期权的一般计算方法。

支付方互换期权是关于支付远期互换在时刻 $\tau-1$ 的价值的看涨期权，其执行日期为 $\tau-1$，执行价格为零。类似的，接收方互换期权是基于接收方互换来定义的。二者在时刻 t（$t < \tau$）的价格分别为

$$E_Q\left[\frac{A_t}{A_{\tau-1}}\left(E_Q\left[\sum_{u=\tau}^{s}\frac{A_{\tau-1}}{A_u}(r_u - K)\bigg|\mathbf{F}_{\tau-1}\right]\right)^+\bigg|\mathbf{F}_t\right] \tag{14.2.9}$$

与

$$E_Q\left[\frac{A_t}{A_{\tau-1}}\left(E_Q\left[\sum_{u=\tau}^{s}\frac{A_{\tau-1}}{A_u}(K - r_u)\bigg|\mathbf{F}_{\tau-1}\right]\right)^+\bigg|\mathbf{F}_t\right] \tag{14.2.10}$$

注意到二者之差为

$$E_Q\left[\frac{A_t}{A_{\tau-1}}\left(E_Q\left[\sum_{u=\tau}^{s}\frac{A_{\tau-1}}{A_u}(r_u - K)\bigg|\mathbf{F}_{\tau-1}\right]\right)\bigg|\mathbf{F}_t\right]$$

$$= E_Q\left[\frac{A_t}{A_{\tau-1}}\sum_{u=\tau}^{s}\frac{A_{\tau-1}}{A_u}(r_u - K)\bigg|\mathbf{F}_t\right] = E_Q\left[\sum_{u=\tau}^{s}\frac{A_t}{A_u}(r_u - K)\bigg|\mathbf{F}_t\right] \tag{14.2.11}$$

即，支付方互换期权价格减去接收方互换期权价格等于远期开始互换在时刻 t 的价格，于是得互换期权的平价公式：支付方互换期权价格－接收方互换期权价格＝远期开始互换在时刻 t 的价格。

考虑到普通支付方互换在时刻 $\tau-1$ 的价格（由式（14.2.7））$V_{\tau-1} = 1 - \sum_{u=\tau}^{s} C_u B_{\tau-1}^u$，支付方互换期权在时刻 t 的价格又可以表示为：

$$E_Q\left[\frac{A_t}{A_{\tau-1}}\left(1 - \sum_{u=\tau}^{s} C_u B_{\tau-1}^u\right)^+\bigg|\mathbf{F}_t\right] \tag{14.2.12}$$

由这一表达式，我们可以得到一个深刻的结论：

结论 1：支付方互换期权的价格与以"面值为 1、息票率为 K"的附息债券为标的的、到期日为 $\tau-1$、执行价格为 1 的看跌期权等价。

进一步地，我们还可以得到结论：

结论 2：支付方（接收方）互换期权的价格可以看作一个关于 $\kappa = \kappa(\tau-1, \tau, s)$ 的一些看涨（看跌）期权的投资组合。

更确切地说，假设对于每一个时刻 $u = \tau, \tau+1, \cdots, s$ 存在一个到期日为 u 的、支付为 $[\kappa(\tau-1, \tau, s) - K]^+$ 的看涨期权。为了理解这个组合为什么类似于一个支付方看涨期权，考虑它在 $\tau-1$ 时刻的价值

$$E_Q\left[\frac{A_t}{A_{\tau-1}} \left(E_Q\left[\sum_{u=\tau}^{s} \frac{A_{\tau-1}}{A_u} [\kappa(\tau-1, \tau, s) - K]^+ \bigg| \mathbf{F}_{\tau-1} \right] \right)^+ \bigg| \mathbf{F}_t \right]$$

$$= E_Q\left[\frac{A_t}{A_{\tau-1}} [\kappa(\tau-1, \tau, s) - K]^+ \left(E_Q\left[\sum_{u=\tau}^{s} \frac{A_{\tau-1}}{A_u} \bigg| \mathbf{F}_{\tau-1} \right] \right) \bigg| \mathbf{F}_t \right]$$

$$= E_Q\left[\frac{A_t}{A_{\tau-1}} [\kappa(\tau-1, \tau, s) - K]^+ \sum_{u=\tau}^{s} B_{\tau-1}^u \bigg| \mathbf{F}_t \right] 。$$

但是，由互换比率的定义 $\kappa(\tau-1, \tau, s)[B_{\tau-1}^\tau + \cdots + B_{\tau-1}^s] = B_{\tau-1}^{\tau-1} - B_{\tau-1}^s = 1 - B_{\tau-1}^s$，上式可进一步表示为

$$E_Q\left[\frac{A_t}{A_{\tau-1}} \left(1 - B_{\tau-1}^s - K\sum_{u=\tau}^{s} B_{\tau-1}^u \right)^+ \bigg| \mathbf{F}_t \right] = E_Q\left[\frac{A_t}{A_{\tau-1}} \left(1 - \sum_{u=\tau}^{s} C_u B_{\tau-1}^u \right)^+ \bigg| \mathbf{F}_t \right] 。$$

即它可以被看作支付方互换期权在时刻 t 的价格。

例 8 现在假设 $K = 0.3$，$t = 1$，$\tau = 2$，$s = 3$。利率期限结构模型同例 2。求该支付方互换期权在时刻 $t = 0$ 和 $t = 1$ 的价格。

解： 该支付方互换期权在时刻 $t = 1$ 的价格为：

$$V_1 = 1 - KB_1^2 - (1+K)B_1^3 = \begin{cases} 1 - 0.3 \times 0.6897 - 1.3 \times 0.4762 = 0.1740, & \omega = \omega_1, \omega_2 \\ 1 - 0.3 \times 0.7692 - 1.3 \times 0.5926 = -0.0011, & \omega = \omega_3, \omega_4 \\ 1 - 0.3 \times 0.8696 - 1.3 \times 0.7576 = -0.2458, & \omega = \omega_5, \omega_6 \end{cases}$$

该支付方互换在时刻 $t = 0$ 的价格为：

$$E_Q\left[\frac{A_0}{A_1} (V_1)^+ \right] = (0.1667 + 0.1667) \times \left[\frac{1}{1.3} \times 0.1740 \right] = 0.0446 。$$

接收方互换期权在时刻 $t = 0$ 的价格为：

$$E_Q\left[\frac{A_0}{A_1} (-V_1)^+ \right] = (0.1667 + 0.1667) \times \left[\frac{1}{1.3} \times 0.0011 + \frac{1}{1.3} \times 0.2458 \right] = 0.0633 。$$

远期开始互换在时刻 0 的价格为：

$$\frac{0.1667 + 0.1667}{1.3} \times \left[0.1740 - 0.0011 - 0.2458 \right] = -0.0187 。$$

显然，平价关系是满足的。

为了验证结论 2，首先计算

$$\kappa = \kappa(\tau - 1, \tau, s) = \kappa(1, 2, 3) = \frac{B_1^1 - B_1^3}{B_1^2 + B_1^3} = \begin{cases} \dfrac{1 - 0.4762}{0.6897 + 0.4762} = 0.4493, & \omega = \omega_1, \ \omega_2 \\ \dfrac{1 - 0.5926}{0.7692 + 0.5926} = 0.2932, & \omega = \omega_3, \omega_4 \\ \dfrac{1 - 0.7576}{0.8696 + 0.7576} = 0.1490, & \omega = \omega_5, \omega_6 \end{cases} 。$$

$$\left(\kappa - K \right)^+ = \left(\kappa - 0.3 \right)^+ = \begin{cases} 0.1493, & \omega = \omega_1, \omega_2 \\ 0, & \omega = \omega_3, \omega_4 \\ 0, & \omega = \omega_5, \omega_6 \end{cases} 。$$

利率的投资组合有两个期权，其中一个在时刻 2 支付，另一个在时刻 3 支付。在事件 $A \equiv \{\omega_1, \omega_2\}$ 上，每一次支付为 0.1493；在其他事件上，每一次支付均为 0。该现金流在时刻 0 的现值为

$$E_Q \left[\frac{1}{A_2} \left(\kappa - K \right)^+ \right] + E_Q \left[\frac{1}{A_3} \left(\kappa - K \right)^+ \right]$$

$$= \frac{2 \times 0.1667 \times 0.1493}{1.3 \times 1.45} + \frac{0.1667 \times 0.1493}{1.3 \times 1.45 \times 1.5} + \frac{0.1667 \times 0.1493}{1.3 \times 1.45 \times 1.4} = 0.0446 。$$

该值等于支付方互换期权在时刻 0 的价格。

14.2.3 上限和下限

利率上限是为保证浮动利率贷款的利率不超过某一利率水平而设计的，这个利率水平就称为上限利率。利率上限确保在期限内任何给定时刻的贷款利率总是市场利率与上限利率之中的较小者。比如，一个本金为 1000 万美元的贷款每 3 个月按 3 个月期的 LIBOR 重设一次，而一家金融机构提供了一项年利率为 10% 的利率上限，则该机构于每个季末要向借款人支付

$$0.25 \times 10 \times \max \left(R - 10\%, 0 \right) 。$$

其中 R 是每季度开始时 3 个月期 LIBOR 利率。从该式可以看出，$\max \left(R - 10\%, 0 \right)$ 相当于一个基于 R 的欧式看涨期权。下面的分析再次说明了这一点。

上限单元（caplet）是在某一固定时点上即期利率 r 的欧式买入期权。和互换一样，上限单元可以拖后结算也可预先结算。对于前者，上限单元在时间 τ 的支付为 $\left(r_\tau - K \right)^+$，其中 K 是执行价格。对于 $t \leqslant \tau$，这个上限在时刻 t 的价格为：

$$V_t = A_t E_Q \left[\left(r_\tau - K \right)^+ \big/ A_\tau \big| \mathbf{F}_t \right] 。$$

上限（cap）是上限单元的集合，它们具有共同的执行价格，并在一段时间内的每一

个时期都相同。一般来说，上限中的某些上限单元将有支付而另一些则没有，这依赖于即期利率是否超过执行价格。和互换一样，既存在普通上限也存在远期开始上限，这依赖于初始上限单元是否对应着当前的即期利率。在时刻 t，远期开始上限按拖后结算方式计算的价格为

$$V_t = A_t \sum_{u=\tau}^{s} E_Q\left[\left(r_u - K\right)^+ \Big/ A_u \Big| \mathbf{F}_t \right], \ t < \tau \leqslant s \leqslant T。$$

普通上限是远期开始上限在 $\tau = t + 1$ 条件下的特例。

例 9 假设一个普通上限的执行价格 $K = 0.3$，利率期限结构模型同例 1。求拖后结算方式下该上限在时刻 0 的价格。

解：$\tau = 1$ 时，上限单元的支付是零，所以它在时刻 0 的价格也是零。$\tau = 2$ 时上限单元的支付为：

$$\left(r_2(\omega) - 0.3\right)^+ = \begin{cases} 0.15, & \omega = \omega_1, \omega_2 \\ 0, & \omega = \omega_3, \omega_4 \\ 0, & \omega = \omega_5, \omega_6 \end{cases}。$$

该上限单元在时刻 0 的价格为

$$E_Q\left[\frac{1}{A_2}\left(\kappa - K\right)^+ \right] = (0.1154 + 0.1846) \times \frac{0.15}{1.3 \times 1.45} = 0.0239。$$

$\tau = 3$ 时上限单元的支付为：

$$\left(r_2(\omega) - 0.3\right)^+ = \begin{cases} 0.2, & \omega = \omega_1 \\ 0.1, & \omega = \omega_2 \\ 0.15, & \omega = \omega_3 \\ 0, & 其他 \end{cases}。$$

该上限单元在时刻 0 的价格为

$$E_Q\left[\frac{1}{A_3}\left(\kappa - K\right)^+ \right] = \frac{0.1154 \times 0.2}{1.3 \times 1.45 \times 1.5} + \frac{0.1846 \times 0.1}{1.3 \times 1.45 \times 1.4} + \frac{0.1012 \times 0.15}{1.3 \times 1.3 \times 1.35} = 0.0218。$$

因此，满足 $\tau = 1$、$s = 3$ 的上限在时刻 0 的价格为 $0.0239 + 0.0218 = 0.0457$。

与上限单元相对应，下限单元是关于即期利率的看跌期权，下限是下限单元的一个集合。在时刻 t，远期开始下限按拖后结算方式计算的价格为

$$V_t = A_t \sum_{u=\tau}^{s} E_Q\left[\left(K - r_u\right)^+ \Big/ A_u \Big| \mathbf{F}_t \right], \ t < \tau \leqslant s \leqslant T。$$

我们可以这样来理解上限和下限：如果某人要为 1 元贷款而在每个时刻 τ 支付浮动利率 $r_{\tau-1}$，那么他持有一份利率上限就可以使利率支付以 K 为限。一旦浮动利率超过 K，利率上限将支付差价。同理，如果某人投资 1 元，在每个时刻 τ 将收到浮动利率 $r_{\tau-1}$，那么持有一份利率下限可以确保收到的利率至少是 K。一旦浮动利率低于 K，利率下限同

样将支付差价。注意到，我们总有：

$$K - r_{\tau-1} + (r_{\tau-1} - K)^+ = (K - r_{\tau-1})。$$

换言之，在任何时刻，持有一份利率互换和一份利率上限的组合相当于持有一份利率下限。由此，可得上限和下限价格的平价关系：上限价格-下限价格=互换价格。

第三节　二叉树期限结构模型

在上一篇的期权定价模型中我们采用了二叉树结构来描述股票价格行为，以达到简化模型的目的。事实上，在前两节利率变动过程由短期利率唯一驱动的假设下，我们仍可采用二叉树结构来描述利率期限结构模型。在构建模型之前，首先来比较股票和债券特征上的差异：

第一，由于债券相对于股票存在到期时间的问题，所以与股票价格运动只需要一个时间参数不同，债券价格运动的描述需要两个时间参数；

第二，由于债券价格、到期收益率、短期利率、远期利率以及贴现因子之间的对应关系，期限结构有多种表达方式；

第三，股票在当前时刻只有一个价格，而债券由于到期日的不同，在当前时刻具有一个初始的期限结构，在很多情况下，期限结构模型要与之相匹配；

第四，在到期日，债券的价格是确定的，而股票价格只有当前时刻是已知的，对之后的任何时刻而言都是随机的；

第五，债券之间由于到期日因素的影响较股票之间具有更强的相关性。

所有这些差异都将导致期限结构模型要远远复杂于股票价格模型，这种复杂性主要体现在概率和收益取决于在二叉树结点位置的不同。下面我们先通过一个简单的例子来说明利率期限结构二叉树模型的构建过程。

假设有两只债券，分别为两期债券（现价为 G）和三期债券（现价为 H），并记无风险收益为 R（等于 1 加利率）。在 $t=1$ 时刻，利率和债券的价格都只能处于两种状态中的一种：R 增大到 R_u 或减少到 R_d，G 增大到 G_u 或减少到 G_d，H 增大到 H_u 或减少到 H_d，并且两期债券的变化范围（$[G_u-G_d]/G$）要小于三期债券的变化范围（$[H_u-H_d]/H$），这是因为债券 G 的剩余时间短，在到期日接近时所有无违约债券的价格一定会接近其面值。

在 $t=1$ 时刻，G 将变为单期债券，因为时期 2 的利率将确切地知道；而对于债券 H，它的价格将在时期 2 内做向上或向下的运动。在 $t=2$ 时刻，H 也将变为单期债券。现在假设利率的运动与债券 H 的价格是路径独立的，即债券 H 不管在前两段时期内是先升后降还是先降后升，其在时刻 2 的价格都相同。将这些变化用二叉树表示，即有图 14.1。

现在我们给出一些数值，以进一步说明该变化过程。设一期利率为 8%，二期利率或上升 50%，为 12%，或下降 50%，为 4%。这时，债券 G 的价值将为 $G_u=100/(1+4\%)=96.15$

或 G_d=100/(1+12%)=89.29,三期利率将为 18%、6%或 2%,相应的,H_{uu}=100/(1+2%)=98.04,H_{ud}=100/(1+6%)=94.34,或 H_{dd}=100/(1+18%)=84.75。如图 14.2 所示。

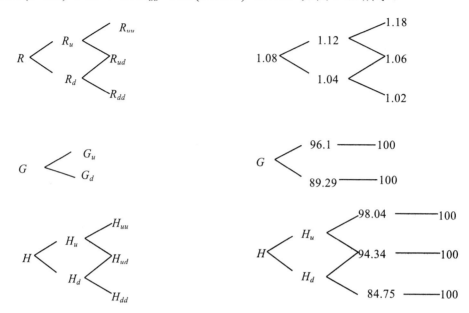

图 14.1　利率及债券运动过程　　　图 14.2　利率及债券的数值变化过程

　　要满足无套利条件,则一定存在风险中性概率测度 Q,使得 $RG=qG_u+（1-q）G_d$,下面我们就来推导风险中性概率 q。根据假设,利率是债券价格变化的唯一驱动因素,于是债券 G 在第一期末的价值就可以通过构造一个证券组合来复制,该组合由时刻 0 的债券 H 和无风险借款组成。假设组合中债券 H 的份额为 Δ,单期无违约贷款的金额为 B,则 Δ 和 B 应满足如下关系:

$$\Delta H_u+RB=G_u \tag{14.3.1}$$

$$\Delta H_d+RB=G_d \tag{14.3.2}$$

联立式（14.3.1）和式（14.3.2）,得

$$\Delta = \frac{G_u - G_d}{H_u - H_d} \tag{14.3.3}$$

$$B = \frac{H_u G_d - H_d G_u}{(H_u - H_d)R} \tag{14.3.4}$$

由于组合与债券 G 具有相同的损益,故二者在 0 时刻的价值也必须相等,即

$$G=\Delta H+RB \tag{14.3.5}$$

　　要使得无套利对每个时刻债券价格期限结构的约束都成立,则需要引入利率及债券价格变化的概率。记利率向下运动,亦即债券价格向上运动的概率为 p,则利率向上运动、债券价格向下运动的概率为 $1-p$。并以 p 乘以式（14.3.1）加上（$1-p$）乘以式（14.3.2）,得

$$pG_u+(1-p)G_d=\Delta[pH_u+(1-p)H_d]+RB \tag{14.3.6}$$

引入无套利条件 $G=\Delta H+RB$，式（14.3.6）化为

$$pG_u+(1-p)G_d-RG=\Delta[pH_u+(1-p)H_d-RH] \tag{14.3.7}$$

将式（14.3.3）代入式（14.3.7），得

$$\frac{pG_u+(1-p)G_d-RG}{G_u-G_d}=\frac{pH_u+(1-p)H_d-RH}{H_u-H_d}\equiv\lambda \tag{14.3.8}$$

在期权定价中我们已经见过相似的式子，其经济意义为债券单位风险的超额收益。进一步考虑风险中性概率公式 $RG=qG_u+(1-q)G_d$，则有 $q=p-\lambda$。

债券价格无套利模型的推导与二叉树期权定价公式的推导是类似的，差别仅在于债券价格的变化被假设为由利率变化驱动，而利率一定比例的变动并不引起债券价格相同比率的变动。下面我们进一步通过数例来说明债券的定价过程。

这里我们假设 $q=0.3$（q 的取值可以在模型校正过程中通过两期和三期债券价格的横截面数据求得），依据风险中性定价原理，有

$$H_u=\left[qH_{uu}+(1-q)H_{ud}\right]\div R_d=\left[0.3\times98.04+0.7\times94.34\right]\div1.04=91.78$$
$$H_d=\left[qH_{ud}+(1-q)H_{dd}\right]\div R_u=\left[0.3\times94.34+0.7\times84.75\right]\div1.12=78.24$$

进而可以算出

$$H=\left[qH_u+(1-q)H_d\right]\div R=\left[0.3\times91.78+0.7\times78.24\right]\div1.08=76.21$$

这样我们就完成了对 H 的定价，并得到债券 H 的价格期限结构（如图14.3）。

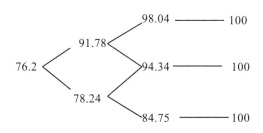

图14.3　债券 H 的价格期限结构

从上述分析过程可以看到，债券的风险中性定价在构造上是直接的，确定了风险中性概率和利率的上下运动特征，债券价格也就随之确定。由于债券总是在到期日以面值支付的，所以给定利率运动，就可以推导出债券价格。然而细心的读者会发现，前文中我们直接给出了利率运动的幅度和风险中性概率，那么这些数据从何而来呢？如果依据风险中性定价原理得到的债券价格仅在虚构的风险中性世界中有用的话，我们为什么要去研究它呢？问题的答案在于，只要价格运动可以对冲，风险中性债券价格运动就足以

为债券的衍生产品定价。因此，问题的关键不在于风险中性价格的推导，而在于将债券的即期价格引入模型当中，从而反向计算出与这些即期价格相一致的债券价格运动参数，换句话说，就是我们给出的利率期限结构模型被即期债券价格校正精确了。衍生产品的价值依赖于债券未来的价格运动特征，只要二叉树的确定过程是正确的，就可以借助二叉树模型来定价，并使得其价格与当前观测到的价格相一致。

有了上面的分析，下面给出利率期限结构二叉树模型更一般的描述，这里我们不再要求状态 ud 与 du 重合，并推广上一篇给出的条件期望概念。

定义 14.3.1 设 Q 是 N 次标的资产价格运动所有可能结果在空间 Ω 上的概率测度，Ω 中每个结果序列 $\omega_1, \omega_2, \cdots, \omega_N$ 在 Q 下都具有正概率。设 $1 \leqslant n \leqslant N-1$，$\bar{\omega}_1, \bar{\omega}_2, \cdots, \bar{\omega}_N$ 是 N 次资产价格运动的一个结果序列。我们定义如下条件概率：

$$Q\{\omega_{n+1} = \bar{\omega}_{n+1}, \cdots, \omega_N = \bar{\omega}_N \mid \omega_1 = \bar{\omega}_1, \cdots, \omega_n = \bar{\omega}_n\} = \frac{Q\{\bar{\omega}_1, \cdots, \bar{\omega}_n, \bar{\omega}_{n+1}, \cdots, \bar{\omega}_N\}}{Q\{\omega_1 = \bar{\omega}_1, \cdots, \omega_n = \bar{\omega}_n\}} 。$$

设 X 是随机变量，我们用以下公式定义 n 时刻的信息基础上的随机变量 X 的条件期望：

$$\tilde{E}_n[X](\bar{\omega}_1, \cdots, \bar{\omega}_n) = \sum_{\bar{\omega}_{n+1} \cdots \bar{\omega}_N} X(\bar{\omega}_1, \cdots, \bar{\omega}_n, \bar{\omega}_{n+1}, \cdots, \bar{\omega}_N) \times$$
$$Q\{\omega_{n+1} = \bar{\omega}_{n+1}, \cdots, \omega_N = \bar{\omega}_N \mid \omega_1 = \bar{\omega}_1, \cdots, \omega_n = \bar{\omega}_n\}$$

并规定 $\tilde{E}_0[X] = \tilde{E}X$ 以及 $\tilde{E}_N[X] = X$。

需要注意的是，这样定义的条件期望满足上一篇中条件期望的所有性质（证明从略）。本章我们将以贴现过程

$$D_n = \frac{1}{(1+R_0)\cdots(1+R_{n-1})}, \quad n=1,\ 2,\ \cdots,\ N,\ D_0 = 1 \qquad (14.3.9)$$

代替银行账户过程。这里 $R_0, R_1, \cdots, R_{N-1}$ 为利率过程，其中 R_0 并非随机变量，对于 $n = 0,\ 1,\ \cdots,\ N-1$，R_n 仅依赖于结果 $\omega_1, \omega_2, \cdots, \omega_n$。在此基础上，我们定义零息票债券的价格。

定义 14.3.2（零息票债券价格） 设 Q 是由 N 次利率运动所有可能结果所构成的空间 Ω 上的概率测度，Ω 中每个结果序列 $\omega_1, \omega_2, \cdots, \omega_n$ 在 Q 下都具有正概率。设 $R_0, R_1, \cdots, R_{N-1}$ 是利率过程，其中每个 R_n 仅依赖于 $\omega_1, \omega_2, \cdots, \omega_n$ 的结果并且满足式 $R(\omega_1, \omega_2, \cdots, \omega_n) > -1$ [①]。根据式（14.3.9）给出的贴现过程 D_n（$n = 0,\ 1,\ \cdots,\ N$），时刻 m（$0 \leqslant m \leqslant n \leqslant N-1$）到期的零息债券在时刻 n 的价格定义为：

$$B_{n,m} = \tilde{E}_n\left[\frac{D_m}{D_n}\right] \qquad (14.3.10)$$

事实上，我们还可以利用条件期望的可提取性将上式改写为：

---

① 一般来说，要求 $R(\omega_1, \omega_2, \cdots, \omega_n) > -1$，该模型中暂时放宽这一条件。

$$D_n B_{n,m} = \tilde{E}_n \left[D_m \right] \qquad (14.3.11)$$

由此可见，零息债券的贴现价格过程 $D_n B_{n,m}, n = 0,1,\cdots,m$ 在 Q 下是一个鞅。特别的，如果 $0 \leqslant k \leqslant n \leqslant m$，则由式（14.3.11）和条件期望的累次性可得：

$$\tilde{E}_k \left[D_n B_{n,m} \right] = \tilde{E}_k \left[\tilde{E}_n \left[D_m \right] \right] = \tilde{E}_k \left[D_m \right] = D_k B_{k,m} \qquad (14.3.12)$$

这正是鞅性质。选择定义 14.3.2，正是为了让零息债券的贴现价格过程是一个鞅。

考虑到衍生产品定价的复制策略，我们假定投资者可以对每一到期日的零息债券进行交易，并且可以在货币市场投资。这样，我们将证明投资者的贴现财富过程是一个鞅。设 $\Delta_{n,m}$ 是投资者在时刻 n 到时刻 $n+1$ 持有的到期日为 m 的零息债券的份额（由于到期日为 m, n 不可能超过 m，故 $n < m$），这里 $\Delta_{n,m}$ 仅依赖于 $\omega_1, \omega_2, \cdots, \omega_n$。投资者以非随机的初始财富 Π_0 开始，在时刻 n 的财富记为 Π_n。于是，投资者在时刻 $n+1$ 的财富为：

$$\Pi_{n+1} = \Delta_{n,n+1} + \sum_{m=n+2}^{N} \Delta_{n,m} B_{n+1,m} + (1+R_n)\left(\Pi_n - \sum_{m=n+1}^{N} \Delta_{n,m} B_{n,m} \right) \qquad (14.3.13)$$

式（14.3.13）右端第一项是投资者在时刻 n 到时刻 $n+1$ 持有该债券的头寸与时刻 $n+1$ 到期的零息债券支付的乘积；第二项是投资者在时刻 n 到时刻 $n+1$ 持有这些债券的头寸与时刻 $n+2$ 及其以后到期的零息债券价值的乘积。第三项的第二个因子是投资者在时刻 n 的现金头寸，它是投资者在时刻 n 的总财富与时刻 n 调整头寸后持有的所有债券价值的差，整个第三项则为这个因子与 1 加时刻 n 到时刻 $n+1$ 期间适用利率的乘积。

定理 14.3.1　无论资产组合随机变量 $\Delta_{n,m}$ 如何选取（但必须满足 $\Delta_{n,m}$ 仅依赖于 $\omega_1, \omega_2, \cdots, \omega_n$ 这一条件），贴现财富过程 $D_n \Pi_n$ 在 Q 下都是鞅。

【证明】利用 $\Delta_{n,m}$ 和 D_{n+1} 仅依赖于 $\omega_1, \omega_2, \cdots, \omega_n$ 这一事实、条件期望的可提取性，以及求式（14.3.12）对应的鞅性质，可得：

$$\tilde{E}_n \left[\Pi_{n+1} \right] = \Delta_{n,n+1} + \sum_{m=n+2}^{N} \Delta_{n,m} \tilde{E}_n \left[B_{n+1,m} \right] + (1+R_n)\left(\Pi_n - \sum_{m=n+1}^{N} \Delta_{n,m} B_{n,m} \right)$$

$$= \Delta_{n,n+1} + \sum_{m=n+2}^{N} \frac{\Delta_{n,m}}{D_{n+1}} \tilde{E}_n \left[D_{n+1} B_{n+1,m} \right] + \frac{D_n}{D_{n+1}}\left(\Pi_n - \sum_{m=n+1}^{N} \Delta_{n,m} B_{n,m} \right)$$

$$= \Delta_{n,n+1} + \sum_{m=n+2}^{N} \frac{\Delta_{n,m}}{D_{n+1}} D_n B_{n,m} + \frac{D_n}{D_{n+1}} \Pi_n - \frac{D_n}{D_{n+1}} \sum_{m=n+1}^{N} \Delta_{n,m} B_{n,m}$$

$$= \Delta_{n,n+1} + \frac{D_n}{D_{n+1}} \Pi_n - \frac{D_n}{D_{n+1}} \sum_{m=n+1}^{N} \Delta_{n,n+1} B_{n,m}。$$

由于 $\dfrac{D_{n+1}}{D_n}$ 仅依赖于 $\omega_1, \omega_2, \cdots, \omega_n$，故 $B_{n,n+1} = \tilde{E}_n \left[\dfrac{D_{n+1}}{D_n} \right] = \dfrac{D_{n+1}}{D_n}$。代入上式，即得：

$$\tilde{E}_n \left[\Pi_{n+1} \right] = \frac{D_{n+1}}{D_n} \Pi_n。$$

再利用 D_{n+1} 仅依赖于 $\omega_1, \omega_2, \cdots, \omega_n$ 这一事实，可将上式改写为：

$$\tilde{E}_n\left[D_{n+1}\Pi_{n+1}\right] = D_n\Pi_n$$

即得贴现财富过程的鞅性质。

这就说明，通过利用风险中性定价公式定义零息债券的价格，我们已经成功地建立了一个无套利模型。因为，贴现财富过程在 Q 下都是鞅，它具有常数期望：

$$\tilde{E}\left[D_n\Pi_n\right] = \Pi_0, \ n = 0, \ 1, \ \cdots, \ N \qquad （14.3.14）$$

如果可以通过零息债券交易以及货币市场投资进行套利，则存在初值 $\Pi_0 = 0$ 的资产组合，在未来某个时刻 n，不论利率运动结果如何，总有 $\Pi_n \geqslant 0$，并且相应于某些结果，$\Pi_n > 0$。在此情形下，$\tilde{E}\left[D_n\Pi_n\right] > 0 = \Pi_0$，而式（14.3.14）表明这不可能的。从而该定理也就部分地证明了下面的衍生产品定价公式。

由风险中性定价公式，对于 $0 \leqslant n \leqslant m \leqslant N$，在时刻 m 支付为 V_m 的衍生证券（其中 V_m 仅依赖于 $\omega_1, \omega_2, \cdots, \omega_n$）在时刻 n 的价格为：

$$V_n = \frac{1}{D_n}\tilde{E}_n\left[D_m V_m\right] \qquad （14.3.15）$$

只是该定理尚未保证这样的对冲资产组合可以构建，但本书关于完备市场的假设则保证了这一点。

在给出了利率期限结构的二叉树模型之后，我们再来考虑建立在该模型下的衍生产品定价问题。鉴于上一章已经讨论了各种利率衍生产品的定价，这里仅通过两个例子来说明该模型下的相应算法的构造过程。

首先考虑上一节给出的简单例子，图 14.2 已经描述了利率及债券价格的变化过程，现在我们以三期债券 H 为标的，来演示欧式期权定价算法的执行过程。

例 10 假设基于三年期债券 H 的欧式看涨期权的执行价格为 90，到期时间为两年，求该期权在 0 时刻的价值。

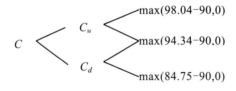

图 14.4 债券看涨期权的价格

假设第 3 期内的利率为 2%，那么债券 H 在第 3 期期初（也就是看涨期权的到期时刻）的价值为 98.04，期权的损益是 8.04；当利率为 6% 时，期权的损益是 4.34；当利率为 18% 时，期权的损益是 0。这样依据风险中性定价原理，沿着树的分支逆向递推，即可分别求得债券价格在第 1 期中向上或向下运动时期权在时刻 1 的价值 C_u 和 C_d：

$$C_u = \left[0.3 \times 8.04 + 0.7 \times 4.34\right] \div 1.04 = 5.24$$

$$C_d = \left[0.3 \times 4.34 + 0.7 \times 0\right] \div 1.12 = 1.16$$

进而可以算出

$$C = \left[0.3 \times 5.24 + 0.7 \times 1.16\right] \div 1.08 = 2.21$$

下面我们再给出一个一般二叉树模型下利率上限定价的例子。为了描述上的方便，基于本章的符号，重新给出利率上限的定义：

定义 14.3.3　给定 m, $1 \leqslant m \leqslant N$。一份 m 期利率上限是一份如下合约：它在时刻 1, $\cdots$, m 的支付分别为 $C_1, \cdots, C_m$，其中

$$C_n = \left(R_{n-1} - K\right)^+, \ n = 1, \cdots, m \qquad (14.3.16)$$

一份仅在时刻 n 给出支付 C_n 的合约称为一份利率上限单元，则 m 期利率上限在时刻 0 的风险中性定价为：

$$Cap_m = \tilde{E} \sum_{n=1}^{m} D_n \left(R_{n-1} - K\right)^+ \qquad (14.3.17)$$

例 11　考虑给一个 $K = 1/3$ 的 3 期利率上限定价。为此，我们先给出关于利率二叉树模型的详细说明：取 $N = 3$，$\Omega = \{uuu, uud, udu, udd, duu, dud, ddu, ddd\}$。再假定：

$$Q\{uuu\} = \frac{1}{6}, \quad Q\{uud\} = \frac{1}{12}, \quad Q\{dud\} = \frac{1}{8}, \quad Q\{udd\} = \frac{1}{8}, \quad Q\{duu\} = \frac{2}{9},$$

$$Q\{dud\} = \frac{1}{9}, \quad Q\{ddu\} = \frac{1}{12}, \quad Q\{ddd\} = \frac{1}{12}, \quad R_0 = 0, \quad R_1(u) = \frac{2}{5},$$

$$R_1(d) = \frac{1}{6}, \quad R_2(uu) = \frac{1}{4}, \quad R_2(ud) = \frac{1}{4}, \quad R_2(du) = 1, \quad R_2(dd) = 0 \text{。}$$

定义事件：

$$A_{uu} = \{\omega_1 = u, \omega_2 = u\} = \{uuu, uud\}, \quad A_{ud} = \{\omega_1 = u, \omega_2 = d\} = \{udu, udd\}$$

$$A_{du} = \{\omega_1 = d, \omega_2 = u\} = \{duu, dud\}, \quad A_{dd} = \{\omega_1 = d, \omega_2 = d\} = \{ddu, ddd\}$$

我们有：

$$Q\{A_{uu}\} = \frac{1}{4}, \quad Q\{A_{ud}\} = \frac{1}{4}, \quad Q\{A_{du}\} = \frac{1}{3}, \quad Q\{A_{dd}\} = \frac{1}{6} \text{。}$$

类似的，定义事件集合：

$$A_u = \{\omega_1 = u\} = \{uuu, uud, udu, udd\}, \quad A_d = \{\omega_1 = d\} = \{duu, dud, ddu, ddd\} \text{。}$$

对于这些集合，我们有：

$$Q\{A_u\} = \frac{1}{2}, \ Q\{A_d\} = \frac{1}{2} \text{。}$$

根据本节定义的条件概率，可以求得：

$$Q\{\omega_3 = u \mid \omega_1 = u, \omega_2 = u\} = \frac{Q\{uuu\}}{Q\{A_{uu}\}} = \frac{1/6}{1/4} = \frac{2}{3} \text{。}$$

类似的，我们有：

$$Q\{\omega_3=d\mid\omega_1=u,\omega_2=u\}=\frac{1}{3},\ Q\{\omega_3=u\mid\omega_1=u,\omega_2=u\}=\frac{1}{2},$$

$$Q\{\omega_3=d\mid\omega_1=u,\omega_2=d\}=\frac{1}{2},\ Q\{\omega_3=u\mid\omega_1=d,\omega_2=u\}=\frac{2}{3},$$

$$Q\{\omega_3=d\mid\omega_1=d,\omega_2=u\}=\frac{1}{3},\ Q\{\omega_3=u\mid\omega_1=d,\omega_2=d\}=\frac{1}{2},$$

$$Q\{\omega_3=d\mid\omega_1=d,\omega_2=d\}=\frac{1}{2}。$$

假设接连三次利率运动中，第一次的结果为 u，于是我们知道三次利率运动的结果一定属于事件集合 A_u，基于这一信息，第三次结果出现 u 的概率为：

$$Q\{\omega_2=u\mid\omega_1=u\}=\frac{Q\{A_{uu}\}}{Q\{A_u\}}=\frac{1/4}{1/2}=\frac{1}{2}。$$

同理：

$$Q\{\omega_2=d\mid\omega_1=u\}=\frac{1}{2},\ Q\{\omega_2=u\mid\omega_1=d\}=\frac{2}{3},\ Q\{\omega_2=d\mid\omega_1=d\}=\frac{1}{3}。$$

这些条件概率（我们称之为 Q 的转移概率）都已标记在图 14.5 中每一个分支的第二个元素上，第一个元素为利率 R_n。在图 14.5 中，每一个结点上是无条件概率。

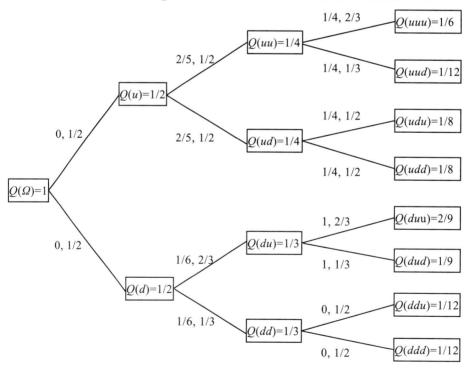

图 14.5　三时段利率期限结构模型

现在来计算 $Q\{\omega_2=u,\omega_3=u\,|\,\omega_1=u\}$，即

$$Q\{\omega_2=u,\omega_3=u\,|\,\omega_1=u\}=Q\{\omega_2=u\,|\,\omega_1=u\}\cdot Q\{\omega_3=u\,|\,\omega_1=u,\omega_2=u\}=\frac{1}{2}\times\frac{2}{3}=\frac{1}{3},$$

或

$$Q\{\omega_2=u,\omega_3=u\,|\,\omega_1=u\}=\frac{Q\{uuu\}}{Q\{A_u\}}=\frac{1/6}{1/2}=\frac{1}{3}。$$

同理可求其他七个条件概率，从而有：

$$Q\{\omega_2=u,\omega_3=u\,|\,\omega_1=u\}=\frac{1}{3},\quad Q\{\omega_2=u,\omega_3=d\,|\,\omega_1=u\}=\frac{1}{6},$$

$$Q\{\omega_2=d,\omega_3=u\,|\,\omega_1=u\}=\frac{1}{4},\quad Q\{\omega_2=d,\omega_3=d\,|\,\omega_1=u\}=\frac{1}{4},$$

$$Q\{\omega_2=u,\omega_3=u\,|\,\omega_1=d\}=\frac{4}{9},\quad Q\{\omega_2=u,\omega_3=d\,|\,\omega_1=d\}=\frac{2}{9},$$

$$Q\{\omega_2=d,\omega_3=u\,|\,\omega_1=d\}=\frac{1}{6},\quad Q\{\omega_2=d,\omega_3=d\,|\,\omega_1=d\}=\frac{1}{6}。$$

表 14.7 给出了 $D_1=\dfrac{1}{(1+R_0)}$，$D_2=\dfrac{1}{(1+R_0)(1+R_1)}$，$D_3=\dfrac{1}{(1+R_0)(1+R_1)(1+R_2)}$。表格

右端一列给出的是概率 $Q\{A_{\omega_1\omega_2}\}$。

表 14.7　贴现因子与条件概率

$\omega_1\omega_2$	$1/(1+R_0)$	$1/(1+R_1)$	$1/(1+R_2)$	D_1	D_2	D_3	Q
uu	1	5/7	4/5	1	5/7	4/7	1/4
ud	1	5/7	4/5	1	5/7	4/7	1/4
du	1	6/7	1/2	1	6/7	3/7	1/6
dd	1	6/7	1	1	6/7	6/7	1/6

我们可以算得时刻 0 的零息债券价格为：

$$B_{0,1}=\tilde{E}[D_1]=1,\quad B_{0,2}=\tilde{E}[D_2]=\frac{5}{7}\times\frac{1}{4}+\frac{5}{7}\times\frac{1}{4}+\frac{6}{7}\times\frac{1}{3}+\frac{6}{7}\times\frac{1}{6}=\frac{11}{14},$$

$$B_{0,3}=\tilde{E}[D_3]=\frac{4}{7}\times\frac{1}{4}+\frac{4}{7}\times\frac{1}{4}+\frac{3}{7}\times\frac{1}{3}+\frac{6}{7}\times\frac{1}{6}=\frac{4}{7}。$$

时刻 1 的零息债券价格为：

$$B_{1,1}=1,\quad B_{1,2}(u)=\frac{1}{D_1(u)}\tilde{E}_1[D_2](u)=\frac{3}{7}\times\frac{2}{3}+\frac{6}{7}\times\frac{1}{3}=\frac{4}{7},$$

$$B_{1,2}(d)=\frac{1}{D_1(u)}\tilde{E}_1[D_2](u)=\frac{4}{7}\times\frac{1}{2}+\frac{4}{7}\times\frac{1}{2}=\frac{4}{7},$$

$$B_{1,3}(u) = \frac{1}{D_1(u)} \tilde{E}_1[D_3](u) = \frac{6}{7} \times \frac{2}{3} + \frac{6}{7} \times \frac{1}{3} = \frac{6}{7},$$

$$B_{1,3}(d) = \frac{1}{D_1(d)} \tilde{E}_1[D_3](d) = \frac{5}{7} \times \frac{1}{2} + \frac{5}{7} \times \frac{1}{2} = \frac{5}{7}。$$

时刻 2 的零息债券价格为：

$$B_{2,2} = 1, \quad B_{2,3}(uu) = \frac{1}{D_2(uu)} \tilde{E}_2[D_3](uu) = \frac{D_3(uu)}{D_2(uu)} = \frac{7}{5} \times \frac{4}{7} = \frac{4}{5},$$

$$B_{2,3}(ud) = \frac{1}{D_2(ud)} \tilde{E}_2[D_3](ud) = \frac{D_3(ud)}{D_2(ud)} = \frac{7}{5} \times \frac{4}{7} = \frac{4}{5},$$

$$B_{2,3}(du) = \frac{1}{D_2(du)} \tilde{E}_2[D_3](du) = \frac{D_3(du)}{D_2(du)} = \frac{7}{6} \times \frac{3}{7} = \frac{1}{2},$$

$$B_{2,3}(dd) = \frac{1}{D_2(dd)} \tilde{E}_2[D_3](dd) = \frac{D_3(dd)}{D_2(dd)} = \frac{7}{6} \times \frac{6}{7} = 1。$$

我们取 $K = 1/3$，并对相应的 3 期利率上限定价。表 14.8 中是该利率上限的支付。

表 14.8 利率上限支付情况

$\omega_1\omega_2$	R_0	$(R_0 - 1/3)^+$	R_1	$(R_1 - 1/3)^+$	R_2	$(R_2 - 1/3)^+$
uu	0	0	2/5	1/15	1/4	0
ud	0	0	2/5	1/15	1/4	0
du	0	0	1/6	0	1	2/3
dd	0	0	1/6	0	0	0

时刻 1、时刻 2 和时刻 3 的利率上限单元在时刻 0 的价格分别为：

$$\tilde{E}\left[D_1 \left(R_0 - \frac{1}{3} \right)^+ \right] = 0$$

$$\tilde{E}\left[D_2 \left(R_1 - \frac{1}{3} \right)^+ \right] = \frac{5}{7} \times \frac{1}{15} \times \frac{1}{4} + \frac{5}{7} \times \frac{1}{15} \times \frac{1}{4} = \frac{1}{42}$$

$$\tilde{E}\left[D_3 \left(R_2 - \frac{1}{3} \right)^+ \right] = \frac{3}{7} \times \frac{2}{3} \times \frac{1}{3} = \frac{2}{21}。$$

从而得到：

$$Cap_3 = 0 + \frac{1}{42} + \frac{2}{21} = \frac{5}{42}。$$

习　题

1. 设 $T=3$，$\Omega=\{\omega_1,\omega_2,\cdots,\omega_6\}$。在时刻 1、时刻 2 对空间的划分分别为 $\{\omega_1,\omega_2\}\bigcup\{\omega_3,\omega_4\}\bigcup\{\omega_5,\omega_6\}$ 和 $\{\omega_1\}\bigcup\{\omega_2\}\bigcup\{\omega_3\}\bigcup\{\omega_4\}\bigcup\{\omega_5\}\bigcup\{\omega_6\}$，时刻 3 的划分同时刻 2，

$$r_1=0.10，\quad r_2(\omega)=\begin{cases}0.18,&\omega=\{\omega_1,\omega_2\}\\0.10,&\omega=\{\omega_3,\omega_4\}\\0.04,&\omega=\{\omega_5,\omega_6\}\end{cases}，\quad r_3(\omega)=\begin{cases}0.20,&\omega=\omega_1\\0.16,&\omega=\omega_2\\0.12,&\omega=\omega_3\\0.08,&\omega=\omega_4\\0.06,&\omega=\omega_5\\0.02,&\omega=\omega_6\end{cases}$$

试利用本章例 1 和例 2 来推导利率期限结构。

2. 假设一附息债券在时刻 2 的息票为 10 元，在时刻 3 的息票为 20 元，且利率期限结构模型同例 1。分别求 B_0 和 B_1。

3. 假设 $K=0.05$，$t=0$，$\tau=1$，$s=3$。利率期限结构模型同本章例 1。求该互换在时刻 0 的价格。

4. 假设 $K=0.05$，$t=1$，$\tau=2$，$s=3$。利率期限结构模型同本章例 2。求该支付方互换期权在时刻 $t=0$ 和 $t=1$ 的价格。

5. 现在假设 $K=0.06$，$t=1$，$\tau=2$，$s=3$。利率期限结构模型同本章例 2。求该支付方互换期权在时刻 $t=0$ 和 $t=1$ 的价格。

6. 假设一个普通上限的执行价格 $K=0.06$，利率期限结构模型同本章例 1。求拖后结算方式下该上限在时刻 0 的价格。

7. 设三阶段利率二叉树模型中，$\Omega=\{uuu,uud,udu,udd,duu,dud,ddu,ddd\}$，且 $Q\{uuu\}=Q\{uud\}=Q\{udu\}=Q\{udd\}=Q\{duu\}=Q\{dud\}=Q\{ddu\}=Q\{ddd\}=\dfrac{1}{8}$，$R_0=0$，$R_1(u)=\dfrac{2}{5}$，$R_1(d)=\dfrac{1}{6}$，$R_2(uu)=\dfrac{1}{3}$，$R_2(ud)=\dfrac{1}{3}$，$R_2(du)=\dfrac{1}{2}$，$R_2(dd)=0$。

试构造一个利率二叉树模型。

8. 设三阶段利率二叉树模型中，$\Omega=\{uuu,uud,udu,udd,duu,dud,ddu,ddd\}$。且 $Q\{uuu\}=\dfrac{1}{6}$，$Q\{uud\}=\dfrac{1}{12}$，$Q\{dud\}=\dfrac{1}{8}$，$Q\{udd\}=\dfrac{1}{8}$，$Q\{duu\}=\dfrac{2}{9}$，$Q\{dud\}=\dfrac{1}{9}$，$Q\{ddu\}=\dfrac{1}{12}$，$Q\{ddd\}=\dfrac{1}{12}$，$R_0=0$，$R_1(u)=\dfrac{1}{9}$，$R_1(d)=\dfrac{1}{6}$，$R_2(uu)=\dfrac{1}{3}$，$R_2(ud)=\dfrac{1}{3}$，$R_2(du)=\dfrac{1}{2}$，$R_2(dd)=0$。

请为一个 $K=1/3$ 的 3 期利率上限定价。

参考文献

[1]陈工孟. 金融工程[M]. 北京：清华大学出版社，2003.

[2]哈里·马克威茨. 资产选择：投资的有效分散化[M]. 北京：首都经济贸易大学出版社，2000.

[3]格利茨. 金融工程学：管理金融风险的工具和技巧（修订版）[M]. 唐旭，译. 北京：经济科学出版社，1998.

[4]莫顿·米勒. 金融创新与市场的波动性[M]. 北京：首都经济贸易大学出版社，2002.

[5]斯蒂芬·A. 罗斯，韦斯特菲尔德，等. 公司理财[M]. 北京：中国人民大学出版社，2009.

[6]宋逢明. 金融工程原理[M]. 北京：清华大学出版社，1999.

[7]Sharpe. 投资组合理论与资本市场[M]. 胡坚，译. 北京：机械工业出版社，2001.

[8]叶永刚. 衍生金融工具概论[M]. 武汉：武汉大学出版社，2000.

[9]约翰·马歇尔维普尔·班赛尔. 金融工程[M]. 北京：清华大学出版社，1998.

[10]林清泉. 金融工程（第 2 版）[M]. 北京：中国人民大学出版社，2009.

[11]郑振龙，陈蓉. 金融工程（第二版）[M]. 北京：高等教育出版社，2008.

[12]姜礼尚. 期权定价的数学模型和方法[M]. 北京：高等教育出版社，2003.

[13]叶中行，林建忠. 数理金融:资产定价与金融决策理论[M]. 北京:科学出版社，2010.

[14]王一鸣. 数理金融经济学[M]. 北京：北京大学出版社，2000.

[15]约翰·赫尔. 期权、期货和衍生证券（中译本）[M]. 张陶伟，译. 北京：华夏出版社，1997

[16]雍炯敏，谢道百. 数学金融学[M]. 上海：上海人民出版社，2002.

[17]史树中. 金融经济学十讲[M]. 上海：上海人民出版社，2004.

[18]萨利赫·N. 内夫茨. 金融工程学原理[M]. 北京：机械工业出版社，2009.

[19]J Stampfli V Goodman. 金融数学[M]. 蔡明超，译. 北京：机械工业出版社，2005.

[20]兹维·博迪，亚历克斯·凯恩，艾伦·J. 马科斯. 投资学精要[M]. 陈雨露，译. 北京：中国人民大学出版社，2007.

[21]张亦春，郑振龙，林海. 金融市场学[M]. 北京：高等教育出版社，2008.

［22］S M. 劳斯. 随机过程［M］. 何声武，谢盛荣，程依明，译. 北京：中国统计出版社，1997.

［23］Sheldon M Ross. 应用随机过程概率模型导论（第 1 版）［M］. 龚光鲁，译. 北京：人民邮电出版社，2007.

［24］林元烈. 应用随机过程［M］. 北京：清华大学出版社，2002.

［25］运筹学编写组. 运筹学（第三版）［M］. 北京：清华大学出版社，2005.

［26］Øksendal, Bernt. Stochastic Differential Equations［M］. Springer-Verlag, 1985.

［27］Bicksler J, Chen A H. An Economic Analysis of Interest Rate Swaps［J］. The Journal of Finance, 1986, 41(3): 645-655.

［28］Bierwag G O. Immunization, Duration, and the Term Structure of Interest Rates［J］. Journal of Financial & Quantitative Analysis, 1977, 12(5): 725-742.

［29］Black F, Scholes M. The Pricing of Options and Corporate Liabilities［J］. Journal of Political Economy, 1973, 81(3): 637-654.

［30］Black F. A One-Factor Model of Interest Rates and Its Application to Treasury Bond Options［J］. Financial Analysts Journal, 1990, 46(1): 33-39.

［31］Brealey, Richard A. Principles of Corporate Finance［M］. 东北财经大学出版社，1991.

［32］Chance D M. An Introduction to Derivatives［M］. Dryden Press, 1995.

［33］Cox J C, Ross S A. The Valuation of Options for Alternative Stochastic Processes［J］. Journal of Financial Economics, 1976, 3(1): 145-166.

［34］Cox J C, Ingersoll J E, Ross S A. A Theory of the Term Structure of Interest Rates［J］. Econometrica, 1985, 53(2): 385-407.

［35］Culbertson J M. The Term Structure of Interest Rates［J］. Quarterly Journal of Economics, 1957, 71(4): 485-517.

［36］Duffie D, Singleton K J. An Econometric Model of the Term Structure of Interest-Rate Swap Yields［J］. Journal of Finance, 1997, 52(4): 1287-1321.

［37］Fama E F, French K R. Common Risk Factors in Returns on Stocks and Bonds［J］. Journal of Financial Economics, 1993, 33(1): 3-56.

［38］Hamilton J D. Rational-expectations Econometric Analysis of Changes in Regime: An Investigation of the Term Structure of Interest Rates［J］. Journal of Economic Dynamics & Control, 1988, 12(2): 385-423.

［39］Harrison J M, Kreps D M. Martingales and Arbitrage in Multiperiod Securities Markets［J］. Journal of Economic Theory, 1979, 20(3): 381-408.

［40］Heath D, Jarrow R, Morton A. Bond Pricing and the Term Structure of Interest Rates: A New Methodology for Contingent Claims Valuation［J］. Econometrica, 1992, 60(1): 77-105.

［41］Merton R C. Theory of Rational Option Pricing［J］. Bell Journal of Economics, 1973,

4(1): 141-183.

[42]Merton R C, Samuelson P A. Continuous Time Finance[J]. Journal of Finance, 1990, 52(46): 15-32.

[43]Merton R C. A Simple Model of Capital Market Equilibrium with Incomplete Information[J]. Journal of Finance, 1987, 42(3): 483-510.

[44]Merton R C. Rational Theory of Option Pricing[J]. 1973, 4(1): 141-183.

[45]Merton R C. An Intertemporal Capital Asset Pricing Model[J]. Econometrica, 1973, 41(5): 867-887.

[46]Merton R C, Samuelson P A. Continuous Time Finance[J]. Journal of Finance, 1990, 52(46): 15-32.

[47]Modigliani F, Miller M H. The Cost of Capital, Corporation Finance and the Theory of Investment[J]. American Economic Review, 1958, 48(3): 261-297.

[48]Mossin J. Equilibrium in a Capital Asset Market[J]. Econometrica, 1966, 34(4): 768-783.

[49]Pliska S R. Introduction to Mathematical Finance: Discrete Time Models[M]. Wiley, 1997.

[50]Robert Merton. Continuous-Time Finance, Revised Edition[M]. London: Basil Blackwell, 1992.

[51]Robert W Kolb. *Futures,* Options and Swaps, 3rd(ed.)[M]. London: Blackwell Publishers, 1999.

[52]Ross S A. The Arbitrage Theory of Capital Asset Pricing[J]. Journal of Economic Theory, 1976, 13(3): 341-360.

[53]Sharpe W F. Capital Asset Prices: A Theory of Market Equilibrium under Conditions of Risk[J]. Journal of Finance, 1964, 19(3): 425-442.

[54]Sharpe W F. Efficient Capital Markets: A Review of Theory and Empirical Work: Discussion[J]. Journal of Finance, 1970, 25(2): 418-420.

[55]Sharpe W F. A Simplified Model for Portfolio Analysis[J]. Management Science, 1963, 9(2): 277-293.

[56]Sharpe W F. Asset Allocation: Management Style and Performance[J]. Journal of Portfolio Management, 1992, 18(2): 7-19.

[57]Sharpe W F. The Sharpe Ratio[J]. Journal of Portfolio Management, 1994, 21(1): 49-58.

[58]Steven E.Shreve. Stochastic Calculus for Finance[M]. Springer-Verlag, 2003.

[59]Zhou C. The Term Structure of Credit Spreads with Jump Risk[J]. Journal of Banking & Finance, 2001, 25(11): 2015-2040.